SwiftUI와
컴바인을 활용한
비동기 프로그래밍

SwiftUI와 컴바인을 활용한 비동기 프로그래밍

피터 프리제 지음

Eddie Kwon 옮김

에이콘

에이콘출판의 기틀을 마련하신 故 정완재 선생님 (1935-2004)

앤^{Anne}에게 바칩니다.

나는 오랫동안 iOS 앱을 개발해왔고, SwiftUI는 2019년에 출시되자마자 배우기 시작했다. UIKit보다 훨씬 더 직관적이라 생각해 하루라도 빨리 사용하고 싶었던 기억이 난다. 처음에는 SwiftUI에 대한 문서가 많지 않았고 출시 즉시 바로 뛰어든 우리는 많은 부분을 스스로 알아내야 했다. 그래서 나는 SwiftUI로 앱을 빌드하면서 배운 내용을 블로그에 공유하기 시작했다. 몇 달 후 애플의 SwiftUI 팀에서 프레임워크 작업에 함께 참여하자고 연락이 왔다. 귀중한 경험이었으며, SwiftUI의 내부 작동 방식과 API 뒤에 숨겨진 결정 사항들에 대한 훌륭한 관점을 얻을 수 있었다. 물론 SwiftUI가 완벽하지는 않고 아직 더 발전할 시간이 필요하지만 이미 많은 개발자가 애플 플랫폼용 앱을 개발하는 데 많은 행복과 흥미를 느끼고 있다. 수많은 고민의 흔적이 SwiftUI API로 단순함과 직관적인 형태로 스며들어가 있는데, 이를 통해 플랫폼마다 올바른 기본 동작을 구현할 수 얻을 수 있다.

나는 2022년 4월에 애플을 퇴사하고 닐 코얼레싱^{Nil Coalescing} 사에 공동 창립자이자 소프트웨어 엔지니어로 합류했다. 더 이상 SwiftUI 프레임워크에 직접 기여할 수 없다는 점은 조금 아쉬웠지만 내가 개발에 참여했던 API를 사용할 수 있고 다른 iOS 개발자들과 SwiftUI 지식을 공유할 수 있다는 점에서는 정말 행복했다. 애플이 위젯킷이나 스위프트 차트와 같은 새로운 프레임워크를 도입하면서 SwiftUI에 얼마나 많은 투자를 하고 있는지를 보면 SwiftUI의 잠재력이 크다고 생각한다. 또한 수많은 개발자가 SwiftUI를 사용하기 시작했고 애플과 커뮤니티로부터 훌륭한 SwiftUI 관련 콘텐츠를 사용할 수 있게 된 것도 기쁘다.

SwiftUI로 작업할 계획이 있다면 SwiftUI와 컴바인을 사용한 이 책은 여러분의 컬렉션에 추가하기에 가치 있는 책일 것이다. 실제 프로젝트에서 비동기 API를 호출하는 것은 중요한 부분이기 때문에 SwiftUI 애플리케이션에서 비동기 API를 호출하는 데 초점을 맞춘 점이 매력적이다. 그리고 피터 프리제는 파이어베이스^{Firebase}의 개발자 옹호자로 일하면서 파이어베이스 비동기 API를 많이 실험하고 SwiftUI와 함께 사용하는 방법을 가르쳤기 때문에 이에 대해 이야기할 수 있는 적임자다. 이 책은 컴바인과 스위프트 비동기/대기 API를 모두 사용하는 실용적인 예제로 가득 차 있으며, 네트워킹 또는 로컬 비동기 데이터 처리가 포함된 SwiftUI 앱을 개발하는 데 훌륭한 기초가 될 것이다.

– 나탈리아 판페로바^{Natalia Panferova}

『Integrating SwiftUI into UIKit Apps』의 저자이자
닐 코얼레싱 사(https://nilcoalescing.com/about/)의 설립자

7

피터 프리제^{Peter Friese}

윈도우, J2EE, 웹, 안드로이드, iOS 및 맥에 이르기까지 다양한 플랫폼용 소프트웨어를 구축한 30년 이상의 경력을 가진 소프트웨어 엔지니어다. 현재 구글의 파이어베이스 팀에서 시니어 개발자 애드보킷^{Senior Developer Advocate}로 일하며 iOS 개발자가 iOS 및 애플의 다른 플랫폼에서 파이어베이스 SDK를 원활하게 사용할 수 있도록 지원하는 업무를 담당하고 있다. 블로그인 peterfriese. dev에서 SwiftUI, 스위프트, 파이어베이스 개발에 관한 글을 쓰고 있으며, X(구 트위터)에서는 @peterfriese로 활동하고 있다.

감사의 글

한 권의 책 집필에는 다양한 노력이 필요하며 많은 사람의 노고가 깃들어 있는데, 이 책 역시 마찬가지다.

무엇보다도 필자를 믿고 파이어베이스 개발자 관계 팀에 합류해 상주 iOS 전문가가 될 수 있는 기회를 준 토드 커펠만[Todd Kerpelman]에게 감사의 말을 전하고 싶다.

또한 이 책에서 다루는 주제에 대해 피드백, 격려, 지도, 기술 전문 지식을 제공한 많은 분께 감사의 말씀을 드리고 싶다. 하이코 베렌스[Heiko Behrens], 폴 뷰스테리엔[Paul Beusterien], 바스 브룩[Bas Broek], 마리나 코엘류[Marina Coelho], 데이비드 이스트[David East], 로사리오 페르난데스[Rosário Fernandes], 토드 커펠만[Todd Kerpelman], 샤이 미살리[Shai Mishali], 레이철 마이어스[Rachel Myers], 로렌스 모로니[Laurence Moroney], 나탈리아 판페로바, 도니 월스[Donny Wals], 라이언 윌슨[Ryan Wilson] 등이 그 주인공이다. 여러분과의 대화는 이 책을 집필하는 데 귀중한 자료가 됐고, SwiftUI, 컴바인, 비동기 프로그래밍, 그리고 이러한 주제를 글로 표현하는 방법에 대한 내 생각을 정리하는 데 도움이 됐다.

이 과정을 안내하고 이 책을 지금의 모습으로 만드는 데 도움을 준 Apress/Springer의 여러 팀이 없었다면 이 책은 불가능했을 것이다. 특히 처음에 이 책을 쓰도록 설득해 준 아론 슈바르츠[Aaron Schwarz], 진행을 도와준 클레멘트 윌슨[Clement Wilson], 훌륭한 교육 자료로 내용을 구체화해 준 제시카 발킬리[Jessica Vakili]에게 감사의 마음을 전한다. 또한 그 과정에서 피드백을 제공해준 모든 리뷰어께 큰 빚을 지고 있다. 툰데 아데고로예[Tunde Adegoroye], 폴 뷰스테리엔[Paul Beusterien], 마커스 피크너[Marcus Ficner], 아담 포다이스[Adam Fordyce], 도미닉 하우저[Dominik Hauser], 레이첼 손더스[Rachel Saunders], 플로리안 슈바이처[Florian Schweizer], 라이언 윌슨[Ryan Wilson]이 그 주인공이다. 이들은 컴파일러가 발견하지 못한 불일치, 오타, 문법 문제, 코딩 오류를 찾아내는 놀라운 일을 해냈다. 나머지 오류와 실수는 전적으로 내 책임이다. 어떠한 오류라도 발견하면 이 책의 깃허브 리포지토리에 이슈[1]를 제출해주면 향후 개정판에서 수정하겠다. 마지막으로 아내 앤Anne과 아들 쇠렌Sören, 레나르트Lennart, 요나스Jonas에게 깊은 감사를 표한다. 나와 함께 이 책의 예제 코드를 만드는 데 쏟은 시간을 견뎌줬고, 이 책을 쓸 때 집중할 수 있게 도와줬다. 이들의 격려와 동행이 나를 계속할 수 있게 해줬다. 이들 없이는 이 일을 해낼 수 없었을 것이다.

---

1. https://github.com/peterfriese/Asynchronous-Programming-with-SwiftUI-and-Combine/issues

Eddie Kwon(hallomuze@gmail.com)

약 20여 년간 하드웨어 및 모바일 소프트웨어 엔지니어로 LG, SK, 외국계 은행 프로젝트들을 진행했다. 미국 주재원으로 근무하며 Verizon Wireless, NEC와의 협업을 진행했으며, 현재는 글로벌 암호화폐 거래소에서 시니어 엔지니어로 종사 중이다. 한때 kodeco.com 한국어 번역 공식 멤버로 활동했다.

인공지능 세상에 쏟아지는 정보의 홍수 속 흥밋거리를 찾고 모두에게 도움이 되는 프로그래밍을 하고 싶다.

비정기적인 글을 https://code8282.blogspot.com에 정리한다.

옮긴이의 말

SwiftUI, 컴바인[Combine], async/await 기술이 애플 생태계에 도입된 지도 어느덧 수년이 흘렀다. 하지만 번역을 시작할 당시, 국내에서는 컴바인을 본격적으로 다룬 서적을 찾기 어려웠기에 이 책의 번역을 결심하게 됐다.

과거 비슷한 비동기 프로그래밍 개념을 가진 RxSwift가 등장했을 때 많은 개발자가 왜 이러한 기술이 필요한지 이해하기 어려워했던 시기가 있었다. 개념을 이해하더라도 이를 실제 화면 구성에 적용하려면 여러 단계를 거쳐야 했고, 러닝 커브도 상당해 쉽게 접근하기 어려웠던 기억이 난다.

새로운 기술을 익힐 때는 개념뿐만 아니라 실제 화면에서 어떻게 구현되는지, 그리고 왜 이러한 개념이 필요한지를 함께 설명하는 것이 중요하다. 이 책은 이러한 관점에서 매우 효과적으로 구성돼 있다.

특히 이 책은 SwiftUI와 컴바인을 함께 활용하는 방법을 설명하고 있어 비동기 프로그래밍을 좀 더 쉽고 자연스럽게 이해할 수 있게 도와준다. 초급자도 큰 어려움 없이 접근할 수 있는 수준으로 구성돼 있어 SwiftUI와 컴바인을 처음 접하는 경우에도 유용할 것이다.

한 가지 강조하고 싶은 부분은 이 책의 예제를 반드시 직접 타이핑해 따라 해보라는 것이다. 단순히 읽는 것과 실제로 구현해보는 것은 큰 차이가 있다. 대부분의 경우 읽기만 해서는 완벽히 이해하기 어렵다. 직접 예제를 따라 해보면서 개발자의 실력은 더욱 탄탄해진다고 믿는다.

이미 나는 현업에서 SwiftUI, 컴바인, async/await를 적절히 조합해 매우 유용하게 사용하고 있다. 이 책의 목차와 예제를 따라가다 보면 체계적으로 잘 정리된 내용을 통해 실무에 바로 적용할 수 있는 통찰을 얻을 수 있을 것이다.

이 책이 독자 여러분의 개발 여정에 도움이 되기를 바라며, 항상 건강하고 즐거운 개발자 생활을 이어가길 바란다.

추신

번역 작업 중 Xcode의 버전이 업데이트되면서 프리뷰 기능이 개선돼 현재는 더 간편하게 사용할 수 있게 됐다. 다만 번역은 원서의 기준 시점에 맞춰 진행됐기에 원서의 소스코드는 임의로 변경하지 않았음을 알린다.

차례

1부

1장   SwiftUI: 새로운 시작   35

2부

3부

들어가며

나는 2009년에 아이폰^{iPhone} OS(당시 명칭)를 위한 개발을 시작했다. 당시 막 업그레이드한 아이폰 3에서 아이폰 3GS를 갖고 있었고, Xcode와 오브젝티브C^{Objective-C}를 사용해 첫 앱을 개발하게 돼 매우 기뻤다. 나는 이미 MS-DOS의 GW-BASIC부터 시작해 윈도우의 비주얼 베이식^{Visual Basic} 및 델파이^{Delphi}, Jbuilder를 사용한 자바^{Java}, Websphere Application Developer, 이클립스^{Eclipse}(기업 고객을 위한 J2EE 및 Spring 애플리케이션 구축용) 등 다양한 IDE, 언어 및 운영체제를 사용해 본 경험이 있다. 하지만 Xcode와 오브젝티브C를 사용하는 것은 다소 충격적이었다. 이전에 사용했던 다른 모든 IDE는 훨씬 더 강력했던 반면(예: 모두 리팩터링 기능을 제공했다), 대괄호만 있는 오브젝티브C는 조금 낯설게 보였기 때문이었다.

지난 수년간의 소프트웨어 개발 경험을 돌이켜보면 개발 환경의 관점에서 델파이야말로 가장 생산성 높았던 개발 도구 중 하나였다. 델파이는 성숙한 객체지향 언어(Object Pascal)와 개발자가 윈도우 앱용 UI를 빠르게 조합할 수 있는 강력한 IDE를 결합했다. 게다가 '신속한 애플리케이션 개발'이라는 슬로건도 확실히 매력적이었다. 하지만 Xcode와 오브젝티브C는 미래였기 때문에 나는 마음을 다잡고 사용법을 배우기 위한 여정을 계속했다.

10년 후로 빠르게 돌아가 보면 당시 나는 WWDC 2019를 막 시청한 후 SwiftUI와 그 사용 편의성에 감탄했다. SwiftUI로 UI를 구축하는 것이 매우 빠르게 느껴졌고, 여러 가지 면에서 델파이가 생각났다. 백엔드 시스템을 더 쉽게 구축할 수 있는 프레임워크와 SwiftUI를 결합하면 얼마나 멋질까 생각하기 시작했다.

구글의 개발자 관계 팀^{Developer Relations team}에서 iOS 개발자 생태계에 특별히 집중할 사람을 찾고 있을 때 이것이야 말로 나에게 중요한 기회임을 깨달았다. 내가 좋아하는 언어(스위프트), 개발자가 멋진 UI를 빠르게 구축할 수 있는 UI 도구(SwiftUI), 자체 백엔드 시스템을 실행하고 운영할 필요가 없어 개발자의 효율성을 높여주는 SDK (파이어베이스)를 한꺼번에 접할 수 있는 기회였다. 이러한 모든 도구 덕택에 나는 개발자들에게 더 나은 앱을 빠르게 만드는 것을 도와줄 수 있었다.

개발자 애드보킷으로 파이어베이스 데브렐DevRel 팀에 합류한 첫날부터 나는 파이어베이스 iOS SDK의 기능을 보여주기 위한 데모를 만들기 시작했다. 그리고 SwiftUI를 사용해 데모를 작성하는 것이 UIKit을 사용하는 것보다 훨씬 쉽다는 것을 금방 알게 됐다. 이러한 사용 편의성 덕분에 내가 실제로 가르치고 싶었던 내용(파이어베이스 SDK와 해당 API를 사용법)에 집중할 수 있었다.

SwiftUI의 선언적 접근 방식은 프로그래밍 방식으로 UI를 구축할 때 코드가 어떻게 구성돼야 하는지에 대해 훨씬 더 많은 아이디어를 제시하므로 다른 개발자가 코드를 볼 때 의도를 매우 쉽게 이해할 수 있다.

또한 함수형 반응형 프로그래밍을 기반으로 하는 상태 관리 모델을 사용하는 SwiftUI와 컴바인을 사용하면 기본 데이터 모델 및 앱의 다른 부분과 항상 동기화되는 UI를 훨씬 쉽게 구축할 수 있다. 그렇지 않은 앱이 얼마나 끔찍한 UX를 제공하는지 우리 모두 알고 있을 것이다.

이 책의 목표는 SwiftUI, 컴바인, async/await 기능을 사용한 애플리케이션 구축 방법을 소개하는 것이다. 또한 몇 가지 가이드를 제시해 파이어베이스와 같은 비동기 백엔드 시스템과 인터페이스하는 무거운 UI 애플리케이션을 구축할 때 선언적 및 기능적 반응형 접근 방식을 사용하는 이점을 활용할 수 있는 앱을 만드는데 도움을 주려 한다.

이 책을 구입해 줘 고맙다. 이 책이 여러분에게 도움이 됐기를 바라며, 여러분의 의견을 듣고 싶다. 나를 멘션하거나(@peterfriese) 이 책의 깃허브 리포지토리[2]에 댓글을 남겨주기 바란다.

이 책에 관해

이 책은 애플에서 제공하는 최신 API와 툴킷을 사용해 UI를 구축하는 데 필요한 실용적인 가이드를 제공하기 위해 집필했다. 이 책은 선언적 방식으로 반응형 UI를 구축하기 위한 현대적이고 사용하기 쉬운 프레임워크인 SwiftUI를 소개하는 것으로 시작한다. SwiftUI에서 효율적인 사용자 인터페이스를 구축하기 위해 이해해야 할 기본 개념을 다룬 다음, 함수형 반응형 프로그래밍과 비동기 백엔드 서비스와 상호작용하는 UI가 많은 애플리케이션을 구축할 때 개발자가 직면하는 많은 문제를 해결키 위한 컴바인 사용법을 살펴본다. 마지막으로 스위프트의 새로운 구조적 동시성 기능, 컴바인과의 관계, 둘 중 언제 무엇을 사용할지를 다룬다.

누가 이 책을 읽어야 하는가

SwiftUI와 컴바인을 사용한 비동기 프로그래밍은 SwiftUI로 애플리케이션을 만드는 모든 사용자를 위한 책이다. SwiftUI 경험이 있고 상태 관리가 어떻게 작동하는지, 뷰 모델과 컴바인을 사용해 앱을 더 효율적으로 만드는 방법을 더 잘 이해하고 싶다면 이 책이 적합할 것이다.

---

2. https://github.com/peterfriese/Asynchronous-Programming-with-SwiftUI-and-Combine/issues

책이 다루는 주제

이 책은 크게 세 부분으로 구성돼 있으며, 각 부분에서는 애플 플랫폼에서 반응형 UI를 구축하는 데 있어 서로 다른 측면을 다룬다.

1부에서는 SwiftUI와 그 상태 관리를 다룬다. SwiftUI의 선언적 접근 방식으로 사용자 인터페이스를 구축하는 방법과 SwiftUI의 반응형 상태 관리로 여러 화면에서 애플리케이션 상태를 동기화하는 앱을 쉽게 작성하는 방법을 살펴본다.

- 1장에서는 앱 개발을 더 쉽게 만들기 위한 애플의 전략에서 SwiftUI가 중요한 구성 요소인 이유를 설명한다. 또한 이 책에서 더 자세히 다룰 몇 가지 핵심 개념을 간략하게 소개한다.
- 2장에서는 처음부터 간단한 애플리케이션을 구축하는 과정을 안내한다. SwiftUI의 주요 개념과 코드 유지 보수를 위한 몇 가지 유용한 기술을 살펴본다.
- 3장에서는 뷰, 뷰 수정자, 레이아웃 동작과 같은 주요 SwiftUI 개념을 자세히 살펴본다.
- 4장에서는 SwiftUI의 핵심 중 하나를 살펴본다. 상태 관리. SwiftUI 앱에서 상태를 관리하는 다양한 방법을 설명하고 언제 어떤 접근 방식을 사용해야 하는지에 대한 실용적인 예제를 제공한다.
- 5장에서는 가장 일반적인 UI 유형 중 하나인 목록을 자세히 살펴본다. SwiftUI에서는 List 뷰를 구축하기 위한 매우 유연하고 강력한 API를 제공하며, 이를 탐색하는 방법을 보여준다.
- 6장에서는 또 다른 인기 있는 UI 유형(입력 폼)을 만드는 방법을 설명한다.

2부에서는 애플의 반응형 프레임워크인 컴바인에 중점을 두고, 컴바인의 작동 방식과 백엔드와 인터페이스하는 UI 및 코드 모두에 사용하는 방법을 알아본다.

- 7장에서는 함수형 반응형 프로그래밍과 컴바인의 주요 개념을 소개한다. 퍼블리셔, 구독자, 오퍼레이터가 무엇인지, 그리고 이를 사용해 시간 경과에 따른 이벤트 처리법을 살펴본다.
- 8장에서는 컴바인을 사용해 복잡한 UI를 구현하는 방법을 설명한다. 여러 개의 결합 파이프라인을 사용해 여러 입력 필드가 있는 입력 양식의 UI 상태를 구동하는 방법을 살펴본다.
- 9장에서는 컴바인을 사용해 네트워크에 접근하는 방법을 보여준다. 그런 다음 이를 8장에서 구축한 파이프라인과 통합해 좀 더 복잡한 입력 유효성 검사 파이프라인을 구축해본다.
- 10장에서는 중요한 주제인 오류 처리를 다루며, 독자 여러분에게 처리를 위한 다양한 그리고 점진적이며 좀 더 강력한 전략을 제시해 줄 것이다. 이를 통해 사용자에게는 의미 있는 방식으로 오류를 감소시킬 수 있을 것이다.
- 11장에서는 10장의 내용을 이어받아 특히 네트워크 리소스에 접근할 때 유용한 오류 처리 전략인 점진적 백오프를 구현하기 위한 사용자 정의 컴바인 연산자를 만드는 방법을 살펴본다.
- 12장에서는 기존 API를 컴바인 파이프라인에서 사용할 수 있게 컴바인으로 래핑하는 방법을 설명한다. 사례 연구로, 12장에서는 파이어베이스의 일부 비동기 API를 래핑해 컴바인에서 API를 래핑하는 2가지 일반적인 전략을 살펴본다.

- 13장에서는 스케줄러가 무엇이며 선언적인 방식으로 멀티스레드 코드를 작성하는 데 스케줄러가 어떻게 도움이 되는지 살펴본다.

3부에서는 스위프트의 새로운 구조적 동시성(async/await라고 더 잘 알려져 있음)과 Combine과의 관계, 그리고 이를 사용해 URLSession과 같은 비동기 API 및 파이어베이스와 같은 다른 비동기 API와 인터페이스할 수 있는 앱을 구축하는 방법을 다룬다.

- 14장에서는 전통적인 방식(클로저 사용)과 async/await 방식을 다루는 비동기 프로그래밍을 소개한다.
- 15장에서는 SwiftUI와 함께 Swift의 새로운 동시성 API를 사용하는 방법을 설명하며, 특히 이 작업을 위해 추가된 사용자 정의 뷰 수정자(예: task, refreshable, searchable)를 다룬다.
- 애플이 스위프트의 새로운 구조화된 동시성 모델을 출시했을 때 사람들은 앱에서 컴바인을 계속 사용해야 할지 아니면 async/await 방식으로 전환해야 할지 혼란스러워했다. 16장에서는 이에 초점을 맞추고 언제 어떤 것을 사용해야 하는지에 대한 몇 가지 지침을 제공한다(스포일러: 사용 사례에 따라 다름).

코드 정보

모든 샘플 프로젝트는 안정적인 최신 버전의 Xcode(이 책 작성 시점에 Xcode 버전 14)로 컴파일하고 최신 iOS 릴리스 버전에서 실행할 수 있다(이 책 작성 시점에 iOS 16).

샘플 코드가 최신 버전의 Xcode 및 iOS에서 컴파일되도록 세심한 주의를 기울였다. 문제가 발생하거나 실수를 발견하면 이 책의 저장소에 있는 이슈 트래커[3]에 이슈를 제출해 주기 바란다.

- 책 자체에 오타나 실수가 있는 경우 오타 이슈 템플릿을 사용해 주기 바란다.
- 코드와 관련된 문제는 코드 이슈 템플릿을 사용하면 된다. 또한 코드의 문제를 수정하기 위해 PR을 보내줘도 좋겠다. 그렇게 해주면 향후 책의 모든 버전에서 독자 여러분을 언급하겠다.

문의

한국어판에 관한 질문은 에이콘출판사 편집 팀(editor@acornpub.co.kr)이나 옮긴이의 이메일로 문의하길 바란다.

한국어판의 정오표는 에이콘출판사의 도서정보 페이지(http://www.acornpub.co.kr/book/9791161759739)에서 확인할 수 있다.

---

3. https://github.com/peterfriese/Asynchronous-Programming-with-SwiftUI-and-Combine/issues

1부

1장

SwiftUI: 새로운 시작

애플^{Apple}은 매년 WWDC^{Worldwide Developers Conference}에서 플랫폼과 운영체제의 새 기능을 소개한다. 해마다 개발자들이 큰 기대를 하게 만드는 이 행사는 새로운 API와 프레임워크를 마침내 써볼 수 있고, 지난 수년간 애플 엔지니어들이 고생해서 만들어낸 결과물을 개발자들 앱에 통합시킬 수 있다는 의미를 갖는다.

개발자들이 새로운 기능을 사용할 수 있도록 애플은 새로운 API, SDK 또는 새로운 도구(예, Xcode)를 제공한다.

지난 수년간 애플이 WWDC에서 소개한 새 기능들은 흥미진진하고 대단했지만, 종종 특별한 의미를 지닌 업데이트를 출시하기도 했다.

> 가끔 혁신적인 제품의 출시는 모든 것을 바꾸기도 한다.
> – 스티브 잡스, 2007

확실히 2007년 원조 아이폰의 공개 이벤트가 그런 순간이었다.

2014년 스위프트^{Swift} 프로그래밍 언어의 출시는 또 다른 의미 있는 순간이었다. 오브젝티브C^{Objective-C}와 다소 특이한 문법 및 스몰토크^{Smalltalk}와 유사한 호출 의미론에 겁먹었던 개발자들이 스위프트를 통해 소프트웨어 개발에 훨씬 더 쉽게 접근할 수 있게 됐다. 스위프트와 스위프트 플레이그라운드^{Swift Playgrounds}는 그 어느 때보다 더 많은 개발자를 애플 플랫폼으로 끌어들였다고 해도 과언이 아니다. 스위프트를 탐색하고 재미있게 상호작용할 수 있는 대화형 프로그래밍 환경인 스위프트 플레이그라운드는 프로그래밍을 탐색하고 배울 수 있는 장벽이 낮은 방법을 찾고 있는 모든 사람에게 훌륭한 언어로 자리 잡았다. 스위프트와 스위프트 플레이그라운드는 소프트웨어 개발을 민주화했다. 그리고 이러한 대담한 움직임의 결과는 매년 WWDC에서 팀 쿡[Tim Cook]이 무대에 올라 앱스토어의 앱 수와 그중 스위프트를 사용하는 앱의 비율을 발표할 때 확인할 수 있다. WWDC 2021[1]에서 수잔 프리스콧[Susan Prescott](디벨로퍼 릴레이션[Developer Relation] 또는 데브릴[DevRel])은 "앱스토어 상위 1,000개 앱 중 대다수가 스위프트를 사용해 제작됐다."고 공개했다.

2019년, SwiftUI의 출시 또한 비슷한 이벤트였다. 조쉬 샤퍼[Josh Shaffer]가 무대에 올라 SwiftUI를 발표했을 때[2] 관중들은 매우 쉽고 빠르게 UI를 밑바닥부터 구현할 수 있다는 것에 놀라움을 금치 못했다. 게다가 더욱 중요한 점은, 사람들은 복잡하기로 악명 높았던 애플리케이션 상태 관리를 SwiftUI 자체 네이티브 방식으로 포함하고 있다는 사실에 전율했다. 애플은 심지어 자체 RxSwift 구현 버전(컴바인[Combine]으로, 애플리케이션을 시간이 지남에 따라 이벤트를 변환하는 하나의 소프트웨어로 볼 수 있다는 아이디어를 중심으로 한 기능적 반응형 프레임워크)을 구현했다.

이 모든 것이 뜻하는 것과 왜 애플이 새로운 UI 도구를 선택했는지 더 잘 이해해보기 위해 더 자세히 살펴보자.

왜 새로운 UI 프레임워크인가?

이미 UIKit과 AppKit이 있는데, 왜 새로운 UI 툴킷을 구현하는지 궁금할 수도 있다. 하지만 UI 툴킷을 구현하고 프로덕션 품질에 맞추고, 출시하고, 전체 앱 개발자 커뮤니티에 사용해보라고 요청하는 것은 결코 쉬운 일이 아니다.

---

1. WWDC 2021 Keynote—https://youtu.be/0TD96VTf0Xs?t=5800
2. WWDC 2019 Keynote—https://youtu.be/psL_5RIBqnY?t=7782

여기에서 애플의 결정에 큰 영향을 끼친 요인을 살펴보자.

첫째, 무엇보다도 개발자들은 애플이 생각하는 SwiftUI의 위치가 크로스플랫폼 UI 툴킷이라는 것을 인정해야 한다. SwiftUI를 소개한 세 번째 랜딩 페이지^{landing page}[3]가 특별히 이를 명시하고 있다. "스위프트의 강력함과 더불어 SwiftUI는 매우 적은 코드만으로 개발자가 모든 애플 플랫폼을 위한 멋진 앱을 만들 수 있게 도와줍니다. 오직 하나의 도구와 API만으로 모든 애플 디바이스 위에 모두를 위한 좀 더 나은 경험을 선사합니다." 애플은 지금까지 5가지 이상의 소비자 대상 플랫폼(iOS, iPadOS, watchOS, tvOS, macOS)을 보유하고 있으며, 모든 플랫폼에서 동일한 기능을 보장하려 노력해 본 사람이라면 누구나 알 수 있듯 하나 이상의 플랫폼을 지원하는 것은 개발자에게 점점 더 부담스러운 일이 되고 있다. 애플은 가능한 한 많은 플랫폼에 대해 UI를 추론하고 만들 수 있는 통합된 방법을 제공함으로써 개발자의 이러한 부담을 덜어주고 있다. 그러나 한 가지 알아야 할 점은, SwiftUI는 '한 번 작성하면 어디서나 실행되는' 패러다임에 맞추려는 것이 아닌 각 플랫폼에 특화된 점을 갖고 있다는 것이다. 다만 각 개별 플랫폼마다 새로운 패러다임을 배우는 것보다는 하나의 UI 툴킷을 익혀 모든 플랫폼을 넘나들며 사용하는 것이 훨씬 쉽다.

둘째, 애플은 개발자가 좀 더 나은 소프트웨어를 작성하고 앱스토어의 앱들이 잠재적인 버그를 줄여주고자 투자를 하고 있는데, 이에 SwiftUI도 결을 같이 하고 있다. 보통 적은 버그를 가진 앱은 앱스토어 점수가 더 좋다. 또한 결과적으로 더 높은 수익을 창출한다.

스위프트 언어는 버그 없는 소프트웨어 개발을 위한 수많은 기능을 갖고 있다. 언어 디자이너와 컴파일러 엔지니어는 다음과 같은 잠재적인 버그 원인 제거를 위해 열심히 노력해왔다.

- 널 재참조
- 유형 불일치

---

3. https://developer.apple.com/xcode/swiftui/

- 불완전한 의사 결정 트리
- ...그리고 기타 등등

SwiftUI에는 소프트웨어 품질을 높이는 데 도움이 되는 2가지 주요 속성이 있다.

1. UI 개발에서 까다롭기로 악명 높은 상태 관리 기능을 내장하고 있다. SwiftUI의 상태 관리 기능을 사용하면 여러 화면에서 앱의 상태를 항상 반영하는 UI를 더 쉽게 만들 수 있다.
2. 도메인 특화 언어[DSL, Domain-Specific Language][4]를 중심으로 UI를 더 쉽게 기술할 수 있는데 이는 잘못된 초기화나 UI 구성 오류로 인한 이슈들을 제거할 수 있다. 또한 더 쉽게 작성하고 추론할 수 있다.

마지막으로 SwiftUI를 사용하면 더 쉽게 소프트웨어 개발에 다가갈 수 있다. 더욱 많은 웹 개발자와 디자이너가 SwiftUI에서 UI를 만들기 시작한 것을 볼 수 있는데, 이는 당연한 결과다. SwiftUI로 프로토타입을 제작하는 것이 점점 더 쉬워지고 있으며, UI 디자이너와 개발자 간의 협업에도 도움을 주고 있다. Xcode의 SwiftUI 프리뷰 캔버스는 개발 기간을 극적으로 단축시키고 있으며, 변경이 있는 경우 개발자와 디자이너에게 즉각적인 피드백을 제공한다. 즉각적인 피드백 덕분에 더 많은 학생과 초보자가 앱 개발을 시작할 수 있게 해줬으며 수 시간이나 며칠이 아닌 단 몇 분 안에 그 결과를 얻을 수 있게 됐다.

SwiftUI 기초

SwiftUI의 첫걸음을 떼기 전에 주요 속성을 먼저 살펴보는 것이 중요하다.

---

4. 특히 내부 DSL이라 한다. DSL 엔지니어링을 참고하자. 도메인 특화 언어 설계, 구현 및 사용(마커스 볼터저)을 참조해 DSL에 대해 자세히 알아보자.

선언적과 명령적

전통적인 UI 개발 방식에는 2가지가 있다.

1. UI 요소를 배치하고 관련 코드를 연결할 수 있는 시각화 툴을 사용하는 방식, 예를 들어 인터페이스 빌더와 같은 방식
2. UI 요소를 코드로 배치하는 방식

수년간 UI 개발을 선언적으로 할 수 있는 접근 방식의 툴킷이 수 없이 나왔다. 이러한 도구들은 소위 내/외부 도메인 특화 언어[DSL]를 사용해 개발자가 UI 구조를 지정할 수 있게 해준다. 이러한 예로 앵귤러[Angular][5], 리액트[React][6], 젯팩 컴포즈[JetPack Compose][7]가 있다.

명령적 기법 세계에서는 모든 것(레이아웃, 행동, 데이터 바인딩)을 개발자가 처리해야 한다. 반면 선언적 기법을 사용해 프레임워크에 무엇을 할지 간단히 기술하면 프레임워크가 개발자를 대신해 나머지 것들을 모두 해준다. 혼자 음식을 요리하는 방식이 명령적 방식이라면 레스토랑에 주문한 후 멋진 요리를 맛보는 것은 선언적 방식이라 할 수 있겠다.

상태 관리

상태 관리는 앱 개발에 있어 매우 중요한 도전 중 하나다. 하나의 화면만 가진 앱인 경우 아주 간단하지만, 화면 수가 증가할수록 모든 화면 요소와 그에 맞는 데이터를 지속적으로 동기화시키는 것은 매우 복잡한 문제다.

인터넷을 통해 백엔드 데이터를 동기화하는 앱인 경우 더욱 어렵다. 모든 사용자가 동일한 데이터를 보며 작업할 때 데이터가 최신임을 보장함과 동시에 데이터를 동기화시키는 것도 힘든 것임에 틀림없다(예, 구글 독스[Google Docs]의 공유 문서 또는 할일 목록 앱에서의 작업 목록).

---

5. https://angular.io/guide/glossary#domain-specific-language-dsl
6. https://reactjs.org/
7. https://developer.android.com/jetpack/compose

세부 대화상자의 주소를 갱신했음에도 쇼핑 장바구니의 주소에 반영되지 않은 앱을 사용해 본 적이 있을 것이라 짐작된다. 매우 성가신 경험일 것이다.

데이터 바인딩[data binding]은 애플 플랫폼에서 완전히 새로운 개념은 아니다. 개발자들은 맥OS의 코코아 바인딩[Cocoa Bindings][8]을 수년간 사용해왔으며, UI 요소와 기본 데이터 모델 간에 데이터를 매핑할 수 있는 기본 도구도 접했다. iOS용 데이터 바인딩 프레임워크에 대한 요구도 많았지만 애플은 여태 제공하지 않았다. 개발자들은 각자의 디바이스에 맞는 자체 솔루션을 개발해야 했다. 또한 개발자 커뮤니티에서 RxSwift[9]나 ReactiveSwift[10] 같은 iOS 전용 함수형 반응형 프레임워크를 구현하는 데 그리 오랜 시간이 걸리지 않았다.

SwiftUI의 등장과 함께 애플은 비로소 데이터 모델과 UI를 동기화할 수 있는 네이티브 프레임워크가 필요하다는 것을 인정한 셈이다. SwiftUI의 수많은 도구를 사용해 항상 모델의 상태를 반영한 UI를 만들 수 있으며, 앱 전반에 걸쳐 동기화를 유지할 수 있다.

가장 중요한 점은, SwiftUI는 애플의 반응형 프레임워크 구현체인 컴바인과 매우 잘 결합되는데, 컴바인은 이벤트 스트림을 사용해 시간의 흐름에 따라 앱 데이터 흐름을 표현할 수 있다. 여기서 이벤트 스트림이라는 것은 앱 요구 사항에 맞게끔 비지니스 규칙과 논리 연산에 의해 변환된 것을 말한다.

상속 대신 조합

UIKit 및 다른 많은 UI 프레임워크와 달리 SwiftUI에서는 개발자가 여러 개의 작은 UI 컴포넌트를 조합해서 구성하는 것을 권장한다. 앱 성능의 최적화를 위해 `UITableView` 또는 `UICollectionView`와 같은 스크롤 뷰를 다뤘던 개발자들은 SwiftUI를 접하며 이러한 사실에 다소 놀라게 될 수도 있는데, UIKit에서는 UI 요소를 최소

---

8. https://bit.ly/3PBVoOZ
9. https://github.com/ReactiveX/RxSwift
10. https://github.com/ReactiveCocoa/ReactiveSwift

화하도록 배웠기 때문이다.

SwiftUI가 UI를 구성하는 UI 기본값을 규정하는 것이 아니라 UI의 모양을 설명하는 DSL이기 때문이다. SwiftUI 팀은 개발자가 첫 태생부터 뷰를 자유롭게 사용해 UI를 구성할 수 있도록 장려해왔다. WWDC 2019 발표에서 SwiftUI를 최초로 공개 발표할 때 SwiftUI 엔지니어인 제이콥 자오[Jacob Xiao]는 "SwiftUI를 사용하면 뷰가 매우 가볍기 때문에 로직을 더 잘 캡슐화하거나 분리하고자 추가 뷰를 만들 필요가 없다."[11] 라고 언급했다.

뷰가 아닌 것 빼고는 전부 뷰

SwiftUI에서 UI를 만들어보면 모든 것이 뷰[view]로 간주되며, 심지어 스크린조차 뷰라는 것을 금방 알아차릴 것이다. 이러한 모든 뷰가 **UIView**나 각각의 서브클래스와 같다고 생각하기 쉽다. 실제 SwiftUI는 **UIView**의 서브클래스를 사용해 UI 일부를 렌더링할 때 사용하기도 한다. 하지만 SwiftUI에서 뷰를 언급할 때는 이것이 화면 상 UI 요소에 대한 특정 인스턴스가 아닌 해당 요소의 설명을 참조한다는 것을 알아두자.

사실은 SwiftUI 팀에서 "모든 것은 뷰로 설명된다."라고 말했더라면 더 쉬웠을 수도 있었을 것이다, 다만 눈에 잘 띄지는 않았을 것이다.

UI는 해당 상태를 나타낸 함수

UI 개발 시 가장 큰 어려움 중 하나는 기저 데이터 모델 상태를 항상 UI에 반영해야 한다는 것이다. 여태 개발자들은 다양한 도구와 메커니즘을 사용해 모델을 UI로 또는 그 반대 방향으로 반영되게끔 해야 했다. 이러한 어려움을 극복하고자 다양한 아키텍처 패턴이 고안됐다. MVC(모델[Model], 뷰[View], 컨트롤러[Controller]), MVVM(모델, 뷰, 뷰모델[ViewModel]), MVP(모델, 뷰, 프레젠터[Presenter]), VIPER(뷰, 인터랙터[Interactor], 프레젠터, 엔터티[Entity], 라우팅[Routing]) 등이

---

11. WWDC 2019 세션 204, SwiftUI 소개: 첫 번째 앱 빌드하기, 시간 11:56 (https://bit.ly/3FSaz3k)

있다. 애플은 SwiftUI에서 이러한 상태 관리를 프레임워크에 즉시 포함하기로 결정했다. SwiftUI에서 UI란 바로 모델 상태의 함수다. 이를 잘 기억할 필요가 있다.

SwiftUI에서 UI는 모델 상태를 나타낸 함수다.

UI 갱신이 필요할 때 더 이상 각각의 UI 컴포넌트를 직접 다루지 않는다. 대신 UI 요소를 기초 모델에 바인딩해야 한다. 모델 내부의 속성을 변경할 때마다 SwiftUI는 해당 속성에 바인딩된 UI를 갱신하게 해서 UI와 모델이 언제나 동기화되게 해야 한다.

역설적으로 UI의 일부분을 업데이트하는 것을 잊어버리는 일이 상당히 어려워진다. 기초 모델에 바인딩된 UI의 모든 부분이 SwiftUI에 의해 자동으로 업데이트된다.

SwiftUI 빠르게 맛보기

기존 'Hello World' 샘플 애플리케이션을 만들면서 SwiftUI와 작동 방식을 더 자세히 이해해보자. 이번에는 단순히 'Hello World'를 표시하는 대신 SwiftUI 자체의 상태 관리 기능을 사용해 사용자 이름으로 인사말을 표시해보자.

이어지는 간단한 강좌를 따라 해보면 다음과 같은 부분을 배울 수 있다.

- Xcode에서 새 SwiftUI 프로젝트 생성하기
- 코드 에디터와 속성 인스펙터를 사용해 UI를 양방향으로 변경해보기
- SwiftUI의 간단한 상태 관리 기능을 사용해 UI와 모델 동기화하기

전제 조건

이 강좌(및 이 책의 다른 모든 강좌)를 따라 하려면 다음과 같은 준비돼야 한다.

- 최신 버전의 Xcode(14 이상)

- 맥OS 몬트레이^{Monterey}가 실행되는 맥^{Mac}

새 SwiftUI 앱 만들기

1. Xcode를 실행한 후 Create a new Xcode project(새 Xcode 프로젝트 만들기)를 클릭한다.

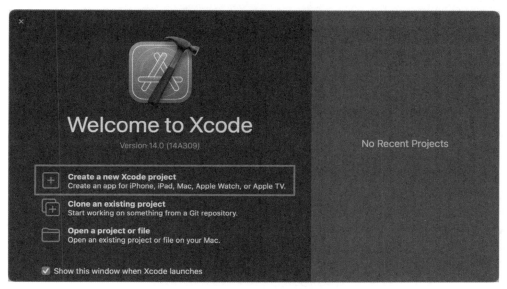

그림 1-1 Xcode에서 새 프로젝트 생성

2. iOS 부분을 선택한 다음 App 템플릿을 선택한다.

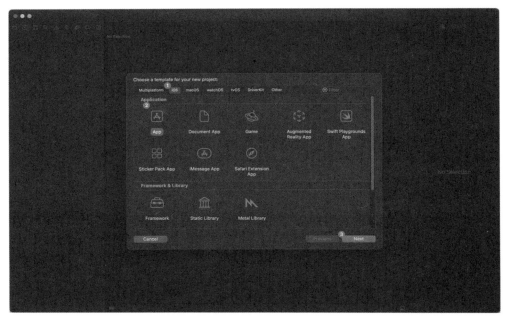

그림 1-2 iOS App 템플릿 선택

3. 프로젝트 이름을 입력하고(나는 Hello SwiftUI를 선택함) 다음 옵션 설정을 확인한다.

- Interface: SwiftUI
- Life Cycle: SwiftUI App
- Language: Swift

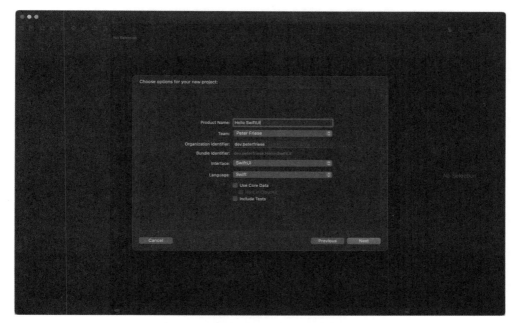

그림 1-3 프로젝트 이름 및 기타 프로젝트 옵션 설정

여기서는 테스트 포함 옵션을 선택하지 않아도 된다.

4. Next(다음)를 클릭하고 프로젝트를 저장할 위치를 선택한다. Create Git
   repository on my Mac(내 맥에 Git 리포지토리 만들기) 옵션을 그대로 두거나 원하는 경우
   해제할 수 있다.

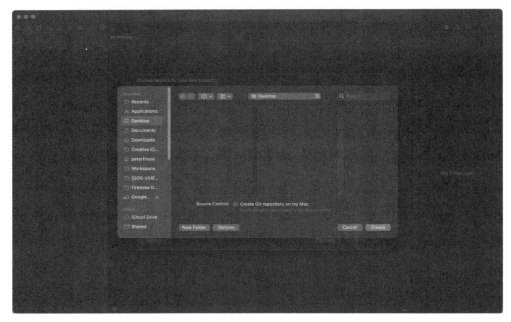

그림 1-4 프로젝트 저장할 폴더 선택

이제 Xcode 프로젝트를 생성했고, 에디터는 ContentView.swift를 표시할 것이다.

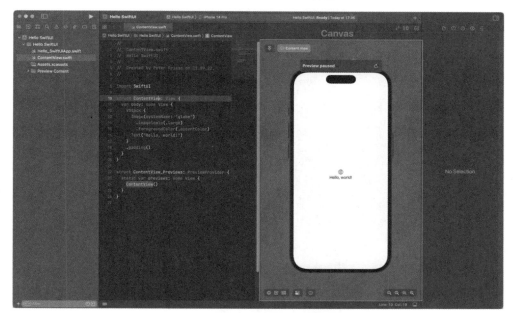

그림 1-5 Xcode 소스 에디터 및 미리 보기 캔버스

에디터 우측에 Canvas를 볼 수 있을 것인데, UI 미리 보기를 할 수 있다. 'Preview paused'라 표시됐다면 Resume 버튼을 누르거나 Option + Command + P를 누르면 잠시 후 UI의 미리 보기를 할 수 있다.

그림 1-6 Xcode 에디터 및 UI 프리뷰

다음처럼 몇 가지를 변경해보고 SwiftUI의 양방향 도구에 친숙해져보자.

- world 대신 peter로 변경해 인사말을 변경해보자. 내 경우에는 `"Hello, world!"`가 `"Hello Peter!"`로 바뀐다.
- 앱을 실행할 때마다 휴대폰이나 시뮬레이터에서 컴파일할 필요가 없이 키를 누를 때마다 미리 보기가 즉시 업데이트되는 것을 보자.

이제 텍스트 모양을 바꾸어보자.

- 커서가 아직 16번 줄(`Text("Hello, (your name)"` 부분임)에 있음을 확인하자.
- Xcode 창의 오른쪽에 있는 속성 인스펙터에서 색상 드롭다운 메뉴를 열고 다른 색상을 선택한다.
- 변경 사항이 발생할 때 Xcode에서 프리뷰 캔버스와 코드 에디터의 양쪽에 어떻게 즉시 반영하는지 지켜보자.

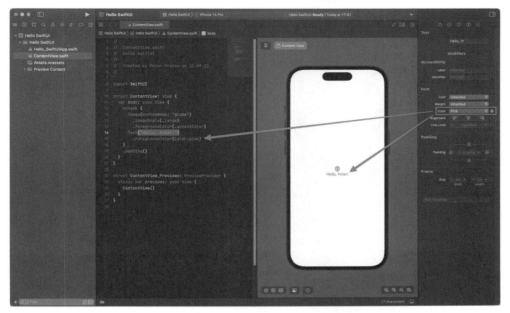

그림 1-7 갱신된 텍스트 색상이 에디터와 미리 보기 캔버스에 반영된다. 계속 진행하기 전에 한 가지를 더 변경해보자.

- 소스코드 에디터에서 Command + 클릭하고 Text 뷰를 클릭한다.
- 팝업에서 SwiftUI 인스펙터 표시를 선택한다.
- Xcode가 팝업 창에 인스펙터를 표시한다.
- 글꼴을 Inherited(상속됨)에서 Title(제목)로 변경한다.
- Xcode가 소스코드와 프리뷰를 동시에 어떻게 업데이트하는지 관찰한다.

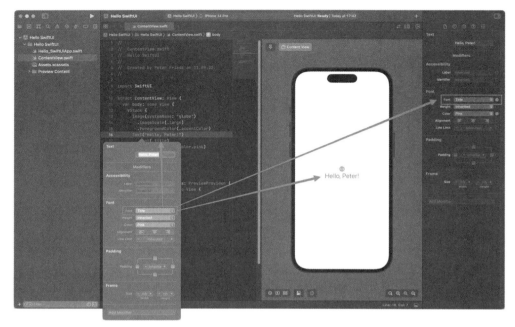

그림 1-8 SwiftUI 인스펙터를 사용해 글꼴 업데이트하기

Xcode의 양방향 편집 도구를 사용해 SwiftUI를 사용해봤다. 언제라도 이 도구를 쓸 수 있다는 것을 알아두자. SwiftUI 인스펙터는 SwiftUI 뷰의 속성과 기능을 탐색할 수 있는 훌륭한 도구다. 각각의 SwiftUI 뷰에 익숙해질 때쯤이면 소스코드 에디터와 코드 완성 기능을 사용해 뷰를 직접 수정하는 것이 더 효율적일 수 있다.

Text 뷰에 적용한 수정 사항을 뷰 수정자[View Modifier]라고 하며, 이는 3장에서 더 자세히 설명한다.

앱에 인터랙션 추가

앱에 인터랙션을 추가하고 그 과정에서 Xcode 라이브러리를 사용하는 방법을 살펴보자.

- 소스코드 에디터에 있고 프리뷰 창이 계속 표시되는지 확인한다.

- 마우스 포인터 모양의 작은 아이콘을 클릭해 캔버스의 요소를 선택할 수 있도록 설정한다.

그림 1-9 캔버스의 요소를 선택 가능하게 만들기

- Xcode 툴바(미리 보기 창 바로 위)에서 **+** 아이콘을 클릭하거나 Command + Shift + L을 누르면 라이브러리 창이 열린다.
- 뷰 라이브러리(가장 왼쪽 아이콘)가 선택된 것을 확인한다.

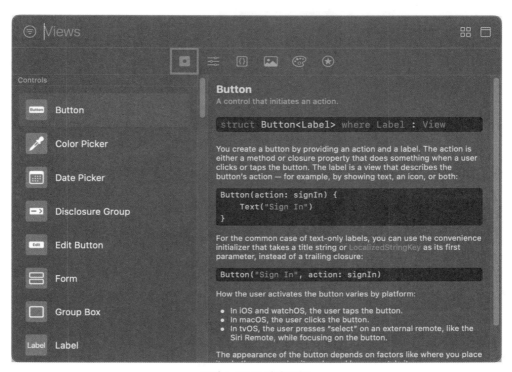

그림 1-10 뷰 라이브러리

- 버튼 뷰를 찾아 라이브러리 밖으로 드래그해 Hello, (이름) 텍스트 바로 아래의 프리뷰 캔버스로 드래그하자.
- 프리뷰 캔버스에서 버튼 뷰를 드래그할 때 Xcode가 드래그 위치를 강조하는 것을 볼 수 있다.

그림 1-11 프리뷰 캔버스의 Text 뷰 아래에 있는 버튼 드래그하기

버튼을 코드 에디터로 드래그했다 놓으면 Xcode가 자동으로 소스를 갱신해서 코드는 다음과 같아진다.

```
struct ContentView: View {
  var body: some View {
    VStack {
      Image(systemName: "globe")
        .imageScale(.large)
        .foregroundColor(.accentColor)
      Text("Hello, Peter!")
```

```
            .font(.title)
            .foregroundColor(Color.pink)
        Button("Button") {
            Action
        }
    }
    .padding()
  }
}
```

Action과 콘텐츠의 색상은 다른 코드 부분과 조금 다른 것을 볼 수 있다(이 두 영역은 에디터에서 플레이스홀더를 표현하기 때문이다). 키보드의 **탭** 키를 눌러 이 같은 플레이스홀더 사이를 이동할 수 있다.

- Action 플레이스홀더를 클릭하고 Enter 키를 눌러 텍스트를 다음처럼 바꾼다.

```
{ print("Hello") }.
```

- Content 플레이스홀더를 클릭(또는 탭 키 누르기)하고 텍스트로 다음과 같이 변경한다.

```
Button("Tap me")
```

여기까지 ContentView의 소스코드는 다음과 같다.

```
struct ContentView: View {
  var body: some View {
    VStack {
      Image(systemName: "globe")
        .imageScale(.large)
```

```
        .foregroundColor(.accentColor)
      Text("Hello, Peter!")
        .font(.title)
        .foregroundColor(Color.pink)
      Button("Tap me") {
        print("Hello")
      }
    }
  }
  .padding()
  }
}
```

시뮬레이터에서 앱을 실행해 지금까지 작업한 결과를 실제로 확인해보자.[12]

- Xcode 툴바에서 대상 메뉴를 드롭다운하고(또는 CTRL + Shift + 0을 누름) iOS 시뮬레이터 중 하나를 선택한다.
- 실행 버튼을 클릭한다(또는 CMD + R을 누른다).
- 디버그 콘솔을 연다(View ➤ Debug Area ➤ Activate Console를 클릭하거나 Command + Shift + C 키를 누른다).
- 시뮬레이터에서 앱이 시작되면 Tap me 버튼을 탭한다.
- 디버그 출력에 "Hello"라는 텍스트가 표시된다.

---

12. 이전 버전의 Xcode에서는 디버그 출력을 확인하고자 실시간 미리 보기에서 애플리케이션을 실행할 수 있었다. 애플은 Xcode 13에서 이 기능을 제거해 더 이상 사용할 수 없다(https://bit.ly/3hmRKMc).

그림 1-12 시뮬레이터에서 실행 중인 앱 그리고 디버그 콘솔에 정보가 표시되고 있음

SwiftUI의 상태 관리를 사용해 UI와 모델 동기화 유지

이번 절은 독자의 SwiftUI에 대한 열정을 불태워줄 만한 1장의 마지막 단계다. SwiftUI 상태 관리법을 사용해 사용자가 이름을 입력할 때마다 인사말을 바꾸게 해보자.

만들려는 UI는 다음과 같다.

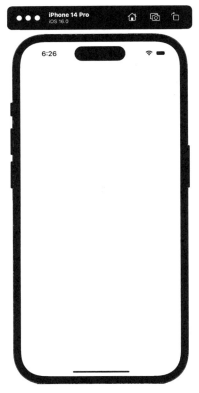

그림 1-13 자동으로 인사말 갱신하기

먼저 기존 UI를 바꿔보자.

- 사용자가 텍스트를 입력할 때마다 UI를 갱신할 것이다. 이제 버튼은 불필요하니 소스에서 버튼코드를 지운다.
- 라이브러리를 연다(+ 버튼을 사용하거나 Command + Shift + L을 눌러서).
- 라이브러리의 검색 영역에서 **Text**를 타이핑해서 Text Field 뷰를 찾는다.

그림 1-14 뷰 목록 필터링

- Text Field 뷰를 미리 보기 캔버스의 Hello, Peter!라고 표시된 레이블 바로 위로 끌어 놓는다.

이제 ContentView 소스코드는 다음과 같다.

```
struct ContentView: View {
    var body: some View {
        VStack {
            Image(systemName: "globe")
                .imageScale(.large)
                .foregroundColor(.accentColor)
            TextField("Placeholder", text: Value)
            Text("Hello, Peter!")
```

```
        }
        .padding()
    }
}
```

다시 말하지만 Placeholder와 Value 영역이 하이라이팅되는데, 이는 에디터 플레이스홀더라는 것을 나타낸다.

- "Placeholder" 텍스트를 "Enter your name here"로 바꾼다.
- var body로 시작하는 줄 바로 위에 다음 텍스트를 삽입한다.

  ```
  @State var name = ""
  ```

  이렇게 하면 name이라는 빈 인스턴스 변수가 정의되고 SwiftUI가 해당 상태를 처리하게끔 지시한다.[13]

- Value 플레이스홀더를 $name으로 바꾸면 SwiftUI가 name 변수를 텍스트 필드에 바인딩하도록 지시한다. 사용자가 텍스트를 입력할 때마다 name 변수의 값이 업데이트된다. 반대로 변수 값이 변경되면 SwiftUI가 TextField 인스턴스를 업데이트하고 업데이트된 값을 표시한다. 여기까지가 기본적인 양방향 바인딩 셋업이다.[14]
- Text 뷰의 내용을 "Hello,\(name)!"으로 바꾼다. 이를 문자열 보간이라고 하며, 스위프트는 \(name)을 name 변수의 현재 값으로 바꾼다.

약간의 패딩과 테두리를 추가해 TextField를 좀 더 예쁘게 만들자.

- 코드에서 TextField로 시작하는 줄 안의 아무 곳에나 커서를 놓아 TextField가 선택됐는지 확인한다.
- SwiftUI 인스펙터에서 Padding 섹션의 오른쪽 가장자리에 있는 작은 원을

---

13. @State에 익숙하지 않더라도 걱정하지 말자. 4장에서 다룬다.
14. 다시 한 번 언급하는데, 이 부분은 4장에서 다룬다.

클릭한다. 이렇게 하면 텍스트 필드 주위로 작은 패딩이 추가된다.

- SwiftUI 인스펙터 하단에서 Add Modifier라 표시된 입력 필드 안에 커서를 둔다.
- border를 타이핑한 다음 Border 드롭다운 메뉴 항목을 선택해 텍스트 필드에 테두리를 추가한다. 원하는 색상을 선택할 수 있다.
- 마지막으로 Add Modifier 필드에 패딩을 한 번 더 입력해 테두리 주위에 약간의 패딩을 추가한다. Padding 드롭다운 메뉴 항목을 선택해 패딩을 삽입한다.

이제 코드는 다음과 같이 표시된다.[15]

```
struct ContentView: View {
  @State var name = ""
  var body: some View {
    VStack {
      Image(systemName: "globe")
        .imageScale(.large)
        .foregroundColor(.accentColor)
      TextField("Enter your name here", text:$name)
        .padding(.all)
        .border(Color.pink, width: 1)
        .padding(.all)
      Text("Hello, \(name)!")
        .font(.title)
        .foregroundColor(Color.pink)
    }
    .padding()
  }
}
```

---

15. 방금 삽입한 값 중 일부가 강조 표시된 것을 볼 수 있다. 이는 플레이스홀더라는 뜻이다. 이 경우 플레이스홀더를 클릭한 다음 Enter 키를 눌러 값을 커밋한다. 탭 키를 사용해 파일의 모든 플레이스홀더를 순환할 수 있다.

실제 작동하는 모습을 보려면 미리 보기 캔버스 하단 툴킷에서 Live 버튼을 클릭한다. 잠시 후 실시간 미리 보기와 상호작용을 시작할 수 있다. 이름을 입력해보고 키를 입력할 때마다 인사말이 어떻게 바로 업데이트되는지 관찰해보자.

그림 1-15 실시간 미리 보기에서 앱 실행하기

iOS 시뮬레이터 또는 실제 기기에서 앱을 실행하려면 Xcode의 제목 표시줄에 있는 run destination(실행 대상) 드롭다운에서 기기를 선택한 다음 Run 버튼을 누른다.

축하한다. 이제 강력한 SwiftUI의 상태 관리를 이용한 첫 애플리케이션을 구현해 봤다.

연습문제

- name 변수를 빈 문자열로 재설정하는 버튼을 추가해보자.
- name 변수가 비어 있으면 인사말이 Hello, ! 로 표시돼 약간 어색하다. 1장

에서 배운 내용을 사용해 이름에 문자가 하나 이상 포함된 경우에만 쉼표를 보여줄 방법이 있을까?

정리

1장에서는 SwiftUI의 몇 가지 특정 속성과 애플이 왜 완전히 새로운 UI 툴킷을 출시했는지 살펴봤다. 선언적 UI 프레임워크와 명령형 UI 프레임워크의 차이점, SwiftUI가 상속보다 조합을 선호한다는 점 그리고 모든 것이 뷰라는 점을 배웠다. SwiftUI의 상태 관리와 이것이 UI가 앱 상태의 함수라는 SwiftUI의 전제에서 기반이 되는 방식을 살펴봤다.

그 후 SwiftUI 애플리케이션을 빌드하는 것이 얼마나 쉬운지 직접 경험해봤다. SwiftUI 사용자 인터페이스를 빌드하고자 Xcode의 양방향 도구 사용법을 살펴봤고, 언제 그래픽 툴을 사용해야 하는지, 소스코드 에디터가 더 효율적일 수 있는지를 이해하기 시작했다.

마지막으로 SwiftUI의 상태 관리 기능을 사용해보면서 UI 업데이트를 수동으로 연결하는 것보다 얼마나 쉬운지 알게 됐을 것이다.

배운 것을 바탕으로 이제 SwiftUI와 이를 구성하는 주요 요소를 좀 더 자세히 알아본다.

SwiftUI 시작

1장에서는 SwiftUI의 기본 원칙과 애플이 이미 완벽하게 작동하는 수많은 UI 툴킷이 있는데도 새로운 UI 프레임워크를 구현한 이유를 알아봤다. 또한 SwiftUI와 SwiftUI 앱을 빌드하기 위해 Xcode가 제공하는 도구도 살펴봤다.

2장에서는 SwiftUI 사용을 더 자세히 알아본다. 가장 좋은 학습법은 직접 해보는 것이다. 모두에게 유용하면서 간단한 앱을 만들어보자.

Text 및 **Image**와 같은 간단한 SwiftUI 뷰를 사용하고 스택을 사용해 간단한 UI 요소를 재사용 가능한 뷰로 구성해 간단한 UI와 더 복잡한 UI를 모두 구축하는 방법을 살펴본다.

SwiftUI는 재사용 가능한 UI 컴포넌트를 빌드하는 데 중점을 두기 때문에 그 작동 원리와 이를 쉽게 하기 위해 Xcode가 제공하는 도구를 이해하는 데 시간을 할애할 것이다. 뷰를 구성하고 재사용할 수 있는 컴포넌트로 분해하는 것은 SwiftUI 앱 개발의 핵심 개념이며, 관리 및 유지 관리가 쉬운 코드를 작성하는 데 도움이 된다.

2장 후반부에서는 많은 iOS 앱의 필수 요소인 **List** 뷰를 빌드하는 방법을 살펴본다.

2장에서는 **뷰**^{View}, **뷰 수정자**^{View Modifier}, **프로퍼티 래퍼**^{Property Wrapper}로 작업할 것이다. 2장

이 끝나면 이 3가지가 무엇이고 어떻게 함께 작동해 SwiftUI를 마법 같은 경험으로 만드는지 알게 될 것이다.

만들 앱

2장에서 만들 샘플 앱은 책 제목, 저자 이름, 책 표지를 포함한 책 목록을 표시한다.

간단하게 만들고자 UI에 집중하고 데이터 접근 계층은 나중에 다룬다. 따라서 원격 API에서 책 데이터를 가져오는 대신 책의 정적 배열을 정의하고 앱의 자산 카탈로그에서 책 표지를 검색해보자.

1장에서 배운 내용을 바탕으로 책의 표지와 제목, 저자, 기타 세부 정보를 표시하는 뷰를 구성하는 것부터 시작해보자.

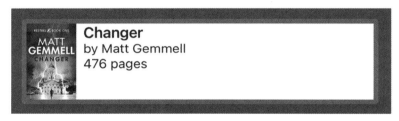

그림 2-1 책에 대한 세부 정보를 표시하는 뷰

다음 단계에서는 List 뷰 안에서 이 사용자 지정 뷰를 사용해 여러 책을 목록으로 표시할 것이다.

그림 2-2 2장에서 만들 앱

마지막으로 코드를 리팩터링해 재사용성을 높여보자. 이 단계에서는 여러 개의 작은 사용 사례별 컴포넌트로 UI를 구성해 파멸의 피라미드와 이를 피하는 방법을 배운다.

시작해보자.

책을 표시하기 위한 뷰 작성

매끄러운 시작을 위해 2장에서는 책 표지와 책에 대한 간단한 데이터 모델을 이미 정의하고 있는 스타터 프로젝트를 준비했다.

이 책과 함께 제공되는 깃허브 리포지토리를 복제하자.[1]

- 2장의 starter 프로젝트 폴더로 이동한다.
- Xcode에서 프로젝트를 연다.

프로젝트의 Model 폴더에서 이 앱의 데이터 모델을 정의하는 **Book** 구조체가 있는 Book.swift를 찾을 수 있다.

```
struct Book {
  var title: String
  var author: String
  var isbn: String
  var pages: Int
}
```

Book.swift를 보면 **Book** 익스텐션이 있는데, 각 책의 표지 이름을 쉽게 알 수 있게 해주는 몇 가지 연산 프로퍼티를 정의하고 있다.

```
extension Book {
  var smallCoverImageName: String { return "\(isbn)-S" }
  var mediumCoverImageName: String { return "\(isbn)-M" }
  var largeCoverImageName: String { return "\(isbn)-L" }
}
```

마지막으로 샘플 북 컬렉션을 포함하는 전역 상수 **sampleBooks**가 있어 API에서 데이터를 가져올 필요 없이 일부 데모 데이터를 표시할 수 있다.

---

1. https://github.com/peterfriese/SwiftUI-Combine-Book

```
extension Book {
  static let sampleBooks = [
    Book(title: "Changer", author: "Matt Gemmell", isbn:
      "9781916265202", pages: 476),
    Book(title: "SwiftUI for Absolute Beginners", author:
      "Jayant Varma", isbn: "9781484255155", pages: 200),
    Book(title: "Asynchronous Programming with SwiftUI and
      Combine", author: "Peter Friese", isbn: "9781484285718",
      pages: 367),
    Book(title: "Modern Concurrency on Apple Platforms",
      author: "Andy Ibanez", isbn: "9781484286944", pages: 368)
  ]
}
```

앱의 에셋 카탈로그에는 샘플 북에 정의된 책의 표지 이미지가 있다(보다시피 사이즈별 소형, 중형, 대형으로 제공한다).

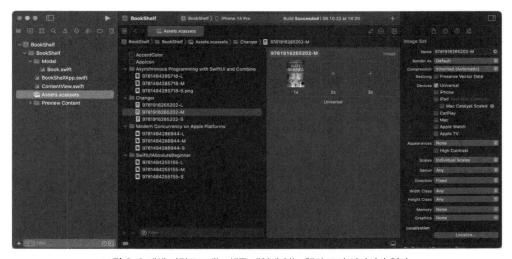

그림 2-3 에셋 카탈로그에는 샘플 배열에 있는 책의 표지 이미지가 있다.

앱의 진입점은 BookShelfApp.swift에 정의돼 있다(여기에서 여러분의 사용자가 앱을 실행했을 때 마주하게 될 메인 화면의 인스턴스를 생성하게 된다)).

```
import SwiftUI

@main
struct BookShelfApp: App {
  var body: some Scene {
    WindowGroup {
      ContentView()
    }
  }
}
```

메인 뷰인 ContentView는 ContentView.swift에 있으며, 2장의 대부분을 여기에 할
애하겠다.

```
import SwiftUI

struct ContentView: View {
  var body: some View {
    Text("Hello, world!")
  }
}

struct ContentView_Previews: PreviewProvider {
  static var previews: some View {
    ContentView()
  }
}
```

Xcode로 새 SwiftUI 뷰를 만들 때마다 이와 비슷한 형태의 파일이 만들어질 것이
다. 따라서 SwiftUI 뷰 구조를 상세히 살펴볼 가치가 있다.

앞의 코드 조각은 View 프로토콜을 따르는 ContentView라는 새 구조체를 생성한
다. 뷰의 이름은 ContentView이므로 다음과 같이 인스턴스화할 수 있다.

```
ContentView()
```

뷰 내부에 body라는 이름의 프로퍼티가 하나 있다. 프로퍼티의 유형은 some View 다. 이전에 스위프트로 개발해 본 적이 있다면 some의 의미가 무엇인지 궁금할 것이다. 간단히 답하자면 이는 소위 불투명 반환 유형^{opaque return type}을 나타내며, body가 View 유형의 값을 반환한다는 것을 나타낸다.

body는 SwiftUI에서 중요한 역할을 하는데, 내부에서 뷰의 모양을 정의한다. 이 코드 조각에서는 뷰에 "Hello, world"를 표시하는 간단한 Text 뷰만 포함돼 있지만, 나중에 2장에서는 body 속성 안에 여러 개의 뷰를 조합해 더 복잡한 레이아웃을 구성하는 방법을 살펴본다.

소스코드에서 두 번째 구조체 이름은 ContentView_Previews이며 PreviewProvider 를 따른다. 이 특수한 구조체는 SwiftUI가 Xcode 창의 오른쪽 미리 보기 캔버스에 미리 보기를 표시하는 데 사용한다. 2장 뒷부분에서 뷰를 라이트 모드와 다크 모드로 표시하도록 미리 보기를 수정하는 방법을 살펴본다.

정적 데이터로 뷰 빌드

SwiftUI 뷰가 무엇인지 기본적으로 이해했으니 이제 뷰의 또 다른 중요한 측면(결합성)을 살펴볼 차례다.

SwiftUI에서는 여러 개의 뷰를 모아 하나의 뷰를 구성할 수 있다. 대부분의 경우 기본적으로 단순히 각각의 개별 뷰를 좀 더 크고 복잡한 것으로 조합하기만 하면 SwiftUI 뷰에서 임의로 복잡한 UI를 만들 수 있다는 의미다.

이를 위해 SwiftUI에서는 몇 가지 컨테이너 컴포넌트(HStack, VStack, ZStack) 및 다른 컴포넌트 사이의 공간을 동적으로 차지하는 컴포넌트(Spacer)를 사용해 쉽고 직관적인 방법으로 여러 뷰를 중첩할 수 있다.

뷰를 감싼다는 의미와 실제로는 어떻게 작동하는지 이해를 돕고자 책의 상세 정보를 보여주는 뷰를 만들면서 살펴보자.

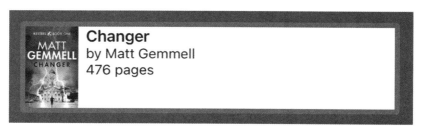

그림 2-4 책의 상세 정보를 표시하는 뷰

곧 이어 살펴볼 과정을 통해 Xcode가 제공하는 도구를 사용해 SwiftUI 뷰를 만드는 여러 방법을 알아본다.

먼저 코드를 다음과 같이 변경해 책의 제목을 표시해보자.

- Text 뷰의 레이블을 "Hello world"에서 "Asynchronous Programming with SwiftUI and Combine"으로 변경한다.
- Text 뷰에 .font(.headline)을 추가해 텍스트 글꼴을 바꾼다.

코드는 이제 다음과 같다.

```
struct ContentView: View {
  var body: some View {
    Text("Asynchronous Programming with SwiftUI and Combine")
        .font(.headline)
  }
}
```

책의 저자를 표시하기 위해 책 제목 바로 아래에 다른 **Text** 뷰를 추가한다. 이번에는 직접 코딩하는 대신 Xcode의 그래픽 툴을 사용해 레이아웃 작업을 해보자.

- 미리 보기가 활성화돼 있는지 확인한다. 미리 보기 캔버스가 보이지 않으

면 메인 메뉴에서 Editor ➤ Canvas를 선택한다(또는 CMD + Option + Enter를 누른다).
Xcode가 미리 보기를 중지한 경우 Resume preview(미리 보기 재개) 버튼을 클릭하
거나 CMD + Option + P를 눌러 다시 시작할 수 있다.

- 미리 보기 캔버스 하단의 마우스 포인터 아이콘을 클릭해 캔버스가 선택 가
능한 모드에 있는지 확인한다.

그림 2–5 선택 가능한 모드의 캔버스

- 툴바에서 + 버튼을 클릭해(또는 CMD + Shift + L을 눌러) Xcode의 라이브러리를 연다.
- 라이브러리 창에서 text를 입력해 Text 뷰를 찾는다.
- 라이브러리 창에서 Text 뷰 요소를 미리 보기 캔버스로 드래그한다. 아직
마우스 버튼을 놓으면 안 된다.
- Text 뷰를 미리 보기 캔버스 주위로 드래그하면 Xcode가 현재 드래그 위치
를 강조 표시해주는데, 마우스를 놓을 때 뷰가 배치될 위치를 알려준다.

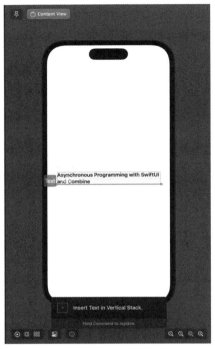

그림 2-6. 기존 뷰 아래에 새로운 Text 뷰 삽입

- 새 Text 뷰를 Asynchronous Programming with SwiftUI and Combine 텍스트 바로 아래에 놓는다.
- Xcode의 양방향 도구가 소스코드를 어떻게 자동으로 업데이트하는지 살펴보자.

```
struct ContentView: View {
  var body: some View {
    VStack {
      Text("Asynchronous Programming with SwiftUI and Combine")
        .font(.headline)
      Text("Placeholder")
    }
  }
```

```
}
```

- "Placeholder" 텍스트를 "by Peter Friese"로 바꾼다.
- 커서가 여전히 같은 줄에 있는 동안 속성 인스펙터를 사용해 이 텍스트의 글꼴을 Subheadline으로 바꾼다.

그림 2-7 속성 인스펙터

Xcode는 곧이어 소스코드를 업데이트하고 미리 보기 화면을 새로 고침 한다.

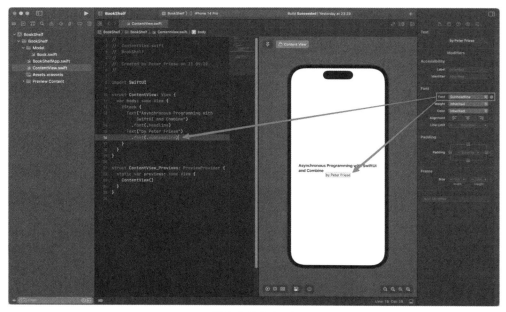

그림 2-8 업데이트된 UI

미리 보기가 새로 고쳐지지 않는 경우 미리 보기 창 상단의 새로 고침 버튼을 클릭하거나 CMD + Option + P를 누른다.

```swift
import SwiftUI

struct ContentView: View {
  var body: some View {
    VStack {
      Text("Asynchronous Programming with SwiftUI and Combine")
        .font(.headline)
      Text("by Peter Friese")
        .font(.subheadline)
    }
  }
```

```
  }

struct ContentView_Previews: PreviewProvider {
  static var previews: some View {
    ContentView()
  }
}
```

Xcode가 **VStack** 컨테이너에 두 **Text** 뷰를 자동으로 삽입해 수직 스택 내부에 중첩되게 하는 것을 주목하자.

코드 에디터를 사용해 페이지 수를 표시하는 다른 **Text** 뷰를 삽입한다.

```
import SwiftUI

struct ContentView: View {
  var body: some View {
    VStack {
      Text("Asynchronous Programming with SwiftUI and Combine")
        .font(.headline)
      Text("by Peter Friese")
        .font(.subheadline)
      Text("451 pages")
        .font(.subheadline)
    }
  }
}

struct ContentView_Previews: PreviewProvider {
  static var previews: some View {
    ContentView()
  }
}
```

원하는 레이아웃에 맞추기 위해 VStack 내부의 **Text** 뷰의 정렬을 업데이트해보자.

- 코드 에디터에서 VStack을 선택한 다음 속성 인스펙터를 사용해 Text 뷰를 왼쪽으로 정렬한다.
- 이렇게 하면 VStack의 정렬 속성이 .leading으로 변경된다.

두 Text 뷰의 왼쪽에 이미지를 삽입하려면 HStack 안에 VStack과 Image 뷰를 중첩해야 한다. 이번에는 드래그앤드롭을 사용하는 대신 코드 에디터를 사용하자.

- 코드 에디터에서 VStack을 CMD + 클릭하고 Embed in HStack을 선택한다.
- HStack 내부의 VStack 바로 앞에 Image 뷰를 삽입한다.

```
Image("9781484285718-M").
```

그러면 에셋 카탈로그에서 9781484285718-M이라는 이름의 이미지를 가져온다.

코드는 이제 다음과 같이 보일 것이다.

```
struct ContentView: View {
  var body: some View {
    HStack(alignment: .top) {
      Image("9781484285718-M")
      VStack(alignment: .leading) {
        Text("Asynchronous Programming with SwiftUI and Combine")
          .font(.headline)
        Text("by Peter Friese")
          .font(.subheadline)
        Text("451 pages")
          .font(.subheadline)
      }
    }
  }
}
```

하지만 보시다시피 이미지가 너무 크다. 크기를 조금 줄이자.

- 버튼을 누르거나 CMD + Shift + L을 눌러 라이브러리를 열고 다이얼 아이콘을 탭해 Modifiers 라이브러리로 전환한 다음 resi를 입력해 이미지 크기 조정이 가능한 수정자modifier를 찾는다.
- 수정자를 잡은 채로 라이브러리 밖으로 드래그한 다음 미리 보기의 책 표지에 놓는다. 이제 이미지가 미리 보기의 전체 높이를 차지한다.
- 아직 끝나지 않았다. 라이브러리를 다시 열고 aspect를 입력한 다음 Aspect Ratio 수정자를 책 표지 이미지로 드래그한다.
- 코드 에디터에서 contentMode 값을 .fill에서 .fit으로 바꾼다.
- 마지막으로 라이브러리에서 Frame 수정자를 찾아 이미지로 드래그한다.
- 코드 에디터를 사용해 width 속성(쉼표까지 포함)을 제거하고 height 속성을 90으로 한다.
- 속성 인스펙터를 사용해 이미지와 책 제목이 보기 좋게 정렬되도록 HStack 정렬을 .top으로 한다.

이제 코드는 다음과 같다.

```
import SwiftUI

struct ContentView: View {
  var body: some View {
    HStack(alignment: .top) {
      Image("9781484285718-M")
        .resizable()
        .aspectRatio(contentMode: .fit)
        .frame(height: 90)
      VStack(alignment: .leading) {
        Text("Asynchronous Programming with SwiftUI and Combine")
          .font(.headline)
        Text("by Peter Friese")
```

```
                .font(.subheadline)
            Text("451 pages")
                .font(.subheadline)
        }
      }
    }
  }

struct ContentView_Previews: PreviewProvider {
  static var previews: some View {
    ContentView()
  }
}
```

미리 보기를 사용해 뷰가 의도한 대로 작동하는지 확인

지금까지 미리 보기 창은 기기 프레임 안에 뷰를 표시했기 때문에 얼마나 많은 공간을 차지하는지 알기 어려웠다. 미리 보기 캔버스도 SwiftUI 뷰이기 때문에 이 문제는 쉽게 해결할 수 있다.

- 코드 에디터에서 preview provider(31줄)의 ContentView() 줄을 선택한다.
- 속성 인스펙터의 미리 보기 섹션에서 Layout 속성을 찾아 Size that fits로 설정한다.

이제 기기 프레임이 사라지고 미리 보기가 뷰에 필요한 정확한 공간을 할당한다. 뷰가 실제로 의도한 것보다 적은 공간을 차지하는 것을 알 수 있다.

그림 2-9 책 세부 정보 뷰의 미리 보기 영역이 너무 좁다.

이 문제를 수정하려면 뷰 오른쪽에 Spacer 뷰를 삽입해야 한다. Spacer 뷰는 주변 컨테이너의 레이아웃 방향에서 최대한 많은 공간을 차지하도록 확장되는 투명한 뷰다. 뷰를 밀어내는 스프링이라고 생각하자.

- 레이아웃에 Spacer를 추가하는 가장 쉬운 방법은 코드 에디터에서 Text 뷰가 포함된 VStack의 닫는 중괄호 뒤에 Spacer()를 추가하는 것이다.

코드는 이제 다음과 같다.

```swift
import SwiftUI

struct ContentView: View {
  var body: some View {
    HStack(alignment: .top) {
      Image("9781484285718-M")
        .resizable()
        .aspectRatio(contentMode: .fit)
        .frame(height: 90)
      VStack(alignment: .leading) {
        Text("Asynchronous Programming with SwiftUI and Combine")
          .font(.headline)
        Text("by Peter Friese")
          .font(.subheadline)
        Text("451 pages")
          .font(.subheadline)
```

```
        }
        Spacer()
      }
    }
  }
}

struct ContentView_Previews: PreviewProvider {
  static var previews: some View {
    ContentView()
      .previewLayout(.sizeThatFits)
  }
}
```

미리 보기를 보면 이제 뷰가 디바이스의 전체 너비[width]를 차지하는 것을 볼 수 있다.[2]

그림 2-10 올바른 도서 목록의 폭 크기를 보여주는 도서 세부 정보 뷰 미리 보기

---

2. 이 기능은 미리 보기가 선택 가능한 모드일 때만 작동한다. 라이브 모드에서는 Xcode가 전체 기기 프레임을 표시한다.

도서 목록 표시

이제 책 세부 정보를 표시하는 뷰가 생겼으니 이를 책 목록으로 바꿔보자. 잠시 후에 보게 되겠지만 Xcode에서는 이 과정을 매우 간단히 할 수 있다.

- 코드 에디터에서 책 보기의 바깥쪽 HStack을 CMD + 클릭한다.
- 팝업 메뉴에서 Embed in List를 선택한다.

Xcode는 0에서 5까지(제외)의 절반 열린 범위^{half open range}에서 반복되는 목록으로 뷰를 래핑해 세로로 스크롤되는 리스트에 책 뷰의 인스턴스 5개를 표시한다. 계속해서 반복되는 샘플 북이 아닌 좀 더 의미 있는 데이터로 List 뷰를 연결할 것이다.

하지만 그 전에 Text 뷰 레이아웃을 주목하자. 보시다시피 책 제목이 더 이상 책 표지와 상단에 정렬되지 않았다. 소스코드를 보면 Image 뷰와 VStack을 둘러싸고 있던 HStack이 사라진 것을 알 수 있는데, 이는 Xcode에서 HStack을 리스트로 감싸도록 요청했기 때문이다. 이는 Xcode 에디터의 버그라 생각할 수도 있지만, 실제로는 List 뷰에는 HStack이 암시적으로 포함돼 있기 때문에 나타난 의도된 현상이다. 하지만 이 암시적 HStack을 수정할 수 있는 방법이 없으므로 이전에 사용한 것과 동일한 HStack을 수동으로 다시 삽입해야 한다.

그림 2-11 뷰를 리스트로 감싼 후 깨진 레이아웃

3가지 해결 방법은 다음과 같다.

1. List 뷰에서 추가 HStack을 래핑하기 전에 원본 HStack(alignment: .top) 을 다른 HStack으로 감싼다.
2. book 뷰의 내부 뷰를 직접 HStack(alignment: .top) { ... }으로 감싼다.
3. Xcode의 도움을 받지 않고 대신 List 뷰로 book 뷰을 직접 감싼다.

어떤 방법을 선택할지는 주로 개인적인 취향의 문제이며, API와 Xcode의 특징에 익숙해지면 SwiftUI로 UI를 구축하는 가장 효율적인 방법을 선택하는 데 금방 익숙해질 것이다.

지금은 Spacer() 줄 다음에 있는 List 뷰 바로 뒤에 HStack (alignment: .top) { }을 직접 삽입해보자.

또한 목록을 일반 List 뷰로 표시하기 위해 List 뷰의 닫는 중괄호에 .listStyle (.plain)을 추가해보자.

이제 코드는 다음과 같이 보인다.[3]

```
struct ContentView: View {
    var body: some View {
        List(0 ..< 5) { item in
            HStack(alignment: .top) {
                Image("9781484285718-M")
                    .resizable()
                    .aspectRatio(contentMode: .fit)
                    .frame(height: 90)
                VStack(alignment: .leading) {
                    Text("Asynchronous Programming with SwiftUI and Combine")
                        .font(.headline)
                    Text("by Peter Friese")
                        .font(.subheadline)
                    Text("367 pages")
                        .font(.subheadline)
                }
                Spacer()
            }
        }
    }
```

---

3. Xcode 14에서는 닫는 중괄호를 입력하면 자동으로 코드가 다시 들여쓰기 되지만 서식을 지정하려는 코드를 선택한 다음(또는 전체 파일을 선택하려면 CMD + A를 누르면 된다) Control + i(들여쓰기의 경우)를 눌러 수동으로 다시 들여쓰기를 할 수도 있다.

```
    .listStyle(.plain)
  }
}
```

데이터 바인딩 설정

물론 똑같은 내용의 책 5권을 반복해서 보는 것을 원하는 사람은 없을 것이다. 대신 Book.swift에 정의된 샘플 책 컬렉션에 뷰를 연결해보자.[4]

SwiftUI의 List 뷰는 RandomAccessCollection 요소를 표시할 수 있다. 편리하게도 스위프트 배열은 이 프로토콜을 준수하므로 Book 배열을 book List 뷰에 제공할 수 있다.

List 뷰를 Book.swift에 정의된 샘플 도서 컬렉션에 연결하기 위해 먼저 Content View에 sampleBooks 배열에 대한 참조를 포함하는 프로퍼티를 선언한다.

- ContentView 상단에 var books: [Book]을 추가한다.
- 미리 보기와 BookShelfApptoContentView(books: sampleBooks) 모두에서 ContentView() 호출을 업데이트해 컴파일러 오류를 수정한다.

이제 List 뷰를 이 새 프로퍼티에 연결할 수 있다. 먼저 0..<5의 닫힌 범위를 books 속성에 대한 참조로 바꿔보자.

- List(1..<5)를 List(books)로 변경한다.
- 클로저 매개변수 항목 이름을 book으로 변경한다.

컴파일러는 Book을 식별할 수 없다고 투덜댈 것이다. List는 목록을 확실한 순서로 표시하기 위해 화면에 보이는 요소를 개별로 식별할 수 있어야 하기 때문이다.

---

4. 이 파일은 이 장의 starter 버전 코드에 포함돼 있으며, 이 책의 깃허브 리포지토리에서 다운로드할 수 있다(https://github.com/peterfriese/synchronous-Programming-with-SwiftUI-and-Combine).

요소를 고유하게 식별할 수 없다면 데이터 컬렉션에 업데이트가 있을 때마다 리스트 행이 여기저기 널뛰기 할 것이다.

다음 단계에 따라 Book이 Identifiable 프로토콜을 준수하는지 확인한다.

- Book.swift에서 struct Book {를 struct Book: Identifiable {로 변경한다.
- Book의 속성에 var id = UUID().uuidString을 추가한다.

이렇게 하면 컴파일 오류가 수정된다. 다시 컴파일이 필요할 수도 있다(CMD + B 누르기).

다음 단계에서는 개별 UI 요소를 Book 구조체의 각 속성에 연결한다.

- Book 인스턴스에 지정된 책 표지를 표시하려면 Image("9781484285718-M")을 Image(book.mediumCoverImageName)으로 바꾼다.
- 하드코딩된 문자열 제목을 book.title로 변경한다.
- 저자 및 페이지 수에는 문자열 보간법을 적용한다. "by Peter Friese"를 "by \(book.author)"로, "367 pages"를 "\(book.pages) pages"로 바꾼다.

마지막으로 List 뷰가 기기 프레임에 표시되도록 미리 보기 구성을 바꿔보자. 간단히 previewLayout(.sizeThaFits) 줄을 지운다.

이제 코드가 다음과 같이 보일 것이다.

```
import SwiftUI

struct ContentView: View {
  var books: [Book]
  var body: some View {
    List(books) { book in
      HStack(alignment: .top) {
        Image(book.mediumCoverImageName)
          .resizable()
          .aspectRatio(contentMode: .fit)
          .frame(height: 90)
```

```
            VStack(alignment: .leading) {
                Text(book.title)
                    .font(.headline)
                Text("by \(book.author)")
                    .font(.subheadline)
                Text("\(book.pages) pages")
                    .font(.subheadline)
            }
            Spacer()
        }
        .listStyle(.plain)
    }
  }
}
```

프리뷰 캔버스 조절

라이트 및 다크 모드 UI가 모두 적절하고 멋지게 보이는지 확인해보려면 미리 보기 캔버스 툴킷에서 Color Scheme Variants 버튼을 선택한다. 이제 미리 보기 캔버스에 UI가 라이트 및 다크 모드 둘 다 표시된다.

그림 2-12 라이트 모드와 다크 모드 – 나란히 미리 보기

코드 재사용

2장을 마치고 다음 주제로 넘어가기 전에 다뤄야 할 중요한 문제가 하나 있는데, 파멸의 피라미드^{pyramid of doom}라고 한다.

이러한 방식으로 뷰를 쉽게 구성할 수 있기 때문에 탐색하기 어려운 중첩된 코드가 빠르게 만들어질 것이다. 이 때문에 '파멸의 피라미드'라는 용어를 사용한다.

좋은 소식이 있다면 SwiftUI는 뷰 구조를 더 작은 블록으로 분리할 수 있는 여러 메커니즘이 제공하는데, 이를 통해 코드를 더 쉽게 읽고 유지 관리할 수 있다는 점이다.

- Extract Subview
- Extract to Method
- Extract to Property

이 책 전반에 걸쳐 이러한 기법 중 몇 가지를 사용하겠지만, 여기서는 가장 많이 쓰는 Extract Subview를 사용할 것이다.

Extract Subview를 사용해 코드 리팩터링

SwiftUI 뷰의 복잡성을 관리하는 가장 중요한 기술은 뷰 계층 구조에서 재사용 가능한 부분을 하위 뷰로 추출하는 것이다.

명백히 샘플 앱의 book 뷰가 이번 리팩터링의 주요 대상이다(다시 떠올려보자), 이 부분을 별도의 뷰로 개발하면서 시작했었다.

Extract Subview 리팩터링 적용법은 다음과 같다.

- 미리 보기 캔버스가 표시되는지 확인한다. 그렇지 않으면 SwiftUI 리팩터링이 활성화되지 않은 것이다.[5]
- 코드 에디터에서 book 뷰를 구성하는 리스트 행을 포함하는 **HStack**을 CMD + 클릭한다.
- 콘텍스트 메뉴에서 Extract Subview를 선택한다.

---

5. 미리 보기 캔버스가 보이지 않는 경우 CMD + Option + Enter를 누르면 표시된다.

그림 2-13 Extract Subview 리팩터링 사용하기

Xcode는 전체 뷰 구조를 ExtractedView라는 새 뷰로 추출해 현재 소스코드 파일 하단에 만들어준다.

추출된 뷰에 컴파일 오류(Cannot find 'book' in scope)가 있다는 것을 알 수 있다. 이 뷰에 표시되는 Book 인스턴스가 범위 내에 없기 때문이다.

이 문제를 해결하려면 새 뷰에서 새 속성을 정의해야 한다.

- BookRowView 내부에서 Book 유형의 book이라는 새 속성을 선언하자.

```
struct BookRowView: View {
  var book: Book
  var body: some View {
    ...
  }
}
```

컴파일 오류는 사라지지만 대신 새로운 오류가 발생한다. 호출부에서 컴파일러는 book 매개변수에 대한 인자가 누락됐음을 알려준다.

이 문제를 해결하려면 현재 book 인스턴스를 ExtractedView() 호출에 추가한다.

ExtractedView는 우리 뷰에 적합한 이름이 아니므로 이름을 BookRowView로 바꾼다. 이렇게 하려면 심볼 이름 ExtractedView 내부에 커서를 가져간 다음 CMD + Shift + A 키 조합을 사용해 코드 동작 콘텍스트 메뉴를 호출한다.

Rename 리팩터링을 선택하면 Xcode에 선택한 심볼의 모든 항목이 표시된다. 새 이름(BookRowView)을 입력하고 Enter 키를 눌러 변경 사항을 적용한다.

코드는 이제 다음과 같다.

```
import SwiftUI

struct ContentView: View {
  var books: [Book]
  var body: some View {
    List(books) { book in
      BookRowView(book: book)
    }
    .listStyle(.plain)
  }
}

struct ContentView_Previews: PreviewProvider {
  static var previews: some View {
    ContentView(books: Book.sampleBooks)
  }
}

struct BookRowView: View {
  var book: Book
  var body: some View {
    HStack(alignment: .top) {
```

```
Image(book.mediumCoverImageName)
    .resizable()
    .aspectRatio(contentMode: .fit)
    .frame(height: 90)
VStack(alignment: .leading) {
    Text(book.title)
        .font(.headline)
    Text("by \(book.author)")
        .font(.subheadline)
    Text("\(book.pages) pages")
        .font(.subheadline)
}
Spacer()
    }
  }
}
```

이로써 Extract Subview 리팩터링이 기본적으로 완료됐지만 2가지 선택적 단계를 고려할 수 있다.

1. 추출된 하위 뷰를 private으로 표시한다. 이 뷰를 다른 콘텍스트에서 사용하지 않을 경우 유용한다.

2. 추출된 하위 뷰를 다른 곳에서 사용하려는 경우 별도의 파일로 이동한다. 이렇게 하려면 Xcode의 New File(새 파일) 대화상자를 사용해 새 SwiftUI 뷰 파일을 생성한 다음 파일 이름으로 BookRowView를 선택한다. 이렇게 하면 새 파일에 BookRowView_Previews라는 미리 보기 제공자가 포함된다. 또한 이 파일에는 BookRowView라는 뷰 이름도 포함돼 있으며, 이전의 단계 7에서 추출한 BookRowView 구현으로 대체할 수 있다.[6]

---

6. 안타깝지만 Xcode에 Extract to File 리팩터링 기능은 없다.

ContentView 이름 바꾸기

앱을 만들고 새 기능과 화면을 추가하기 시작하면 화면 이름 중 하나가 여전히 ContentView라는 것이 조금 이상하게 느껴질 것이다. 따라서 좀 더 현재 화면의 기능을 잘 반영하는 이름으로 변경한다.

이를 위해 ContentView라는 이름에 커서를 놓고 에디터 콘텍스트 메뉴에서 Refactor ➤ Rename을 선택한다. Xcode가 코드를 접고 리팩터링된 코드가 어떻게 보이는지 미리 보기를 표시한다. 새 이름(예: BooksListView)을 입력하기 시작하고 완료되면 Enter 키를 누른다.

복잡한 코드 방지 작업

중첩된 뷰 구조를 더 작은 컴포넌트로 분해하는 것이 SwiftUI 모범 사례이며, 애플은 WWDC 동영상[7]과 개발자 문서에서 이를 적극 권장하고 있다.[8] SwiftUI로 UI를 만들 때는 앞서 설명한 기술을 기억하고 코드가 복잡해지기 시작하면 즉시 리팩터링하는 것을 잊지 말자.

뷰와 뷰 수정자

잠시 멈추고 여기까지 배운 내용을 요약해보자.

뷰view는 SwiftUI의 핵심 구성 요소이며, 각 뷰는 UI 일부를 정의한다.

뷰를 조합해 좀 더 풍부한 기능과 복잡한 UI를 가진 또 다른 뷰를 만들 수 있다. 뷰는 텍스트 레이블 옆에 이미지를 배치하는 것처럼 간단할 수도 있지만 더 복잡해지는 것도 한순간이다.

절대 좌표를 사용해 UI 요소를 배치하는 대신 SwiftUI에서는 수직과 수평 스택과

---

7. 예를 들어 WWDC 2021 세션 SwiftUI 이해하기(https://developer.apple.com/videos/play/wwdc2021/10022)
8. https://developer.apple.com/documentation/swiftui/

스페이서 시스템을 사용해 UI 요소를 배치할 것을 권장한다.

대부분의 뷰는 콘텐츠(예: 텍스트)를 감싸고 있는 반면, 그 밖의 뷰는 스페이서처럼 사용할 수 있는 모든 공간을 차지하고자 바깥 방향으로 밀어낸다.

뷰를 구성하는 방법에는 크게 2가지가 있다.

1. 생성자 인자를 사용해 뷰의 주요 속성을 구성할 수 있다(예: Text 뷰에 표시되는 문자열 혹은 HStack의 정렬).
2. 뷰의 보조 속성은 뷰 수정자^{View Modifier}를 사용해 구성한다.

뷰 수정자는 SwiftUI 뷰에서 호출하는 함수다(예: Text("hello").font(.headline)). 이들 대부분은 글꼴, 전경색 및 배경색, 프레임 크기 등을 설정해 뷰의 모양을 지정할 수 있다. 3장에서 살펴보겠지만 특정 이벤트(예: 버튼 탭)에 따라 호출되는 클로저를 등록할 수 있는 뷰 수정자도 있다.

연습문제

1. 페이지 수를 표시하는 동일한 줄에 각 책의 ISBN을 표시하는 또 다른 Text 뷰를 추가하라.
2. 페이지 번호 텍스트를 뷰 왼쪽에, 그리고 ISBN을 뷰 오른쪽에 정렬하라.

팁과 트릭

특정 뷰의 작동 방식이나 구성 방법을 잘 모르는 경우 라이브러리를 사용해 뷰 사용법을 배울 수 있다. 라이브러리에서 미리 보기 캔버스(또는 코드 에디터)로 뷰를 끌어 놓아 초기 구현을 확인한다. 또는 라이브러리에서 수정자를 끌어 뷰에 놓아 사용 방법을 확인한다. 이 작업을 몇 번 수행하면 개별 뷰 및 뷰 수정자의 작동 방식을 이해하고, 코드 에디터를 사용해 수동으로 코드를 입력하거나 코드 완성을 사용할 수 있다.

정리

2장에서는 간단한 SwiftUI 뷰를 사용해 데이터 모델의 정보를 List 뷰에 표시하는 애플리케이션을 점진적으로 빌드하는 방법을 살펴봤다.

Image 및 Text 뷰를 사용해 책의 표지, 제목 및 기타 세부 정보를 표시하기 위한 셀을 구성하는 방법을 살펴보고, HStack, VStack 및 스페이서를 사용해 UI 요소를 배치했다.

Xcode의 양방향 툴을 사용해 라이브러리, 미리 보기 캔버스, 코드 에디터 및 콘텍스트 메뉴를 사용해 UI를 빠르게 구성하는 방법을 직접 경험했다.

마지막으로 Xcode의 리팩터링을 사용해 코드를 재사용 가능한 컴포넌트로 정리해 읽기 쉽고 유지 관리하기 쉽게 만들어봤다.

프로그래밍 방식으로 뷰를 빌드하는 데 익숙한 UIKit 사용자라면 사용자 지정 셀을 사용해 UITableView와 동등한 뷰를 쉽게 빌드할 수 있다는 점이 놀랍게 느껴질 것이다. 3장에서 살펴보겠지만 SwiftUI의 상태 처리 기능을 사용하면 앱의 모든 부분이 데이터 모델의 현재 상태를 반영하게 하는 것이 훨씬 쉬워지므로 더 이상 동기화되지 않을 수 있다.

2장에서는 SwiftUI로 UI를 빌드는 방법을 나름 알아봤지만 여기까지는 빙산의 일각이다. 3장에서는 개별 주제를 더 자세히 살펴보고 SwiftUI의 작동 방식과 원리, 반응형 상태 관리 시스템을 사용해 더 나은 앱을 만드는 방법을 살펴본다.

SwiftUI 구성 요소

2장에서는 SwiftUI를 사용해 간단한 UI를 빌드하는 방법과 Xcode의 리팩터링 도구를 사용해 코드를 깔끔하게 정리하고 재사용할 수 있게 유지하는 방법을 살펴봤다. 또한 앱의 뷰와 데이터 모델을 항상 동기화할 수 있는 SwiftUI의 상태 관리 시스템을 사용했다.

지금까지 뷰, 뷰 수정자, 프로퍼티 래퍼와 같은 SwiftUI의 주요 컴포넌트를 사용해 봤다. 지금부터 더 자세히 살펴보고 어떻게 작동하는지 이해해보자.

3장에서는 SwiftUI를 구성하는 요소를 살펴보고, 어떻게 작동하는지 그리고 이를 통해 개발자가 UI를 효율적으로 빌드할 수 있는 방법을 알아보자. 구체적으로 다음과 같은 것들을 살펴본다.

- 뷰의 실체가 무엇인지 그리고 UI를 선언적으로 설명하는 데 뷰가 어떻게 도움이 되는지 배운다.
- SwiftUI의 다양한 종류의 뷰, 즉 사용자 인터페이스 뷰와 컨테이너 뷰를 살펴본다.
- 또한 뷰 수정자와 뷰 구성에서의 역할도 살펴본다.

3장이 끝나면 SwiftUI가 어떻게 작동하는지, 개별 개념이 어떻게 함께 작용해 SwiftUI를 UI 구축에 사용하기 쉬운 **도메인 특화 언어**^{DSL, Domain-Specific Language}로 만드는지 더 자세히 이해할 수 있을 것이다.

뷰

SwiftUI에서는 UI를 설명할 때 선언적 접근 방식을 따른다. 버튼, 레이블, 목록 등과 같은 UI의 요소를 수동으로 인스턴스화하는 대신 UI의 모양을 선언한다. 뷰는 SwiftUI에서 UI를 빌드하기 위한 가장 기본적인 구성 요소다. 애플리케이션의 UI를 정의하려면 SwiftUI의 기본 제공 뷰를 사용해 사용자 인터페이스에 대한 가벼운 설명을 작성한다. 이렇게 하면 앱에서 사용할 수 있는 자신만의 뷰를 구성할 수 있다.

이러한 뷰를 자체 앱에서 사용하는 것 외에도 스위프트 패키지로 추출해 재사용할 수 있게 만들 수 있다. 이렇게 하면 다른 앱에서 사용하거나 팀의 다른 개발자와 공유할 수 있다. 깃허브에 업로드하고 **스위프트 패키지 인덱스**^{Swift Package Index}[1]에 등록하면 다른 개발자도 사용할 수 있다.

1장과 2장에서는 재사용할 수 있는 SwiftUI 컴포넌트를 만들 때 다음과 같은 기술을 이미 사용했다.

- 1장의 `Hello World` 샘플과 같은 간단한 UI를 만들기 위해 `Text`와 `Image` 같이 SwiftUI에서 기본으로 제공하는 뷰 중 일부를 사용했다.
- 2장에서는 책에 대한 세부 정보를 표시하고자 재사용 가능한 뷰(`BookRowView`)를 만든 다음 `List` 뷰 내에서 재사용했다.

SwiftUI 뷰의 기본 구조를 살펴보자. Xcode에서 새로운 SwiftUI 파일을 만들면 다음과 같은 코드가 생성된다.

---

1. https://swiftpackageindex.com/

```
import SwiftUI

struct ContentView: View {
  var body: some View {
    VStack {
      Image(systemName: "globe")
        .imageScale(.large)
        .foregroundColor(.accentColor)
      Text("Hello, world!")
    }
    .padding()
  }
}

struct ContentView_Previews: PreviewProvider {
  static var previews: some View {
    ContentView()
  }
}
```

PreviewProvider는 Xcode의 미리보기 캔버스에 뷰를 표시해준다.

림 3-1 Xcode 미리 보기 캔버스에서의 간단한 뷰

PreviewProvider는 잠시 제쳐두고 간소화된 버전의 ContentView를 살펴보자.

```
struct ContentView: View {
  var body: some View {
    Text("Hello, world!")
  }
}
```

이 짧은 코드 조각은 Hello World를 표시하는 Text 뷰를 포함하는 ContentView라는 간단한 뷰를 정의한다.

매우 짧은 코드 조각이지만 이 코드에서 SwiftUI의 강력한 기능에 대해 많은 것을 배울 수 있다.

SwiftUI 뷰는 View 프로토콜을 준수해야 하는 구조체다. View 프로토콜의 소스코드를 보면 단일 View를 반환하는 body라는 연산 프로퍼티를 구현해야 한다는 것을 알 수 있다.

```
@available(iOS 13.0, macOS 10.15, tvOS 13.0, watchOS 6.0, *)
public protocol View {
    associatedtype Body : View
    @ViewBuilder @MainActor var body: Self.Body { get }
}
```

간단한 Hello World 코드 조각을 보면 간단한 Text 뷰를 반환하는 body 연산 프로퍼티를 포함하고 있어 View 프로토콜의 요구 사항을 충족함을 알 수 있다.

아이콘을 가진 레이블과 같이 더 복잡한 뷰를 구현하려면 Group, HStack 또는 VStack과 같은 SwiftUI의 컨테이너 뷰를 사용할 수 있다. 컨테이너 뷰를 사용하면 자식 뷰를 그룹화하고 가로 또는 세로와 같은 특정 레이아웃으로 정렬할 수 있다. 다음 코드 조각은 VStack을 사용해 Image와 Text를 세로로 정렬한다.

```
struct ContentView: View {
    var body: some View {
        VStack {
            Image(systemName: "globe")
                .imageScale(.large)
                .foregroundColor(.accentColor)
            Text("Hello, world!")
        }
        .padding()
    }
}
```

body 연산 프로퍼티를 보면 컨테이너 뷰를 사용하고 있는데, 단일 뷰를 반환해야 하는 View 프로토콜의 요구 사항을 충족한다. 3장 뒷부분에서는 컨테이너 뷰를 자세히 설명한다.

반환 유형이 왜 그냥 View가 아닌 some View인지 또한 body의 반환값은 단순 View
는 왜 안 되는지도 궁금할 것이다.

앞서 살펴본 예제에서와 같이 뷰를 구성할 때 구체적인 반환 유형은 개별 뷰의
유형과 뷰를 조합하는 순서에 따라 달라진다. 예를 들어 앞의 코드 조각에서 본문
속성에서 반환하는 뷰의 유형은 HStack<TupleView<(Image, ModifiedContent
<Text, _PaddingLayout>)>>이다. 뷰의 순서를 변경하면 다른 유형이 생성된다. 텍
스트 뒤에 이미지를 넣으면 결과 유형이 HStack<TupleView< (ModifiedContent
<Text, _PaddingLayout>, Image)>>로 변경된다.

사실 이는 약간 다루기 어렵기 때문에 some 키워드를 사용한다. some은 원래 타입
을 소위 불투명 타입$^{opaque\ type}$으로 바꿔준다. 즉, 컴파일러는 여전히 실제 구체적인
타입(예: HStack<TupleView<(Image, ModifiedContent<Text, _PaddingLayout>)>>)에 접근할 수 있지만 모
듈의 클라이언트는 그렇지 않고[2] 반환값의 프로토콜만 볼 수 있다.

즉, 뷰 body의 결과를 some View로 반환하면 호출자는 뷰만 볼 수 있고 이 뷰가
어떻게 구조화됐는지에 대한 통찰력을 얻지 못한다. 따라서 body 프로퍼티가 반환
하는 view 구조체의 구체 유형(앞선 코드 조각의 경우 <TupleView<(Image, ModifiedContent<Text,
_PaddingLayout>)>>) 대신 일반 유형 이름(앞선 코드 조각의 경우 ContentView)으로 사용자 정의 유형
을 참조할 수 있다.

사용자 인터페이스 뷰

SwiftUI에는 iOS, iPadOS, 맥OS, watchOS, tvOS에서 필요한 많은 UI 요소를 위한
다양한 뷰가 준비돼 있다. 이런 UI 요소는 Text, Image, Button, TextField 등을
말한다.

이런 뷰는 앱의 UI를 조합할 때 사용할 수 있는 기본 구성 요소다. 또한 개발자들은
이러한 요소를 사용해 자신만의 컴포넌트를 만들 수 있다. 2장에서 이미 책 표지와

---

2. https://docs.swift.org/swift-book/LanguageGuide/OpaqueTypes.html을 참고한다.

제목을 표시하는 리스트 열 컴포넌트를 만들어봤다.

이제 SwiftUI의 사용자 인터페이스 요소를 대략적으로 살펴보자.

텍스트 입력과 출력

텍스트 출력

이름	설명
Text	한 줄 이상의 읽기 전용 텍스트 표시
Label	이미지와 읽기 전용 텍스트를 표시

텍스트 입력

이름	설명
TextField	편집할 수 있는 텍스트를 표시
SecureField	사용자가 보안을 유지하며 텍스트를 입력할 수 있게 함
TextEditor	긴 형태의 텍스트를 표시하고 수정할 수 있는 컨트롤

이미지

이미지

이름	설명
Image	이미지를 표시
AsyncImage	이미지를 비동기적으로 다운로드 혹은 표시

컨트롤과 인디케이터

버튼

이름	설명
Button	동작을 시작하게 하는 컨트롤
EditButton	편집 모드 환경 값을 토글할 수 있는 버튼

링크

이름	설명
Link	URL로 이동하는 컨트롤

메뉴

이름	설명
Menu	메뉴를 통해 동작할 수 있는 컨트롤

값 입력

이름	설명
Slider	제한된 선형 값 범위 내에서 값을 선택하는 컨트롤
Stepper	값을 증가 또는 감소시킬 수 있는 컨트롤
Toggle	켜기와 끄기 상태를 전환하는 컨트롤

피커

이름	설명
Picker	상호 배타적인 값 중 하나를 선택하는 컨트롤
DatePicker	절대 날짜를 선택하는 컨트롤
ColorPicker	시스템 색상 피커UI에서 색상을 선택할 수 있는 컨트롤

인디케이터

이름	설명
Gauge	범위 내의 값을 표시하는 뷰
ProgressView	작업의 완료를 나타내는 진척을 표기하기 위한 뷰

도형

도형

이름	설명
Shape	뷰를 그릴 때 사용할 수 있는 2D 도형
InsettableShape	인셋(inset) 값을 설정해 또 다른 도형을 만들 수 있는 도형 유형
Rectangle	부모 뷰의 프레임 안에 정렬되는 사각형 도형
RoundedRectangle	모서리가 둥근 사각형 도형으로, 뷰의 프레임 안에 정렬됨
Circle	뷰의 프레임 중심에 위치한 원형 도형
Ellipse	뷰의 프레임 안에 정렬된 타원형 도형
Capsule	뷰의 프레임 안에 정렬된 캡슐 형태의 도형
Path	2D 도형의 외곽선

컨테이너 뷰

대부분 사용자 인터페이스의 경우 화면 중앙의 단순 Text나 Image보다는 좀 더 복잡하다. 실제 대부분의 사용자 인터페이스는 여러 개의 개별 뷰로 구성된다. 개발자가 화면의 절대적 또는 상대적 위치에 뷰를 수동 배치하는 대신 SwiftUI에서는 뷰 컨테이너[3]를 사용해 여러 뷰를 함께 그룹화하고 화면에 정렬함으로써 복잡한 레이아웃을 더 쉽게 만들 수 있다.

SwiftUI에는 여러 종류의 컨테이너 뷰가 있다.

- HStack, VStack, ZStack과 같은 레이아웃 컨테이너를 사용하면 하위 뷰를 가로, 세로로 배치하거나 서로 겹쳐 배치할 수 있다.
- List와 Form, Table, Group, ScrollView와 같은 컬렉션 컨테이너는 스크롤, 스와이프, 필터링 등과 같은 기본 기능을 제공한다.
- 프레젠테이션 컨테이너(NavigationView, NavigationStack, NavigationSplitView, TabView, Toolbar 등)는 앱 UI의 구조를 정의하기 위한 것이다.

컨테이너 뷰 자체도 뷰이므로 중첩할 수 있어 복잡한 사용자 인터페이스도 쉽게 구축할 수 있다.

또한 각 뷰에는 overlay와 background가 있으며, overlay 및 background 뷰 수정자를 사용해 액세스할 수 있다(다음 절에서 뷰 수정자를 자세히 설명한다). 이를 사용해 고급 레이아웃을 만들 수 있다.

---

3. 애플 문서에서는 뷰 컨테이너와 컨테이너 뷰를 같은 의미로 사용한다(https://developer.apple.com/documentation/swiftui/picking-container-views-for-your-content).

레이아웃 동작

일부 뷰는 그 외의 뷰와는 좀 다른 방식으로 레이아웃 동작을 하는 것을 알 수 있다.

크게 보면 SwiftUI 레이아웃 프로세스는 다음과 같이 작동한다.

1. 부모 뷰는 자식 뷰에 불특정 크기를 제공한다.
2. 그런 다음 자식 뷰는 자신의 크기(고유 크기)와 부모 뷰가 제공한 공간(자식 뷰는 완전히 무시할 수 있음)을 고려해 필요한 공간을 결정한다. 그런 다음 이 크기를 부모 뷰에 반환한다.
3. 부모 뷰는 자식이 반환한 크기를 사용해 1단계에서 제공한 공간의 경계 내에 자식 뷰를 배치한다. 부모 뷰는 자식이 요청한 크기를 존중한다.

SwiftUI에서는 2단계에서 자식 뷰가 차지하는 공간을 결정할 때 2가지 다른 전략을 사용한다.

Hugging

뷰는 상위 뷰에서 제공하는 크기를 참조하지 않고 콘텐츠에 가장 적합한 크기를 선택한다. Text가 이렇게 작동한다. 컨테이너가 더 많은 공간을 제공할지라도 텍스트가 필요한 만큼만 공간을 차지한다.

Expanding

뷰가 상위 뷰에서 제공하는 만큼의 공간을 사용하려고 시도한다. Color가 이렇게 작동한다. Color는 상위 뷰에서 제공하는 공간 전체를 차지한다.

뷰는 UI에 대한 설명일 뿐이다

WWDC 2019에서 SwiftUI를 처음 발표했을 때[4] 애플은 SwiftUI 뷰를 생성할 때 비용이 매우 적다는 점을 강조했다. 실제로 개발자들에게 개별 화면과 뷰의 코드를 읽기 쉽고 유지 관리하기 쉽게 뷰를 자유로운 방식으로 사용하고 하위 뷰로 분해하라고 권장했다.[5]

주된 이유는 SwiftUI 뷰는 뷰가 아니기 때문이다(대신 SwiftUI 뷰는 뷰에 대한 설명일 뿐이다).

또는 애플의 SwiftUI 문서[6]에 따르면 "[...] 선언적 접근 방식을 사용하면 인터페이스의 원하는 레이아웃을 반영하는 계층 구조에서 뷰를 선언해 사용자 인터페이스에 대한 가벼운 설명을 만들 수 있다. 그런 다음 SwiftUI가 사용자 입력이나 상태 변경과 같은 이벤트에 대한 응답으로 이러한 뷰를 드로잉하고 업데이트하는 것을 관리한다."

이를 설명하기 위해 간단한 뷰와 그 결과 화면에 렌더링되는 뷰 계층 구조를 살펴보자.

```swift
struct ContentView: View {
  @State var text = ""

  var body: some View {
    List {
      Label("Hello World", systemImage: "globe")
      HStack {
        Image(systemName: "globe")
          .imageScale(.large)
          .foregroundColor(.accentColor)
```

---

4. https://developer.apple.com/videos/play/wwdc2019/204/?time=1020을 참고한다.
5. "보이지 않는 부분이지만 SwiftUI는 뷰 계층 구조를 렌더링을 위한 효율적인 데이터 구조로 매우 작게 축소한다. 이 때문에 우리는 SwiftUI에서 작은 단일 목적 뷰를 자유롭게 사용하며, 여러분도 그렇게 해야 한다. 마지막 몇 개의 슬라이드를 통해 알아뒀으면 하는 것은 SwiftUI의 뷰는 매우 가볍다는 것이다. 제이콥이 말했듯이 서브뷰를 추출하는 데 런타임 오버헤드가 거의 없기 때문에 SwiftUI 코드를 리팩터링하는 것을 주저해서는 안 된다."
6. https://developer.apple.com/documentation/swiftui/declaring-a-custom-view

```
            Text("Hello, world!")
        }
        TextField("TextField", text: $text)
    }
  }
}
```

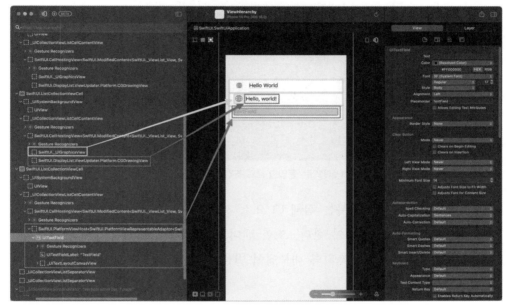

그림 3-2 iOS에서 실행되는 앞 코드 조각의 계층 구조 보기(Reveal 앱 사용)

`TextField` 뷰가 `UITextField`에 매핑된 반면 `Text` 뷰는 `SwiftUI.DisplayList.`
`ViewUpdater.Platform.CGDrawingView`에 매핑돼 있다.

이는 SwiftUI를 사용해 크로스플랫폼 UI를 정의할 수 있는 주요 이유 중 하나이기
도 한다. 뷰는 UI에 대한 설명일 뿐이므로 SwiftUI에서는 다른 프리미티브를 사용
해 다른 플랫폼에서 UI를 렌더링할 수 있다. 이를 이해하기 위해 또 다른 예제를
살펴보자. 다음은 앞의 코드와 똑같지만 tvOS에서 실행되는 코드다. 뷰 계층 구조
가 어떻게 tvOS에 고유한 UI 컨트롤을 표시하는지 보자.

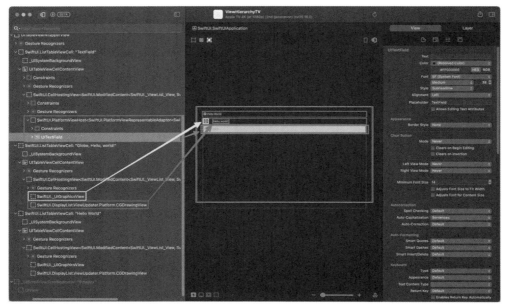

그림 3-3 tvOS에서 실행되는 동일한 코드 조각의 뷰 계층 구조(Reveal 앱 사용)

SwiftUI에서 UI를 만들 때 뷰는 실제 UI 요소 자체가 아니라 UI에 대한 설명일 뿐이라는 점을 항상 염두에 둬야 한다. 또한 렌더링 과정에서 SwiftUI가 뷰를 여러 번 호출할 수 있으므로 뷰의 초기화 내부에서 비용이 많이 드는 처리나 계산은 수행하지 말자.

뷰 수정자

뷰 수정자Ꝟiew modifiers는 SwiftUI의 또 다른 핵심 개념으로, 앱 뷰의 모양과 동작을 사용자화할 수 있다. 예를 들어 뷰 수정자를 사용해 다음을 수행할 수 있다.

- 뷰 스타일 지정
- 이벤트에 응답(예: 사용자가 버튼을 탭하는 경우)
- 두 번째 뷰 구성(스와이프 동작, 콘텍스트 메뉴 또는 툴바 등)

뷰 수정자는 모든 SwiftUI 뷰에서 호출할 수 있는 스위프트 메서드다. View 프로토콜의 익스텐션으로 구현되므로 텍스트나 이미지와 같은 기본 제공 뷰와 사용자 정의 뷰를 포함한 모든 뷰에서 호출할 수 있다.

어떻게 작동하는지 자세히 살펴보자.

뷰 구성

뷰 모양이나 동작을 변경하려면 뷰 인스턴스에서 SwiftUI의 내장된 뷰 수정자 중 하나를 호출하면 된다. 예를 들어 Text 뷰의 전경색을 빨간색으로 변경하는 방법은 다음과 같다.

```
Text("Hello World")
    .foregroundColor(.red)
```

뷰에서 수정자를 호출하면 수정자가 원래 뷰를 래핑하는 새 뷰를 만들고 뷰 계층 구조에서 해당 뷰를 대체한다. 예를 들어 수정된 Text 뷰의 유형은 ModifiedContent <Text, _PaddingLayout>이 된다.

동일한 뷰에 여러 뷰 수정자를 적용해 뷰의 여러 측면을 변경할 수 있다. 예를 들어 전경색 외에 텍스트의 글꼴을 변경하려면 글꼴 뷰 수정자를 호출하면 된다.

```
Text("Hello, world!")
    .foregroundColor(.red)
    .font(.title)
```

뷰 수정자가 뷰에 추가되는 순서가 중요하다는 점을 지적할 필요가 있다. 다음 코드 조각에서는 Text 뷰의 뷰 수정자가 다른 순서로 적용돼 다른 출력이 생성된다.

```swift
struct ContentView: View {
  var body: some View {
    HStack(spacing: 20) {
      // left
      Text("Hello, world!")
        .background(.red)
        .padding()

      Divider()

      // right
      Text("Hello, world!")
        .padding()
        .background(.red)
    }
    .frame(maxHeight: 50)
  }
}
```

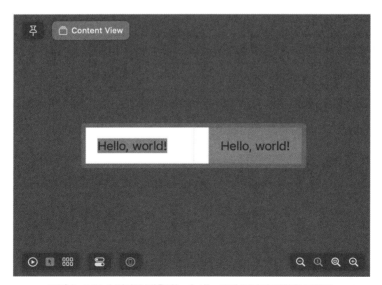

그림 3–4 뷰 수정자를 적용하는 순서는 뷰의 모양에 영향을 미친다.

첫 번째 예에서는 패딩^{padding}을 적용하기 전에 배경색이 Text 뷰에 적용된다. 따라서 텍스트만 빨간색 배경에 밑줄이 그어진다.

두 번째 코드 조각에서는 패딩이 먼저 적용된다. 앞서 언급했듯 뷰 수정자를 적용하면 뷰의 변경된 버전이 원래 뷰의 위치를 차지하게 된다. 즉, Text 뷰의 패딩된 버전이 이제 원래 Text 뷰의 위치를 차지한다. 이 뷰의 수정된 버전에 배경 뷰 수정자를 적용하면 패딩된 전체 배경이 빨간색 배경색으로 채워진다.

하위 뷰에 뷰 수정자 적용

뷰 수정자는 적용되는 뷰에서 작동한다. 예를 들어 이전 코드 조각에서는 배경 뷰 수정자를 Text 뷰에 적용했다.

그러나 대부분의 뷰 수정자는 적용되는 뷰의 하위 뷰에도 영향을 준다. 다음 코드 조각은 VStack 내의 모든 레이블에 동일한 고정폭 글꼴^{monospace font}을 적용한다.

```
VStack(alignment: .leading) {
  Text("Hello, World!")
  Text("How are you today?")
}
.font(.system(.body, design: .monospaced))
```

이 기능은 여러 보기의 모양을 한 번에 구성하려는 경우에 유용하다. 구성하려는 뷰의 공유 컨테이너 뷰에 각 뷰 수정자를 적용하면 포함된 모든 뷰의 모양을 한 번에 변경할 수 있다.

또한 뷰 계층 구조 위로 값을 전파하는 몇 가지 뷰 수정자^(예: navigationTitle)도 있다.

```
NavigationStack {
  HStack {
    Text("Hello, World!")
      .navigationTitle("Inner title")
```

```
    }
    .navigationTitle("Outer title")
}
```

그림 3-5 하위 뷰에서 navigationTitle 설정

이 경우 내부 navigationTitle이 우선한다. navigationTitle("Inner title")이라고 표시된 줄을 주석 처리해 직접 시도해볼 수 있으며, 그 결과 화면 제목이 "Outer title"로 변경된다.

뷰 수정자를 사용해 액션 핸들러 등록

지금까지 살펴본 대부분의 뷰 수정자는 뷰 모양을 수정한다. 이러한 뷰 수정자는 일반적으로 String, Int, Color, Font 또는 스위프트의 다른 유형 매개변수를 받는다.

뷰 모양을 선언할 수 있을 뿐만 아니라 사용자가 버튼을 탭하거나 입력 필드에 텍스트를 입력하거나 다른 작업을 수행할 때 어떤 일이 발생하는지도 지정할 수 있어야 한다. 이를 위해 SwiftUI에서는 뷰가 나타나거나 사라질 때, 사용자가 버튼이나 메뉴 항목을 탭할 때, List 뷰에서 스와이프 동작을 트리거할 때 등과 같은 특정 이벤트에 대한 클로저를 등록할 수 있다.

예를 들어 사용자가 버튼을 탭할 때마다 호출되는 클로저를 등록하는 방법은 다음과 같다.

```
Button("Tap me", action: {
    self.message = "You tapped me!"
})
```

스위프트의 트레일링 클로저 문법 덕분에 좀 더 압축해 표현할 수 있다.

```
Button("Tap me") {
    self.message = "You tapped me!"
}
```

뷰 모양에 영향을 주는 뷰 수정자와 마찬가지로 이러한 액션 핸들러 뷰 수정자는 컨테이너 뷰에 적용될 수 있으며, 결과적으로 모든 하위 뷰에 적용된다. 다음 예제에서는 사용자가 이름과 성을 입력할 수 있는 2개의 TextField 뷰가 있는 입력 폼을 보여준다. 사용자가 TextField 중 하나를 변경할 때마다 코드가 더티 프로퍼티^{dirty property}를 업데이트한다. 이를 위해 각 TextField에 onChange(of:perform:) 뷰 수정자를 적용해 변경을 감시할 모델 프로퍼티를 지정할 수 있다. 마찬가지로

onSubmit 뷰 수정자를 적용하고 뷰 모델에서 저장 메서드를 호출해 데이터를 디스크에 저장하는 클로저를 등록한다.

```swift
import SwiftUI

private class PersonViewModel: ObservableObject {
    @Published var firstName = ""
    @Published var lastName = ""
    func save() {
        print("Save to disk")
    }
}

struct ClosuresDemoView: View {
    @State var message = ""
    @State var dirty = false
    @StateObject private var viewModel = PersonViewModel()

    var body: some View {
        Form {
            Section("\(self.dirty ? "* " : "")Input fields") {
                TextField("First name", text: $viewModel.firstName)
                    .onChange(of: viewModel.firstName) { newValue in
                        self.dirty = true
                    }
                    .onSubmit {
                        viewModel.save()
                    }

                TextField("Last name", text: $viewModel.lastName)
                    .onChange(of: viewModel.lastName) { newValue in
                        self.dirty = true
                    }
                    .onSubmit {
                        viewModel.save()
                    }
```

```
          }
        }
      }
    }
```

이 두 onSubmit 클로저는 모두 동일한 작업을 수행하므로 이전 코드를 리팩터링하고 onSubmit 뷰 수정자를 둘러싸는 섹션으로 옮길 수 있다.

```
struct ClosuresDemoView: View {
  @State var message = ""
  @State var dirty = false
  @StateObject private var viewModel = PersonViewModel()

  var body: some View {
    Form {
      Section("\(self.dirty ? "* " : "")Input fields") {
        TextField("First name", text: $viewModel.firstName)
          .onChange(of: viewModel.firstName) { newValue in
            self.dirty = true
          }

        TextField("Last name", text: $viewModel.lastName)
          .onChange(of: viewModel.lastName) { newValue in
            self.dirty = true
          }
      }
      .onSubmit {
        viewModel.save()
      }
    }
  }
}
```

정리

SwiftUI는 UI를 빌드하기 위한 유연한 내부 DSL이며, 3장에서는 기본 구성 요소를 자세히 살펴봤다.

SwiftUI 뷰는 UI에 대한 설명일 뿐이므로 UI를 구성하는 데 자유롭게 사용할 수 있다. 다만 뷰의 이니셜라이저에서 오래 실행되거나 메모리를 많이 사용하는 연산을 수행하지 않도록 유의하자.

뷰를 구성해 더 복잡한 뷰를 만들 수 있으며, 이를 가능하게 하는 SwiftUI의 컨테이너 뷰(예: HStack, VStack, ZStack)를 살펴봤다.

뷰 수정자는 뷰를 사용자 정의하는 데 사용할 수 있으며, 전경색이나 레이블의 글꼴과 같은 뷰의 모양과 느낌을 수정하는 데 사용할 수 있다. 또한 특정 이벤트가 발생할 때(예: 뷰가 표시되거나 사용자가 폼을 제출하기 위해 Enter 키를 누를 때) 호출되는 닫기를 등록할 수도 있다.

이 지식을 바탕으로 이제 중요한 주제인 상태 관리에 대해 알아볼 차례다. 4장에서는 SwiftUI가 함수형 반응형 접근 방식을 사용해 UI가 항상 기본 데이터 모델과 동기화되게 하는 방법을 살펴본다.

4장

상태 관리

SwiftUI는 이전에 사용했던 다른 많은 UI 툴킷과 다르다. UI 뷰를 직접적으로 조작할 수는 없다. 화면에 표시되는 모든 변경 사항은 애플리케이션의 데이터 모델 상태와 그 변화에 따라 결정된다. "SwiftUI에서 뷰는 애플리케이션 상태의 함수다."라는 말을 들어봤을 것이다.

이것이 의미하는 것은 무엇이고 또 왜 그렇게 중요할까?

명령형 UI 툴킷에는 개발자가 모델과 뷰를 독립적으로 업데이트할 수 있다는 매우 큰 단점이 있다. 이로 인해 종종 일관되지 않은 상태와 부분적인 갱신을 일으킨다. 예전에 이런 동작을 하는 앱을 사용해 본 적이 있을 것이다. 예를 들어 세부 정보 화면에서 변경을 수행했지만 이 변경 사항이 메인 화면에 반영되지 않는 경우가 있다.[1]

SwiftUI 설계자들은 다른 접근 방식을 선택하기로 결정했다. SwiftUI의 뷰는 정적이거나 모델 요소에 의해 구동되는 정보를 표시한다. SwiftUI 뷰를 직접 조작하는 것은 불가능하다. UI의 상태를 결정하는 데이터를 소스 오브 트루스Source of Truth라고 하며 각 UI 요소에 대해 하나의 소스 오브 트루스만 있을 수 있다.

그 결과 결정론적 상태와 일관된 사용자 인터페이스가 생성된다.

---

1. 우습게 들릴 수도 있지만 나는 이런 동작을 하는 앱(및 웹사이트)을 여러 개 이용하고 있다.

SwiftUI는 애플리케이션의 여러 가지 상태 관리 방법을 제공한다. 4장에서는 다양한 기법을 알아보고 그 장점과 사용 시기를 살펴본다.

이 복잡한 주제를 더 잘 이해할 수 있도록 몇 가지 실제 시나리오를 살펴보고 각 시나리오에서 사용할 수 있는 상태 관리 패턴을 살펴보자.

SwiftUI에서 상태 관리

SwiftUI 뷰는 구조체이며, 즉 이는 곧 값 유형^{value type}이란 의미다. 앱의 UI를 정의하고자 값 유형을 선택하는 주된 이유 중 하나는 값 유형을 복사할 때 앱의 다른 부분이 안 보이는 영역의 데이터를 변경하지 않는다는 것을 보장해주기 때문이다.[2] 나중에 살펴보겠지만 뷰의 **body**는 연산 프로퍼티이므로 개발자가 실수로 뷰를 직접 수정하는 것은 불가능하다.

하지만 UI 업데이트는 거의 모든 앱에서 중요한 기능인데, 어떻게 하면 UI를 동적으로 업데이트하는 앱을 만들 수 있을까?

SwiftUI에서는 데이터 모델을 자유롭게 관리하고 업데이트하는 동시에 UI가 항상 데이터 모델과 동기화되도록 보장하는 2가지 상호 보완적인 도구를 제공한다.

두 메커니즘 모두 프로퍼티 래퍼^{property wrapper}를 기반으로 한다.

첫 번째는 상태를 게시할 수 있는 방식으로 데이터 모델을 정의할 수 있게 해준다.

두 번째는 SwiftUI만이 제어할 수 있는 메모리 영역에서 UI의 상태를 관리한다.

따라서 SwiftUI를 사용하면 구축하기 쉽고 재사용 가능한 방식으로 데이터 모델을 정의할 수 있다. UI 업데이트가 단방향으로 이뤄지므로 SwiftUI를 사용하면 항상 뷰와 모델을 동시에 업데이트해야 하는 부담을 덜 수 있다.

그럼 먼저 데이터 모델을 앱 UI에 연결하는 다양한 방법을 살펴보자.

---

2. https://developer.apple.com/swift/blog/?id=10을 참고한다.

SwiftUI에서는 데이터를 저장하고 전달하는 다양한 방법을 제공한다. 어떤 방법이 가장 적합한지는 앱의 어느 부분이 데이터를 소유하고 있는지, 값 유형 또는 객체로 작업하는지, 뷰에 데이터에 대한 읽기/쓰기 액세스가 필요한지 또는 읽기 전용 액세스가 필요한지에 따라 다르다.

바인딩 값 유형

뷰에 표시하려는 데이터가 열거형, 구조형 또는 단순 유형인 경우 @State 또는 @Binding을 사용해 변수를 래핑하거나 변수에 직접 바인딩할 수 있다.

변수 값만 표시하려는 경우 변수를 뷰에 직접 연결할 수 있다. 예를 들어 다음과 같다.

```
let name = "Peter"
...
Text("Hello, \(name), how are you?")
```

이는 다음 주소와 같은 복잡한 유형인 경우에도 작동한다.

```
struct Address {
    let street: String
    let postCode: String
    let city: String
    let country: String
}

let appleHQ = Address(street: "One Infinite Loop",
                      postCode: "CA 95014",
                      city: "Cupertino",
                      country: "United States")
...
```

```
Text("Apple HQ: \(appleHQ.street)")
```

이 접근 방식은 List 뷰 행에 복잡한 객체의 속성을 표시하는 등 여러 상황에서 유용하게 사용할 수 있다. 그러나 구조체는 let 상수에 할당되면 변경할 수 없으므로 초기화 후에는 속성을 변경할 수 없다. 즉, SwiftUI 뷰 내부에서는 구조체의 속성을 바꿀 수 없다. 또한 일반 구조체와 속성은 변경 사항을 게시^{publish}하는 메커니즘을 제공하지 않으므로 SwiftUI가 단순한 변수나 구조체에 대한 변경 사항을 추적할 수는 없다.

SwiftUI에서 주어진 데이터에 따라 UI가 업데이트되게 관리하려면 상태 관리 프로퍼티 래퍼를 사용해야 한다.

제일 먼저 살펴볼 것은 가장 사용하기 쉬운 @State다. 프로퍼티에 @State를 붙이면 SwiftUI 프레임워크가 프로퍼티의 상태를 관리하고 종속 뷰를 다시 그려서 업데이트에 응답할 수 있다. 반대로 UI를 통해 사용자가 만든 모든 변경 사항은 프로퍼티에 적용될 것이다(예를 들어 슬라이더를 드래깅하거나 TextField에 문자열을 입력하는 등).

다음 코드 조각은 악명 높은 "Hello World" 예제의 UI를 보여준다. 이 예제에서는 사용자가 TextField 뷰에 이름을 입력해 변경할 수 있는 name 변수를 정의한다. 그 결과 Text 뷰에 사용자 이름이 포함된 인사말을 볼 수 있다.

```
@State var name = "Peter"
...
TextField("Enter your name", text: $title)
Text("Hello \(title), nice to meet you!")
```

name 변수 앞에 @State를 접두사로 붙이면 SwiftUI가 해당 변수에 대한 바인딩을 생성하며, $ 접두사가 붙은 변수 버전인 projected value, $name을 사용해 접근할 수 있다. 텍스트 필드 뷰에서 이러한 바인딩을 사용해 사용자가 기본값을 조작할 수 있게 한다. 아래 줄에서는 이름 속성에 직접 액세스해 Text 뷰에 인사말을 표시한다.

이 장의 뒷부분에서 이 모든 것이 백그라운드에서 어떻게 작동하는지 자세히 살펴본다.

뷰가 다른 곳(예: 상위 뷰)에 정의된 데이터에 액세스해야 하는 경우 해당 뷰는 데이터를 소유하지 않는다. 이런 경우에 @Binding을 사용해 데이터를 뷰에 연결할 수 있다. 이렇게 하면 뷰에서 데이터를 읽고, 쓰고, 관찰할 수 있다. 이전 예제에서 이미 바인딩을 사용해봤다. TextField의 두 번째 파라미터의 형(TextField(_ title: StringProtocol, text: Binding))은 Binding이라야 한다. 이전 예제에서는 name 변수에 대한 바인딩을 생성하고자 @State를 사용했고 이를 TextField 뷰에 전달했다.

바인딩은 @State 변수 또는 @Observable 객체를 참조할 수 있다(자세한 내용은 나중에 설명).

바인딩은 여러 개의 작은 특수 뷰에서 뷰를 조합할 때 특히 유용하다. 바인딩을 통해 뷰를 재사용할 수 있게 해주니 중요한 도구라 할 수 있다.

다음 코드 샘플은 상위 뷰에서 @State를 사용하고 하위 뷰에서 @Binding을 사용해 상위 뷰와 하위 뷰가 동일한 상태를 공유하는 방법을 보여준다.

```
struct ParentView: View {
  @State var favouriteNumber: Int = 42
  var body: some View {
    VStack {
      Text("Your favourite number is \(favouriteNumber)")
      ChildView(number: $favouriteNumber)
    }
  }
}

struct ChildView: View {
  @Binding var number: Int
  var body: some View {
    Stepper("\(number)", value: $number, in: 0...100)
  }
}
```

@State와 @Binding 둘 다 로컬 UI 상태를 관리하는 데 가장 적합하다. 예를 들어 @State를 사용해 모달 시트의 표시 여부를 결정하는 불리언 속성을 관리할 수 있다. 특히 4장 뒷부분에서 살펴볼 것인데, @Binding은 뷰를 좀 더 복잡한 객체의 개별 속성에 연결하는 데에도 사용할 수 있다.

그러나 데이터베이스에 저장하거나 네트워크를 통해 전송하려는 복잡한 객체에는 @State 또는 @Binding을 사용하지 않는 것이 좋다. SwiftUI에는 이와 같은 객체를 관리할 수 있는 더 강력한 도구가 있다.

@State로 표시된 프로퍼티는 일반적으로 로컬 UI 상태를 처리하는 데 사용되므로 외부에서 실수로 수정할 수 없도록 private으로 설정해야 한다.

객체 바인딩

SwiftUI 뷰에서 사용하려는 데이터가 참조 유형(예: class)에 있는 경우 @StateObject, @ObservedObject 또는 @EnvironmentObject 중 하나를 사용해 해당 상태를 관리해야 한다. 또한 클래스는 ObservableObject를 준수해야 한다.

ObservableObject를 준수하는 클래스는 게시자 역할을 하며 서브스크라이버[Subscriber]에게 @Published로 표시된 프로퍼티의 변경 사항을 알린다.

소비자(즉, ObservableObject가 보내는 업데이트를 구독하는 뷰)의 관점에서 보면 이 3가지 프로퍼티 래퍼는 모두 정확히 동일하게 작동한다. 뷰(및 그 하위 뷰)는 직접 프로퍼티 액세스 또는 바인딩을 사용해 ObservableObject의 개별 프로퍼티를 구독하고 객체의 게시된 프로퍼티가 변경될 때마다 업데이트를 수신할 수 있다.

@StateObject, @ObservedObject, @EnvironmentObject들 사이를 구분하는 유일한 점은 데이터를 관리하는 방식이다.

정확히 어떻게 데이터를 관리하는지를 살펴보기 전에 ObservableObject의 작동 방식을 이해해야 한다.

ObservableObject

간단한 스위프트 클래스를 관찰 가능한 객체로 바꾸려면 ObservableObject 프로토콜을 준수해야 한다. 이는 클래스 프로토콜이므로 클래스에서만 사용할 수 있으며, 값 유형(구조체나 열거형 등)에는 사용할 수 없다.

SwiftUI가 ObservableObject를 내부에서 직접 정의하지 않고 컴바인 프레임워크에서 임포트한 것은 결코 우연이 아니다. SwiftUI에서는 개발자가 컴바인 프레임워크와 함수형 반응형 프로그래밍에 대한 깊은 지식이 없어도 컴바인의 퍼블리셔^{Publisher}를 활용할 수 있다. 컴바인에 대해 전혀 모르거나 컴바인의 고급 기능을 사용하지 않고도 SwiftUI 앱을 만들 수 있다. 하지만 컴바인은 디바운스, 오류 처리, 재시도 등 다수의 유용한 기능을 제공한다. 초기 러닝 커브 시기만 지나면 일일이 구현하는 것보다 컴바인을 사용해 애플리케이션에 이러한 기능을 통합하는 것이 훨씬 쉬워질 것이다.

클래스를 ObservableObject를 준수하도록 하고 일부 프로퍼티를 @Published로 표시하면 클래스가 게시된 프로퍼티 중 하나가 변경될 때마다 이벤트를 발생시키는 Combine Publisher로 바뀐다. 뷰에서 ObservableObject를 선언하고 @StateObject, @ObservedObject 또는 @EnvironmentObject로 표시한 하기만 하면 해당 속성을 뷰나 하위 뷰와 연결할 수 있다.

SwiftUI가 객체를 관찰하기 시작하고 필요에 따라 뷰를 다시 렌더링해 모델 상태와 동기화 상태를 유지할 것이다.

@StateObject

@StateObject를 사용하면 SwiftUI가 기본 객체의 수명주기를 다루면서 딱 한 번만 객체를 생성하게 보장한다. 이는 SwiftUI가 모델 갱신에 따라 전체 뷰를 다시 그려야 할 때도 마찬가지다.

외부 이벤트 응답에 따라 변경될 여지가 있는 뷰가 있을 때 이 부분은 중요하다. 다음 코드 조각을 살펴보자. 사용자가 Stepper를 사용해 숫자를 선택할 수 있는 화면을 보여준다. 또한 사용자는 ColorPicker 뷰를 탭해 화면의 전경색을 변경할 수 있다. 해당 화면 개발자는 Stepper와 데이터가 포함된 객체를 StateStepper라는 별도의 뷰로 이동하기로 결정했다.

```
class Counter: ObservableObject {
  @Published var count = 0
}

struct StateStepper: View {
  @StateObject var stateCounter = Counter()
  var body: some View {
    Section(header: Text("@StateObject")) {
      Stepper("Counter: \(stateCounter.count)", value:
      $stateCounter.count)
    }
  }
}

struct ContentView: View {
  @State var color: Color = Color.accentColor

  var body: some View {
    VStack(alignment: .leading) {
      StateStepper()
      ColorPicker("Pick a color", selection: $color)
    }
    .foregroundColor(color)
  }
}
```

색상이 변경되는 즉시 SwiftUI가 색상을 변경해야 하는 모든 요소를 다시 렌더링한다. 그 결과 StateStepper가 다시 생성된다.

stateCounter는 @StateObject로 표시돼 있으므로 Counter 객체는 한 번만 생성되며 SwiftUI가 그 수명주기를 관리한다. 따라서 사용자가 화면 색상을 변경해도 stateCounter.count의 값은 0으로 재설정되지 않는다.

대신 개발자가 @ObservedObject를 사용하는 경우 색상을 변경하면 stateCounter가 다시 생성되고 내부 데이터를 잃어버릴 것이다.

사용 시기

@StateObject는 다음과 같은 경우에 사용한다.

- ObservableObject의 변경 사항이나 갱신을 모니터링할 필요가 있는 때
- 또한 뷰 자체에서 모니터링을 원하는 인스턴스를 만들었을 때

즉, 객체를 사용하는 뷰가 데이터의 소유주일 때 @StateObject를 사용한다.

@ObservedObject

@StateObject와 유사하게 @ObservedObject는 ObservableObject를 래핑해 뷰에서 사용할 수 있게 만들어 뷰(및 하위 뷰)가 객체의 게시된 속성published properties을 구독할 수 있게 한다.

@StateObject와 달리 @ObservedObject로 래핑된 객체는 뷰가 재생성될 때마다 매번 생성된다. 이전 코드 조각을 살펴보자. 다만 이번에는 @StateObject 대신 @ObservedObject를 사용하자.

```
class Counter: ObservableObject {
  @Published var count = 0
}

struct ObservedStepper: View {
```

```
    @ObservedObject var counter = Counter()

    var body: some View {
      Section(header: Text("@ObservedObject")) {
        Stepper("Counter: \(counter.count)", value:
          $counter.count)
      }
    }
}

struct ContentView: View {
  @State var color: Color = Color.accentColor

  var body: some View {
    VStack(alignment: .leading) {
      ObservedStepper()
      ColorPicker("Pick a color", selection: $color)
    }
    .foregroundColor(color)
  }
}
```

이 코드를 실행하면 사용자가 색상을 선택할 때마다 카운터가 다시 생성돼 카운트
가 0으로 초기화된다. 사용자 입장에서는 UI가 기억상실증에 걸린 것처럼 보인다.

SwiftUI가 처음 배포됐을 때 뷰 내에서 객체를 생성하고 관찰할 수 있는 유일한 방법
은 @ObservedObject였다. 여전히 이 방법(적어도 컴파일러가 경고를 표시하지 않으며, 아마도 여전히 이 접근
방식을 사용하는 SwiftUI 앱이 꽤 많을 것이다)을 사용할 수 있지만 @ObservedObject를 사용해 모델
객체를 생성하는 것은 피해야 할 안티패턴이다.

따라서 다음과 같은 코드가 표시되면 @ObservedObject var foo = Bar() 코드를
리팩터링하고 대신 @StateObject를 사용해야 한다.

사용 시기

@ObservedObject는 다음과 같은 경우에 사용한다.

- ObservedObject에서의 변경이나 갱신이 발생하는 것을 모니터링해야 할 때
- 뷰에 포함된 객체가 뷰 자체가 아닌 뷰 외부에서 생성됐을 때(예, 부모 뷰 또는 앱 구조체)

@EnvironmentObject

이론적으로 @StateObject 및 @ObservedObject는 공유 상태를 다루는 어떠한 앱도 만들 수 있기 때문에 충분히 유연하다. 대부분의 경우 앱의 어딘가, 예를 들어 앱 그 자체 혹은 기본 내비게이션 뷰와 같은 최상위 뷰 내부에 객체를 만들 수 있다. 그런 다음 이 객체에 대한 접근이 필요한 하위 뷰의 생성자에 이 객체를 삽입해 뷰 계층 구조를 통해 전달할 수 있다.

그러나 모든 뷰가 모든 데이터 접근 권한을 가질 필요는 없다. 예를 들어 앱에 로그인한 사용자를 나타내는 공유 상태가 필요할 수 있다. 메인 화면에 사용자의 아바타를 표시하고 프로필 화면에 사용자의 이름과 성을 표시하고 싶지만 프로필 화면으로 이동하려면 먼저 몇 가지 설정 화면을 거쳐야 할 수 있다. 그리고 이러한 화면에서는 사용자 객체에 대한 액세스 권한이 전혀 필요하지 않을 수도 있다. 화면에서 내비게이션 동작을 할 때마다 사용자 객체를 가져오는 것은 불필요할 뿐만 아니라 필요하지 않은 중간 화면과 사용자 객체 사이에 강한 결합 코드를 만들어낸다.

이 같은 상황에서는 @EnvironmentObject를 사용할 수 있다. 이름에서 알 수 있듯이 이 함수는 environment로부터 ObservableObject를 가져와 뷰에서 사용할 수 있게 한다. 객체를 environment에 주입하려면 모든 뷰에서 .environmentObject (myObject)를 호출하면 된다. 그러면 모든 하위 뷰에서 myObject를 사용할 수 있다. environment에서 객체를 검색하려면 뷰에서 프로퍼티를 선언하고

@EnvironmentObject로 표시하면 된다.

```swift
class UserProfile: ObservableObject {
    @Published var name: String
}

struct EnvironmentObjectSampleScreen: View {
    @StateObject var profile = UserProfile(name: "Peter")
    @State var isSettingsShown = false
    var body: some View {
        VStack(alignment: .leading) {
            // ...
        }
        .sheet(isPresented: $isSettingsShown) {
            NavigationView {
                SettingsScreen()
            }
            .environmentObject(profile) //NavigationView 내부가 아닌)이 위치에 선언해야
            한다. https://developer.apple.com/forums/thread/653367을 참고하자.
        }
    }
}

struct SettingsScreen: View {
    var body: some View {
        VStack(alignment: .leading) {
            NavigationLink(destination: UserProfileScreen()) {
                Text("User Profile")
            }
        }
    }
}

struct UserProfileScreen: View {
    @EnvironmentObject var profile: UserProfile
    var body: some View {
```

```
    VStack(alignment: .leading) {
      Form {
        Section(header: Text("User profile")) {
          TextField("Name", text: $profile.name)
        }
      }
    }
  }
}
```

모든 상태 객체에 대해 @EnvironmentObject를 사용하는 것은 유혹적일 수 있지만 이 접근 방식에는 심각한 단점이 있다는 것에 주목할 필요가 있다. 컴파일러는 @EnvironmentObject를 가져오기 전에 ObservableObject를 환경에 주입했는지 확인할 방법이 없다. 존재하지 않는 객체를 환경에서 검색하려고 하면 앱이 런타임 오류와 함께 충돌한다.

SwiftUI environment는 매우 강력한 메커니즘을 갖고 있는데, 5장에서 훨씬 더 자세히 살펴본다.

사용 시기

@EnvironmentObject는 다음과 같은 경우에 사용한다.

- ObservedObject가 변경되거나 갱신할 필요가 있을 때
- 실제로 ObservedObject가 필요한 뷰를 만나기 전까지는 해당 객체가 불필요한 여러 뷰를 거쳐야 할 때

정리

4장에서는 SwiftUI에서 상태를 다루는 방법 및 UI와 앱 상태가 항상 동기화되는 방법을 살펴봤다.

SwiftUI와 컴바인[Combine] 프레임워크의 관계를 간략히 살펴봤으며, ObservableObject가 실제로는 게시된 프로퍼티에 대한 모든 업데이트를 구독 중인 SwiftUI 뷰에 전달하는 컴바인 퍼블리셔[Combine Publisher]라는 것을 배웠다.

3가지 프로퍼티 래퍼인 @StateObject, @ObservedObject, @EnvironmentObject를 살펴봤으며, 래핑하는 관찰 가능한 객체의 수명주기를 관리하는 방법과 애플리케이션의 상태에 뷰를 연결해야 하는 시기를 알아야 한다는 것을 배웠다.

축하한다. SwiftUI 앱의 핵심 구성 요소를 또 하나를 마스터했다.

리스트에 데이터 표시

List 뷰는 iOS 앱에서 가장 중요한 UI 구조 중 하나이며, 목록을 사용하지 않는 앱을 찾기가 더 어려울 것이다.

SwiftUI에서 List 뷰를 만드는 것은 매우 쉽다. 간단한 목록은 코드 세 줄이면 된다. 동시에 SwiftUI의 List 뷰는 매우 강력하고 다재다능하므로 좀 더 자세히 알아두는 것이 좋을 것이다.

5장에서는 간단한 목록, 목록과 해당 항목의 스타일 지정, List 뷰에 데이터 모음 표시, 목록과 개별 목록 항목에 대한 동작 구현, iOS, iPadOS 및 맥OS에 이르기까지 List 뷰에 대해 알아야 할 모든 것을 살펴본다.

SwiftUI에서 목록 시작

새 SwiftUI 뷰를 만들면 다음과 같은 기본 코드를 볼 수 있다.

```
struct ContentView: View {
  var body: some View {
    Text("Hello, world!")
  }
```

```
}
```

목록을 만드는 가장 간단한 방법은 새 SwiftUI 뷰를 만들고 List 안에 Hello World 텍스트를 감싸는 것이다.

```
struct StaticListView: View {
  var body: some View {
    List {
      Text("Hello, world!")
    }
  }
}
```

그러면 List 뷰 내에 정적 텍스트가 표시된다.

그림 5–1 하나의 정적 텍스트 항목이 있는 간단한 List 뷰

목록에 항목을 더 추가하려면 간단히 다음과 같이 한 줄이면 된다.

```
List {
  Text("Hello, world!")
  Text("Hello, SwiftUI!")
}
```

리스트 행 내부에 또 다른 SwiftUI 뷰 사용

List 뷰의 멋진 점은 Text뿐 아니라 모든 유형의 SwiftUI 뷰를 리스트 행^{List Row}으로 사용할 수 있다는 것이다. Label, Slider, Stepper, Toggle, TextField, 비밀번호 입력을 위한 SecureField, ProgressView, Picker 등 무엇이든 사용할 수 있다.

```
struct StaticListView2: View {
  @State var number: Int = 42
  @State var degrees: Double = 37.5
  @State var toggle = true
  @State var name = "Peter"
  @State var secret = "s3cr3t!"

  var fruits = ["Apples", "Bananas", "Mangoes"]
  @State var fruit = "Mangoes"

  var body: some View {
    List {
      Text("Hello, world!")
      Label("The answer", systemImage: "42.circle")
      Slider(value: $degrees, in: 0...50) {
        Text("\(degrees)")
      } minimumValueLabel: {
        Text("min")
      } maximumValueLabel: {
        Text("max")
```

```
            }

            Stepper(value: $number, in: 0...100) {
                Text("\(number)")
            }
            Toggle(isOn: $toggle) {
                Text("Checked")
            }
            TextField("Name", text: $name)
            SecureField("Secret", text: $secret)
            ProgressView(value: 0.3)
            Picker(selection: $fruit, label: Text("Pick your
            favourite fruit")) {
                ForEach(fruits, id: \.self) { fruit in
                    Text(fruit)
                }
            }
        }
    }
}
```

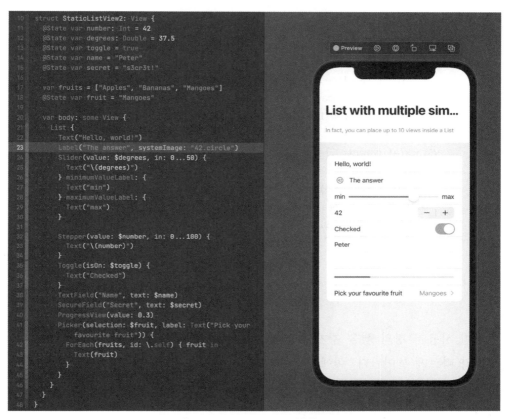

그림 5-2 고급 SwiftUI 뷰를 사용한 목록

사용자 지정 리스트 행 구축

SwiftUI의 스택 기반 레이아웃 시스템 덕분에 사용자 정의 행도 손쉽게 만들 수 있다. 다음 예제에서는 iOS 앱에서 널리 사용되는 일반적인 제목 및 세부 정보 레이아웃을 만들어보는데, **VStack**을 사용해 2개의 **Text** 뷰를 위아래로 배치하고 있다.

```
struct StaticListWithSimpleCustomRowView: View {
    var body: some View {
```

```swift
List {
    VStack(alignment: .leading) {
        Text("Apples")
            .font(.headline)
        Text("Eat one a day")
            .font(.subheadline)
    }
    VStack(alignment: .leading) {
        Text("Bananas")
            .font(.headline)
        Text("High in potassium")
            .font(.subheadline)
    }
}
```

이처럼 사용자 정의 행을 추가하는 것은 간단하고 쉽지만 행을 추가하면 할수록 코드가 빠르게 늘어난다. 이에 따라 코드를 이해하고 업데이트하기가 더 어려워진다. 이를 방지하려면 리스트 행에 대한 코드를 별도의 뷰로 추출해 재사용할 수 있다.

```swift
struct StaticListWithSimpleCustomRowView: View {
    var body: some View {
        List {
            CustomRowView(title: "Apples", subtitle: "Eat one a day")
            CustomRowView(title: "Bananas", subtitle: "High in
            potassium")
        }
    }
}

private struct CustomRowView: View {
    var title: String
```

```
    var subtitle: String
    var body: some View {
      VStack(alignment: .leading) {
        Text(title)
          .font(.headline)
        Text(subtitle)
          .font(.subheadline)
      }
    }
  }
```

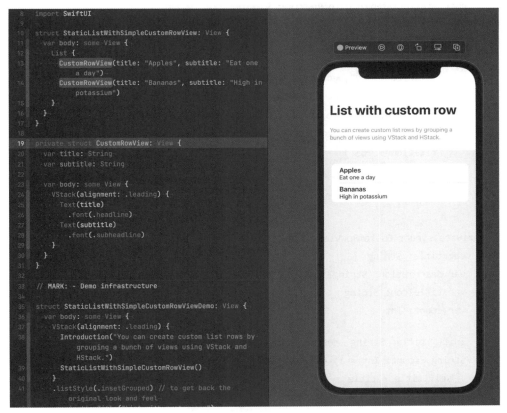

그림 5-3 사용자 지정 리스트 행

SwiftUI 코드 리팩터링에 대해 자세히 알아보려면 SwiftUI 뷰를 리팩터링하는 과정을 자세히 설명하는 동영상[1]을 확인해보자.

좀 더 복잡한 리스트 행

SwiftUI의 레이아웃 시스템은 유연하고 사용하기 쉬우며 HStack, VStack, ZStack 및 기타 SwiftUI 뷰의 조합을 사용해 복잡한 레이아웃도 쉽게 만들 수 있다. 다음은 제목, 부제목, 좌측 이미지, 우측 번호가 있는 리스트 행을 만드는 방법이다.

```
struct StaticListWithCustomRowView: View {
   var body: some View {
      List {
         CustomRowView("Apple", description: "Eat one a day",
         titleIcon: "🍎", count: 2)
         CustomRowView("Banana", description: "High in potassium",
         titleIcon: "🍌", count: 3)
         CustomRowView("Mango", description: "Soft and sweet",
         titleIcon: "🥭")
      }
   }
}

private struct CustomRowView: View {
   var title: String
   var description: String?
   var titleIcon: String
   var count: Int

   init(_ title: String, description: String? = nil, titleIcon:
   String, count: Int = 1) {
      self.title = title
      self.description = description
```

---

1. www.youtube.com/watch?v=UhDdtdeW63k

```
        self.titleIcon = titleIcon
        self.count = count
    }

    var body: some View {
        HStack {
            Text(titleIcon)
                .font(.title)
                .padding(4)
                .background(Color(UIColor.tertiarySystemFill))
                .cornerRadius(10)
            VStack(alignment: .leading) {
                Text(title)
                    .font(.headline)
                if let description = description {
                    Text(description)
                        .font(.subheadline)
                }
            }
            Spacer()
            Text("\(count)")
                .font(.title)
        }
    }
}
```

CustomRowView에 사용자 지정 이니셜라이저를 사용해 title 속성의 매개변수 이름은 생략하고 일부 속성에 대한 기본값을 정의할 수 있게 된 것을 주목해보자. 이와 같이하면 사용자 지정 행 뷰를 좀 더 편하게 사용할 수 있다.

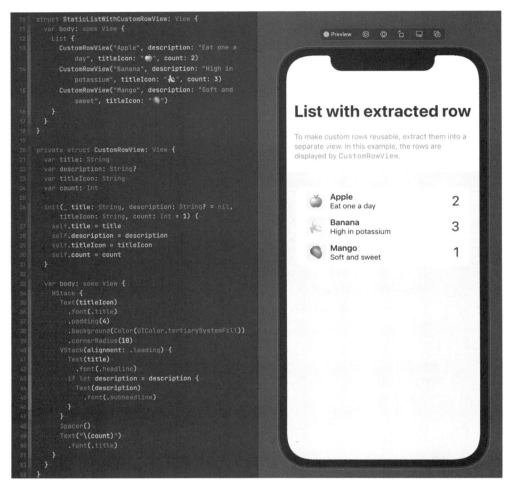

```
10  struct StaticListWithCustomRowView: View {
11    var body: some View {
12      List {
13        CustomRowView("Apple", description: "Eat one a
            day", titleIcon: "🍎", count: 2)
14        CustomRowView("Banana", description: "High in
            potassium", titleIcon: "🍌", count: 3)
15        CustomRowView("Mango", description: "Soft and
            sweet", titleIcon: "🥭")
16      }
17    }
18  }
19
20  private struct CustomRowView: View {
21    var title: String
22    var description: String?
23    var titleIcon: String
24    var count: Int
25
26    init(_ title: String, description: String? = nil,
        titleIcon: String, count: Int = 1) {
27      self.title = title
28      self.description = description
29      self.titleIcon = titleIcon
30      self.count = count
31    }
32
33    var body: some View {
34      HStack {
35        Text(titleIcon)
36          .font(.title)
37          .padding(4)
38          .background(Color(UIColor.tertiarySystemFill))
39          .cornerRadius(10)
40        VStack(alignment: .leading) {
41          Text(title)
42            .font(.headline)
43          if let description = description {
44            Text(description)
45              .font(.subheadline)
46          }
47        }
48        Spacer()
49        Text("\(count)")
50          .font(.title)
51      }
52    }
53  }
```

그림 5-4 복잡한 리스트 행

동적 리스트

지금까지 List 뷰를 사용해 정적 List 뷰를 만드는 방법을 살펴봤다. 정적 List
뷰는 iOS 앱에서 메뉴나 설정 화면을 만드는 데 유용하지만, List 뷰를 데이터 소
스에 연결하면 훨씬 더 유용해진다.

이제 List 뷰를 사용해 책 목록과 같은 동적 데이터 목록을 표시하는 방법의 몇 가지 예를 살펴보자. 또한 당겨서 새로 고침[pull-to-refresh], 검색 UI, 원격 서비스와 같은 비동기 API에서 데이터를 가져오는 데 async/await를 사용하는 쉬운 방법 등 애플이 iOS 15의 최신 버전 SwiftUI에 추가한 몇 가지 새로운 기능을 사용하는 방법도 알아보자.

리스트 요소 표시

리스트를 만드는 여러 방법이 있는데, 평면 리스트와 **계층적 중첩 리스트**[hierarchical, nested lists] 모두 만들 수 있다. 모든 리스트 행은 필요에 따라 계산되므로 List 뷰는 많은 항목이 있는 컬렉션에서도 잘 작동한다.

요소 컬렉션을 기반으로 List 뷰를 만드는 가장 쉬운 방법은 RandomAccessCollection 을 취하는 생성자 및 행 콘텐츠용 뷰 빌더를 사용하는 것이다.

```
List(collection) { element in
    // 개별 행을 렌더링해서 화면 표시를 위해 SwiftUI 뷰를 사용한다.
    `element`
}
```

뷰 빌더 내부에서는 타입 안전한[type-safe] 방식으로 컬렉션 개별 요소를 액세스할 수 있다. 즉, 다음 예제에서와 같이 컬렉션 요소의 프로퍼티에 액세스하고 Text와 같은 SwiftUI 뷰를 사용해 개별 행을 렌더링할 수 있다.

```
struct Book: Identifiable {
    var id = UUID()
    var title: String
    var author: String
    var isbn: String
    var pages: Int
    var isRead: Bool = false
```

```
    }

    extension Book {
      static let samples = [
          Book(title: "Changer", author: "Matt Gemmell", isbn:
    "9781916265202", pages: 476),
          Book(title: "SwiftUI for Absolute Beginners", author:
    "Jayant Varma", isbn: "9781484255155", pages: 200),
          Book(title: "Why we sleep", author: "Matthew Walker", isbn:
    "9780141983769", pages: 368),
          Book(title: "The Hitchhiker's Guide to the Galaxy", author:
    "Douglas Adams", isbn: "9780671461492", pages: 216)
      ]
    }

    private class BooksViewModel: ObservableObject {
      @Published var books: [Book] = Book.samples
    }

    struct BooksListView: View {
      @StateObject fileprivate var viewModel = BooksViewModel()

      var body: some View {
        List(viewModel.books) { book in
          Text("\(book.title) by \(book.author)")
        }
      }
    }
```

여기서 뷰는 데이터의 소유자 역할을 하므로 @StateObject를 사용해 뷰 모델을
유지한다. 뷰 모델은 책 목록을 포함하는 게시된 프로퍼티를 노출한다. 여기 간단
한 예를 위해 정적 리스트를 사용했지만, 실무 애플리케이션에서는 원격 API 또는
로컬 데이터베이스에서 해당 데이터를 가져올 것이다.

book.title 또는 book. author 같은 방식으로 List 속의 Book 요소 속성에 액세스

하는 것을 볼 수 있다. 여기서는 문자열 보간을 사용해 Text 뷰에 책 제목과 저자를 표시한다.

SwiftUI의 선언적 구문 덕분에 데이터를 표시하는 더 복잡한 사용자 정의 UI도 쉽게 구축할 수 있다.

앞의 코드 조각에서 Text 뷰를 책 표지, 제목, 저자, 페이지 수를 표시하는 좀 더 정교한 행으로 바꿔보자.

```
// ...
List(viewModel.books) { book in
  HStack(alignment: .top) {
    Image(book.mediumCoverImageName)
      .resizable()
      .aspectRatio(contentMode: .fit)
      .frame(height: 90)
    VStack(alignment: .leading) {
      Text(book.title)
        .font(.headline)
      Text("by \(book.author)")
        .font(.subheadline)
      Text("\(book.pages) pages")
        .font(.subheadline)
    }
    Spacer()
  }
}
// ...
```

Xcode의 SwiftUI 리팩터링 도구를 사용해 사용자 정의 뷰의 코드를 별도로 빼면 더 쉽게 이해할 수 있다.[2]

---

2. 이 리팩터링이 실제로 작동하는 것을 보려면 SwiftUI 뷰 빌드에 대한 동영상(SwiftUI 컴포넌트 빌드 – 시작하기 http://www.youtube.com/watch?v=UhDdtdeW63k)을 참고한다.

```
private struct BookRowView: View {
    var book: Book

    var body: some View {
        HStack(alignment: .top) {
            Image(book.mediumCoverImageName)
                .resizable()
                .aspectRatio(contentMode: .fit)
                .frame(height: 90)
            VStack(alignment: .leading) {
                Text(book.title)
                    .font(.headline)
                Text("by \(book.author)")
                    .font(.subheadline)
                Text("\(book.pages) pages")
                    .font(.subheadline)
            }
            Spacer()
        }
    }
}
```

리스트 행 내부(또는 세부 정보 뷰 내부)의 데이터를 수정할 계획이 없으므로 리스트 항목을 간단한 참조로 행에 전달한다. 리스트 행 내부의 데이터를 수정하려면(예: 책을 즐겨찾기로 표시하거나 사용자가 책 세부 정보를 편집할 수 있는 하위 화면으로 전달하는 등) 리스트 바인딩을 사용해야 한다.

리스트 항목 수정 허용을 위한 리스트 바인딩

일반적으로 뷰 내부의 데이터는 수정할 수 없다. 데이터를 수정하려면 @State 속성 또는 @ObservedObject 뷰 모델로 관리해야 한다. 사용자가 하위 뷰(예: 텍스트 필드 또는 세부 정보 화면)의 데이터를 수정할 수 있게 하려면 바인딩을 사용해 하위 뷰의 데이터를 상위 뷰의 상태와 연결해야 한다.

SwiftUI 3 이전까지는 리스트 요소에 바인딩된 값을 가져올 직접적인 방법이 없었기 때문에 개발자들이 직접 해결해야 했다. 블로그[3]에는 이에 대한 올바른 방법 및 잘못된 방법이 기술돼 있다.

SwiftUI 3에서 애플은 다음과 같은 구문을 사용해 리스트 항목에 바인딩 액세스할 수 있는 간단한 방법을 도입했다.

```
List($collection) { $element in
  TextField("Name", text: $element.name)
}
```

샘플 앱 사용자가 List 뷰에서 책 제목을 인라인으로 편집할 수 있게 하려면 다음처럼 Book List 뷰를 업데이트하기만 하면 된다.

```
List($viewModel.books) { $book in
  TextField("Book title",
          text: $book.title,
          prompt: Text("Enter the book title"))
}
```

물론 이 기능은 사용자 지정 뷰에서도 작동한다. 책 제목을 편집할 수 있도록 BookRowView를 업데이트하는 방법은 다음과 같다.

```
struct EditableBooksListView: View {
  // ...

  var body: some View {
    List($viewModel.books) { $book in
      EditableBookRowView(book: $book)
    }
  }
```

---

3. https://peterfriese.dev/posts/swiftui-list-item-bindings-behind-the-scenes/

```
  }

  private struct EditableBookRowView: View {
    @Binding var book: Book

    var body: some View {
      HStack(alignment: .top) {
        Image(book.mediumCoverImageName)
          .resizable()
          .aspectRatio(contentMode: .fit)
          .frame(height: 90)
        VStack(alignment: .leading) {
          TextField("Book title", text: $book.title, prompt:
          Text("Enter the book title"))
            .font(.headline)
          Text("by \(book.author)")
            .font(.subheadline)
          Text("\(book.pages) pages")
            .font(.subheadline)
        }
        Spacer()
      }
    }
  }
```

여기서 핵심은 하위 뷰에서 @Binding을 사용하는 것이다. 이렇게 하면 상위 뷰는 하위 뷰에 전달한 데이터의 소유권을 유지하면서 하위 뷰가 데이터를 수정할 수 있다. 소스 오브 트루스^{source of truth}는 상위 뷰의 ObservableObject에 있는 @Published 프로퍼티다.

리스트 바인딩에 대한 자세한 내용과 내부 작동 방식을 알고 싶다면 내 블로그 <SwiftUI List Bindings>[4]를 확인해보자.

---

4. https://peterfriese.dev/posts/swiftui-list-item-bindings-behind-the-scenes/

비동기적으로 데이터 가져오기

다음 절에는 한 가지 공통점을 갖는데, 모두 비동기 코드 처리를 위한 애플의 새 API를 기반으로 한다는 점이다.

WWDC 2021에서 애플은 스위프트 5.5의 일부로 스위프트의 새로운 동시성 모델을 소개했다.

이전 예제에서는 정적 데이터 목록을 사용했다. 이 접근 방식의 장점은 데이터가 이미 메모리에 있었기 때문에 데이터를 가져와서 기다릴 필요가 없었다는 점이다. 이 방법은 관련성이 높은 데이터에만 집중할 수 있어 예제로는 좋지만 현실 세계를 반영하지는 못한다. 실제 애플리케이션에서는 일반적으로 원격 API에서 가져온 데이터를 보여주고, 이는 일반적으로 비동기 호출을 수행한다는 것을 의미한다. 원격 API에서 결과가 들어오기를 기다리는 동안 앱은 UI를 계속 업데이트해야 한다. 그렇지 않으면 사용자는 앱이 멈추거나 심지어 크래시되는 것처럼 느낄 수 있다.

그래서 다음 예제에서는 스위프트의 새 동시성 모델을 사용해 비동기 코드를 처리하는 방법을 소개한다.

데이터를 가져오기에 좋은 시점 중 하나는 사용자가 새 화면으로 이동하고 화면이 막 나타날 때다. 이전 버전의 SwiftUI에서는 .onAppear 뷰 수정자를 사용해 데이터를 요청하는 것이 최선이었다. iOS 15부터 SwiftUI에는 이 작업을 더욱 쉽게 해주는 새로운 뷰 수정자 .task가 포함돼 있다. 뷰가 나타나면 비동기 Task를 시작하고 뷰가 사라지면(작업이 아직 실행 중인 경우) 해당 작업을 취소한다. 이 기능은 사용자가 화면을 떠날 때 자동으로 취소되면 좋을 만한 작업, 이를테면 긴 시간이 걸리는 다운로드 등에 유용할 것이다.

.task를 List 뷰에 적용하는 것은 매우 쉽다.

```
struct AsyncFetchBooksListView: View {
  @StateObject fileprivate var viewModel =
  AsyncFetchBooksViewModel()

  var body: some View {
    List(viewModel.books) { book in
      AsyncFetchBookRowView(book: book)
    }
    .overlay {
      if viewModel.fetching {
        ProgressView("Fetching data, please wait...")
          .progressViewStyle(CircularProgressViewStyle(tint:
          .accentColor))
      }
    }
    .animation(.default, value: viewModel.books)
    .task {
      await viewModel.fetchData()
    }
  }
}
```

이후 뷰 모델에서 비동기 API를 사용해 데이터를 가져올 수 있다. 이 예제에서는 코드를 좀 더 읽기 쉽게 만들기 위해 가짜 백엔드에 적절한 지연시간을 추가했다.

```
private class AsyncFetchBooksViewModel: ObservableObject {
  @Published var books = [Book]()
  @Published var fetching = false

  func fetchData() async {
    fetching = true

    await Task.sleep(2_000_000_000)
    books = Book.samples
```

```
        fetching = false
    }
}
```

이 코드를 실행하면 "백그라운드 스레드에서 변경 사항을 게시하는 것은 허용되지 않으므로 모델 업데이트 시에는 반드시 메인 스레드에서 (receive(on:) 같은 연산자를 통해) 값을 게시해야 합니다."라는 런타임 경고가 표시된다.

이 런타임 오류의 원인은 `fetchData` 내부의 코드가 메인 스레드에서 실행되지 않기 때문이다. 그러나 UI 업데이트는 메인 스레드에서 실행돼야 한다. 과거에는 `DispatchQueue`를 사용해야 했을 것이다. `main.async { ... }`를 사용해 메인 스레드에서 UI를 업데이트해야 했다. 하지만 스위프트의 새로운 동시성 모델을 사용하면 더 쉬운 방법이 있다. `@MainActor` 프로퍼티 래퍼를 사용해 UI 업데이트를 수행하는 메서드(또는 클래스)를 표시하기만 하면 된다. 이렇게 하면 컴파일러가 이 코드를 실행할 때 메인 액터로 전환하도록 지시해 모든 UI 업데이트가 메인 스레드에서 실행되게 할 수 있다. 업데이트된 코드는 다음과 같다.

```
private class AsyncFetchBooksViewModel: ObservableObject {
    @Published var books = [Book]()
    @Published var fetching = false

    @MainActor
    func fetchData() async {
        fetching = true

        await Task.sleep(2_000_000_000)
        books = Book.samples

        fetching = false
    }
}
```

스위프트의 새로운 동시성 모델에 대해 자세히 알아보려면 내 비디오 시리즈[5]와 블로그의 다음 글을 확인해보자.

- SwiftUI에서 `async/await` 시작하기[6]
- 협력 Task 취소 – SwiftUI 동시성 필수 요소[7]

당겨서 새로 고침

백엔드에서 실시간으로 업데이트를 수신할 수 있는 클라우드 파이어스토어[Cloud Firestore][8]와 같은 SDK를 사용하지 않는 한, 사용자가 최신 데이터를 쉽게 요청할 수 있도록 앱에 몇 가지 UI 장치를 추가하는 것이 좋다. 사용자가 데이터를 새로 고칠 수 있게 하는 가장 일반적인 방법 중 하나는 **당겨서 새로 고침**[pull-to-refresh]이다. 2008년에 로렌 브릿처[Loren Brichter]가 Tweetie 앱[9](이후 트위터에 인수돼 iOS용 트위터로 다시 출시됨)에서 처음 사용됐다.

SwiftUI를 사용하면 선언적 특성 덕분에 몇 줄의 코드만으로 앱에 이 기능을 쉽게 추가할 수 있다. 또한 앞서 언급했듯 이 기능은 스위프트의 새로운 동시성 모델을 사용해 업데이트가 도착할 때까지 기다려야 하는 동안에도 앱의 UI가 응답성을 유지하도록 보장한다.

`List` 뷰에 `.refreshable` 뷰 수정자를 추가하기만 하면 앱에 당겨서 새로 고침 기능을 추가할 수 있다.

```
struct RefreshableBooksListView: View {
  @StateObject var viewModel = RefreshableBooksViewModel()
  var body: some View {
```

5. https://bit.ly/swift-concurrency-video-series
6. https://peterfriese.dev/swiftui-concurrency-essentials-part1
7. https://peterfriese.dev/swiftui-concurrency-essentials-part2/
8. https://firebase.google.com/docs/firestore
9. https://www.imore.com/hall-fame-loren-brichter-and-tweetie

```
        List(viewModel.books) { book in
          RefreshableBookRowView(book: book)
        }
        .refreshable {
          await viewModel.refresh()
        }
      }
    }
```

await 키워드에서 알 수 있듯 refreshable은 비동기 실행 콘텍스트를 사용한다. 이를 위해서는 refreshable 내에서 호출하는 코드가 비동기적으로 실행될 수 있어 야 한다(호출하는 코드가 즉시 반환되는 동기적인 상황에서도 괜찮겠지만, 비동기적으로 호출해야 하는 원격 API와 통신해야 하는 경우가 더 많다).

어떤 형태가 될지 보여주기 위해 임의의 대기 시간을 추가해 비동기 원격 API를 시뮬레이션하는 뷰 모델을 만들어봤다.

```
class RefreshableBooksViewModel: ObservableObject {
  @Published var books: [Book] = Book.samples

  private func generateNewBook() -> Book {
    let title = Lorem.sentence
    let author = Lorem.fullName
    let pageCount = Int.random(in: 42...)
    return Book(title: title, author: author, isbn:
    "9781234567890", pages: pageCount)
  }

  func refresh() async {
    await Task.sleep(2_000_000_000)
    let book = generateNewBook()
    books.insert(book, at: 0)
  }
}
```

앞의 코드를 살펴보고 무슨 일이 일어나고 있는지 이해해보자.

1. 이전 샘플에서와 마찬가지로 books는 뷰가 구독할 수 있는 @Published 프로퍼티다.
2. generateNewBook은 로컬 함수인데, 뛰어난 LoremSwiftum[10] 라이브러리를 사용해 임의의 새 Book 인스턴스를 생성한다.
3. refresh 함수 내에서 generateNewBook을 호출해 새 책을 생성한 다음 게시된 프로퍼티인 book에 삽입하고 있는데, 그 전에 Task.sleep 호출을 사용해 2초 동안 쉬도록 앱에 지시한다. 이 호출은 비동기 호출이므로 await로 호출해야 한다.

이전 예제와 마찬가지로 이 코드는 보라색 런타임 경고를 표시한다. "백그라운드 스레드에서 변경 사항을 게시하는 것은 허용되지 않으므로 모델 업데이트 시에는 반드시 메인 스레드(receive(on:) 같은 연산자를 통해)에서 값을 게시해야 한다." 따라서 모든 업데이트가 메인 액터에서 이뤄지게 하고자 @MainActor를 사용한다. 이번에는 refresh 메서드에만 표기하는 대신 전체 뷰 모델을 @MainActor로 표시하자.

```
@MainActor
class RefreshableBooksViewModel: ObservableObject {
  // ...

  func refresh() async {
    // ...
  }
}
```

이번 절을 마무리하기 전에 마지막으로 한 가지 바꿀 부분이 있다. 당겨서 새로고침을 통해 새 항목을 추가할 때 부드러운 전환 없이 갑자기 추가 항목이 표시되는 것을 볼 수 있다.

---

10. https://github.com/lukaskubanek/LoremSwiftum

SwiftUI의 선언적 구문 덕분에 애니메이션을 추가해 이러한 느낌을 더 자연스럽게 만드는 것은 매우 쉽다. List 뷰에 animation 뷰 수정자를 추가하기만 하면 된다.

```
// ...
List(viewModel.books) { book in
    RefreshableBookRowView(book: book)
}
.animation(.default, value: viewModel.books)
// ...
```

value 매개변수를 사용하면 새 항목이 삽입되거나 제거되는 등 List 뷰의 콘텐츠가 변경될 때만 이 애니메이션이 실행되게 할 수 있다.

애니메이션 마무리 단계인데, 뷰 모델의 refresh 마지막 단계에 짧은 멈춤을 추가해서 프로그레스 스피너progress spinner가 사라지기 전에 새 행이 부드럽게 전환돼 나타나게 하자.

```
func refresh() async {
    await Task.sleep(2_000_000_000)
    let book = generateNewBook()
    books.insert(book, at: 0)

    // `.animation` 수정자와 더불어 부드러운 애니메이션 효과를 위해 아래 코드를 추가
    await Task.sleep(500_000_000)
}
```

검색

SwiftUI에서는 List 뷰의 검색 구현도 간단하다. List 뷰에 .searchable 뷰 수정자를 적용하는 것이 전부인데, 나머지 UI에 관련된 것들은 SwiftUI가 모두 처리해준다. 검색 필드를 표시해준다(그리고 보통의 네이티브 앱에서 기대하듯 List 뷰가 처음 표시될 때는 검색 필드가 보이지 않게 해준다). UI에서 검색을 트리거하는 것과 정리clear하는 작동 또한 문제없다.

남아 있는 개발자의 몫은 실제 검색을 수행하고 적절한 결과를 제공하는 코드뿐
이다.

일반적으로 검색 화면은 로컬(즉, List 뷰에 표시되는 항목을 필터링하거나)과 원격(즉, 원격 API에 대해 쿼리를
수행하고 이 호출에 따른 결과만 표시) 모두에서 작동할 수 있다.

이번 절에서는 List 뷰에 표시되는 요소를 필터링하는 방법을 살펴본다. 이를 위
해 async/await 및 컴바인 조합을 사용한다.

먼저 뷰 모델에서 책 목록을 표시하는 간단한 List 뷰를 작성해보자. 이전 예제에
서 사용한 코드의 대부분을 재사용하므로 매우 익숙할 것이다.

```
struct SearchableBooksListView: View {
  @StateObject var viewModel = SearchableBooksViewModel()
  var body: some View {
    List(viewModel.books) { book in
      SearchableBookRowView(book: book)
    }
  }
}

struct SearchableBookRowView: View {
  var book: Book

  var body: some View {
    HStack(alignment: .top) {
      Image(book.mediumCoverImageName)
        .resizable()
        .aspectRatio(contentMode: .fit)
        .frame(height: 90)
      VStack(alignment: .leading) {
        Text(book.title)
          .font(.headline)
        Text("by \(book.author)")
          .font(.subheadline)
```

```
        Text("\(book.pages) pages")
            .font(.subheadline)
    }
    Spacer()
  }
 }
}
```

뷰 모델은 이전에 사용했던 모델과 매우 비슷하지만 한 가지 중요한 차이점이 있다 (처음에는 책 컬렉션이 비어 있다는 점이다).

```
class SearchableBooksViewModel: ObservableObject {
  @Published var books = [Book]()
}
```

SearchableBooksListView에 검색 UI를 추가하려면 .searchable 뷰 수정자를 적용하고 해당 text 매개변수를 뷰 모델의 새로운 searchTerm 프로퍼티에 바인딩한다.

```
class SearchableBooksViewModel: ObservableObject {
  @Published var books = [Book]()
  @Published var searchTerm: String = ""
}

struct SearchableBooksListView: View {
  @StateObject var viewModel = SearchableBooksViewModel()
  var body: some View {
    List(viewModel.books) { book in
      SearchableBookRowView(book: book)
    }
    .searchable(text: $viewModel.searchTerm)
  }
}
```

이렇게 하면 List 뷰에 검색 UI가 표시될 것이지만 코드를 실행해도 아무 일도 일어나지 않는다. 실제 List 뷰에 어떤 책도 표시되지 않는다.

코드를 조금 변경해보자. 원본 도서 목록을 보유하는 새로운 **private** 프로퍼티를 뷰 모델에 추가하자. 마지막으로 사용자가 입력한 검색어를 기반으로 이 목록을 필터링하는 컴바인 파이프라인을 만든다.

```
class SearchableBooksViewModel: ObservableObject {
    @Published private var originalBooks = Book.samples
    @Published var books = [Book]()
    @Published var searchTerm: String = ""

    init() {
        Publishers.CombineLatest($originalBooks,
        $searchTerm) // (1)
            .map { books, searchTerm in // (2)
                books.filter { book in // (3)
                    searchTerm.isEmpty
                        ? true
                        : (book.title.matches(searchTerm)
                            || book.author.matches(searchTerm))
                }
            }
            .assign(to: &$books)
    }
}
```

이 결합 파이프라인은 어떻게 작동하는가?

1. Publishers.CombineLatest를 사용해 2개의 퍼플리셔, searchTerm의 최신 상태를 가져온다. 실제 애플리케이션에서는 백그라운드에서 책 컬렉션에 대한 업데이트를 받을 수 있으며, 이러한 업데이트가 검색 결과에도 포함되기를 원할 것이다. CombineLatest 퍼블리셔는 해당 퍼블리셔 중 하나가 새

이벤트를 보낼 때마다 originalBooks 및 searchTerm의 최신 값을 포함하는 새 튜플을 게시한다.

2. 그런 다음 .map 연산자를 사용해 (books, searchTerm) 튜플을 book 배열로 변환하고, 이 배열은 결국 SearchableBooksListView에 연결된 게시된 $books 속성에 할당한다.

3. .map 클로저 내에서 필터를 사용해 제목 또는 저자 이름에 검색어가 포함된 책만 반환한다. 이 프로세스의 이 부분은 실제로 결합 전용이 아니다. 필터는 배열의 메서드다.

이 코드를 실행하면 검색 필드에 입력하는 모든 내용이 자동 대문자로 표시되는 것을 볼 수 있다. 이를 방지하고자 검색 가능한 뷰 수정자 뒤에 .autocapitalization 뷰 수정자를 적용할 수 있다.

```
struct SearchableBooksListView: View {
  @StateObject var viewModel = SearchableBooksViewModel()
  var body: some View {
    List(viewModel.books) { book in
      SearchableBookRowView(book: book)
    }
    .searchable(text: $viewModel.searchTerm)
    .autocapitalization(.none)
  }
}
```

스타일링

리스트는 다양한 스타일링^{styling} 옵션을 제공하며, SwiftUI 3에서는 이제 List 뷰의 거의 모든 부분을 구성할 수 있다.

- 목록 자체의 전체적인 모양(즉, 목록 스타일)

- 목록 셀의 모양
- 디바이더(드디에!)
- ...그리고 훨씬 더

무엇이 가능한지 살펴보자.

리스트 스타일

List 뷰의 전체적인 모양과 느낌은 `.listStyle` 뷰 수정자를 사용해 제어할 수 있다. SwiftUI에서는 6가지 모양을 지원한다.

1. `.automatic`
2. `.grouped`
3. `.inset`
4. `.insetGrouped`
5. `.plain`
6. `.sidebar`

```
List(items) { item in
   Text("\(item.label)")
}
.listStyle(.plain)
```

스타일을 제공하지 않으면 SwiftUI가 `.automatic`이라 가정한다. iOS에서 `.automatic`과 `.insetGrouped`는 동일한 모양을 갖는다.

각 스타일이 어떻게 생겼는지 말로 설명하는 대신 각 스타일을 보여주는 이미지를 보자.

List Styles: 1

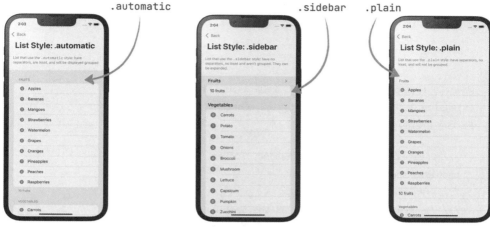

그림 5-5 리스트 스타일

List Styles: 2

그림 5-6 추가 리스트 스타일

머리글과 바닥글

모든 List 뷰 스타일은 머리글(헤더header)과 바닥글(푸터footer)을 지원한다. 섹션의 머리글이나 바닥글을 지정하려면 머리글 또는 바닥글 매개변수를 받는 생성자 중 하나를 사용하면 된다.

내가 가장 즐겨 사용하는 머리글 및 바닥글 생성 방법이 있었는데, 사용 중단 ^{deprecation}으로 표시된 것 같다.[11]

```
@available(iOS 13.0, macOS 10.15, tvOS 13.0, watchOS 6.0, *)
extension Section where Parent : View, Content : View,
Footer : View {

    /// Creates a section with a header, footer, and the
    provided section content.
    /// - Parameters:
    ///   - header: A view to use as the section's header.
    ///   - footer: A view to use as the section's footer.
    ///   - content: The section's content.
    @available(iOS, deprecated: 100000.0, renamed: "Section
    (content:header:footer:)")
    @available(macOS, deprecated: 100000.0, renamed: "Section
    (content:header:footer:)")
    @available(tvOS, deprecated: 100000.0, renamed:
    "Section(content:header:footer:)")
    @available(watchOS, deprecated: 100000.0, renamed: "Section
    (content:header:footer:)")
    public init(header: Parent, footer: Footer, @ViewBuilder
    content: () -> Content)
}
```

다음은 섹션 머리글과 바닥글을 설정할 때 내가 선호하는 방식이다.

```
List {
    Section(header: Text("Fruits"), footer: Text("\(fruits.count)
    fruits")) {
        ForEach(fruits, id: \.self) { fruit in
```

---

11. 아래는 apple source에서 발췌한 내용이다. — 옮긴이

```
      Label(fruit, systemImage: "\(fruits.firstIndex(of: fruit)
      ?? 0).circle.fill" )
    }
  }
}
```

다음은 새로운 방법이다.

```
List {
  Section {
    ForEach(fruits, id: \.self) { fruit in
      Label(fruit, systemImage: "\(fruits.firstIndex(of: fruit)
      ?? 0).circle.fill" )
    }
  } header: {
    Text("Fruits")
  } footer: {
    Text("\(fruits.count) fruits")
  }
}
```

어느 것이 더 깔끔해 보이는지는 여러분의 판단에 맡기겠다. 실행했을 때 둘 다 동일한 기능을 수행한다.

리스트 셀

사용자 정의 셀을 디자인하는 것은 UITableViewController 초창기에는 꽤 복잡한 작업이었지만, 다행히 그 이후로 훨씬 쉬워졌다.

SwiftUI에서 사용자 지정 리스트 행을 디자인하는 것은 쉽게 시작할 수 있지만(일반 Text 뷰를 사용해 현재 항목을 표시하기만 하면 된다) SwiftUI의 유연한 스택 기반 레이아웃 시스템을 활용할 수 있기 때문에 가능성은 무한하다. 사용자 정의 리스트 행을 작성하는 방법의 일반적인 소개는 이 시리즈의 1부에서 몇 가지 기본 기술을 다루고 있으니 참고하자.

또한 SwiftUI에서는 배경, 삽입, 강조 색상, 색조, 배지 등 리스트 행의 일반적인 측면을 스타일링하는 여러 가지 방법을 지원한다.

다음은 리스트 행을 구성하는 방법을 보여주는 코드 조각이다.

```
List(items, id: \.title) { item in
  Label(item.title, systemImage: item.iconName)
    .badge(item.badge)
    // listItemTint와 foregroundColor는 둘 중 하나만 사용할 수 있다(상호 배제).
    // .listItemTint(listItemTintColor)
    .foregroundColor(foregroundColor)
    .listRowSeparator(showSeparators == true ? .visible :
    .hidden)
    .listRowSeparatorTint(separatorTintColor)
    .listRowBackground(rowBackgroundColor)
  }
}
```

Styling List Rows

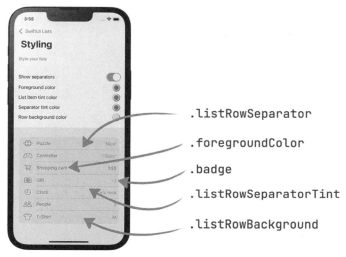

그림 5-7 리스트 스타일

구분선

디자이너라면 누구나 알 수 있듯이 항목 사이의 공간은 항목 자체만큼이나 중요하다. SwiftUI 3에서는 이제 행 구분선과 섹션 구분선의 스타일에 영향을 줄 수 있는데, 색조 색상과 가시성을 모두 제어할 수 있다. SwiftUI의 유연한 DSL을 사용하면 전체 List 뷰 또는 개별 행과 섹션을 쉽게 제어할 수 있다.

행 구분선의 모양을 제어하려면 .listRowSeparator() 및 .listRowSeparatorTint() 를 사용할 수 있다. 구성할 가장자리(.top 또는 .bottom)를 지정할 수 있다. edges 매개변수에 값을 제공하지 않으면 top과 bottom이 적용된다.

```
List {
  Text("Row 1")
  Text("Row 2 (separators hidden)")
     .listRowSeparator(.hidden)
  Text("Row 3")
```

```
    Text("Row 4 (separators tinted red)")
        .listRowSeparatorTint(.red)
    Text("Row 5")
    Text("Row 6 (bottom separator hidden)")
        .listRowSeparator(.hidden, edges: .bottom)
    Text("Row 7")
    Text("Row 8 (top separator tinted blue)")
        .listRowSeparatorTint(.blue, edges: .top)
    Text("Row 9")
    Text("Row 10")
}
```

Styling List Rows

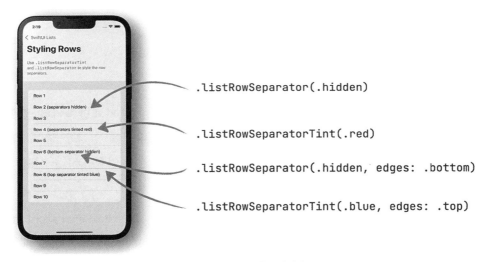

그림 5-8 리스트 행 스타일링

섹션 구분선 모양을 제어하려면 .listSectionSeparator() 및 .listSection
SeparatorTint()를 사용한다. 리스트 행의 뷰 수정자와 마찬가지로 이 2가지 뷰
수정자 역시 수정하려는 가장자리를 설정할 수 있다.

```
List {
  Section(header: Text("Section 1"), footer: Text("Section 1 -
  no styling")) {
    Text("Row 1")
  }
  Section(header: Text("Section 2"), footer: Text("Section 2 -
  section separators hidden")) {
    Text("Row 1")
  }
  .listSectionSeparator(.hidden)

  Section(header: Text("Section 3"), footer: Text("Section 3 -
  section separator tinted red")) {
    Text("Row 1")
  }
  .listSectionSeparatorTint(.red)

  Section(header: Text("Section 4"), footer: Text("Section 4 -
  section separators tinted green")) {
    Text("Row 1")
  }
  .listSectionSeparatorTint(.green, edges: [.top, .bottom])

  Section(header: Text("Section 5"), footer: Text("Section 5 -
  section separator (bottom) hidden")) {
    Text("Row 1")
  }
  .listSectionSeparator(.hidden, edges: .bottom)

  Section("Section 6") {
    Text("Row 1")
  }
}
```

Styling List Sections

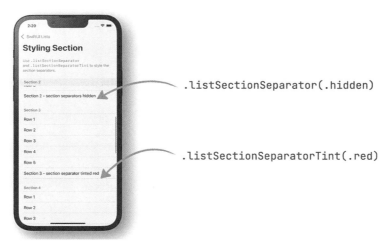

.listSectionSeparator(.hidden)

.listSectionSeparatorTint(.red)

그림 5-9 리스트 섹션 스타일링

액션

이제 스와이프^{swipe} 동작을 살펴보자. 스와이프 동작은 많은 앱에서 사용되며, 특히 그중 애플의 메일 앱이 꽤 인상적이다. 사용자가 리스트 항목에 대한 작업을 수행할 수 있도록 익숙하고 사용하기 쉬운 UI를 제공한다.

UIKit은 iOS 11부터 스와이프 동작을 지원했지만 SwiftUI는 WWDC 2021까지 스와이프 동작을 지원하지 않았다.

이 절에서는 다음과 같은 기능을 살펴본다.

- onDelete 수정자를 사용해 스와이프 동작으로 삭제^{swipe-to-delete}하기
- EditButton과 .editMode 환경 변수를 사용해 항목 삭제 및 이동하기
- 스와이프 동작(가장 유연한 접근 방식이며 다양한 스타일링 옵션도 제공한다) 사용

스와이프 동작으로 삭제

이는 SwiftUI가 처음 나왔을 때부터 있던 기능이다. 사용하기는 매우 간단하지만 매우 기본적인(또는 다소 유연하지 않은) 기능이기도 하다. List 뷰에 스와이프 동작으로 삭제하는 기능을 추가하려면 List 뷰 내부의 ForEach 루프에 onDelete 수정자를 적용하기만 하면 된다. 이 수정자에는 클로저가 따라오는데, 삭제할 행을 나타내는 IndexSet 매개변수 하나를 가진다.

onDelete 수정자가 있는 간단한 List를 보여주는 코드 조각은 다음과 같다. 사용자가 스와이프 동작으로 삭제하면 클로저가 호출되고, 결과적으로 List 뷰와 연결된 항목 배열에서 해당 행을 제거한다.

```swift
struct SwipeToDeleteListView: View {
    @State fileprivate var items = [
        Item(title: "Puzzle", iconName: "puzzlepiece", badge:
        "Nice!"),
        Item(title: "Controller", iconName: "gamecontroller",
        badge: "Clicky!"),
        Item(title: "Shopping cart", iconName: "cart",
        badge: "$$$"),
        Item(title: "Gift", iconName: "giftcard", badge: ":-)"),
        Item(title: "Clock", iconName: "clock", badge:
        "Tick tock"),
        Item(title: "People", iconName: "person.2", badge: "2"),
        Item(title: "T-Shirt", iconName: "tshirt", badge: "M")
    ]

    var body: some View {
        List {
            ForEach(items) { item in
                Label(item.title, systemImage: item.iconName)
            }
            .onDelete { indexSet in
                items.remove(atOffsets: indexSet)
```

```
            }
        }
     }
   }
```

onDelete가 IndexSet을 전달해 어떤 항목을 삭제해야 하는지 알 수 있어 상당히 편리한데, 이는 Array가 IndexSet을 취하는 remove(atOffsets:) 메서드를 제공하기 때문이다.

한 가지 주의할 점은 리스트에 직접 onDelete를 적용할 수 없으며, 대신 ForEach 루프를 사용하고 List[12] 안에 중첩시켜야 한다는 것이다.

편집 모드를 사용해 항목 이동 및 삭제

일부 애플리케이션의 경우 사용자가 목록에서 항목을 드래그해 재정렬하는 기능을 추가하고 싶을 것이다. 이를 위해 리스트에 onMove 뷰 수정자를 적용한 다음 기본 데이터 구조를 적절히 업데이트하기만 하면 된다.

다음은 간단한 배열에 대해 이를 구현하는 방법을 보여주는 코드 조각이다.

```
List {
   ForEach(items) { item in
     Label(item.title, systemImage: item.iconName)
   }
   .onDelete { indexSet in
     items.remove(atOffsets: indexSet)
   }
   .onMove { indexSet, index in
     items.move(fromOffsets: indexSet, toOffset: index)
   }
```

---

12. SwiftUI 팀이 왜 이런 방식으로 구현하기로 결정했는지 잘 모르겠다 — 단서가 있다면(또는 SwiftUI 팀에서 일하고 있다면) 내게 연락 바란다.

```
  }
```

다시 말하지만 이 작업은 onDelete의 클로저에서 그대로 받는 Array.move 덕분에 쉽게 할 수 있다.

리스트 편집 모드를 켜려면 2가지 옵션이 있다.

- .editMode environment 값 사용
- EditButton 뷰 사용

내부적으로는 두 접근 방식 모두 SwiftUI environment를 사용한다. 다음 코드 조각은 사용자가 리스트 편집 모드를 켜도록 허용하고자 EditButton을 사용하는 방법을 보여준다.

```
List {
  ForEach(items) { item in
    Label(item.title, systemImage: item.iconName)
  }
  .onDelete { indexSet in
    items.remove(atOffsets: indexSet)
  }
  .onMove { indexSet, index in
    items.move(fromOffsets: indexSet, toOffset: index)
  }
}
.toolbar {
  EditButton()
}
```

스와이프 동작

스와이프 동작으로 삭제하기^{swipe-to-delete} 및 편집 모드^{Edit Mode} 이상의 모든 기능을 위해 이제 SwiftUI가 스와이프 동작을 지원한다. 이 새로운 API는 스와이프 동작을 표시하는 방법에 대한 많은 제어 기능을 제공한다.

- 행마다 다른 스와이프 동작을 정의할 수 있다.
- 각 개별 동작에 사용할 텍스트, 아이콘, 틴트^{tint} 색상을 지정할 수 있다.
- 행의 앞쪽과 뒤쪽 가장자리^{leading and trailing edge}에 동작을 추가할 수 있다.
- 행의 양쪽 끝에 있는 첫 번째 동작에 대해 전체 스와이프를 활성화 또는 비활성화해 사용자가 행 끝까지 완전히 스와이프해서 동작을 트리거할 수 있게 할 수 있다.

기본 스와이프 동작

새로 나온 기본 스와이프 동작 API 사용법에 대한 간단한 예를 살펴보자. 리스트 행에 대한 스와이프 동작을 등록하려면 swipeActions 뷰 수정자를 호출해야 한다. 뷰 수정자의 클로저 내부에서 하나 이상의 버튼을 설정해 액션 자체를 구현할 수 있다.

다음 코드 조각은 List 뷰에 간단한 스와이프 동작을 추가하는 방법을 보여준다.

```
List(viewModel.items) { item in
  Text(item.title)
    .fontWeight(item.isRead ? .regular : .bold)
    .swipeActions {
      Button (action: { viewModel.markItemRead(item) }) {
        if let isRead = item.isRead, isRead == true {
          Label("Read", systemImage: "envelope.badge.fill")
        }
        else {
          Label("Unread", systemImage: "envelope.open.fill")
        }
```

```
        }
      .tint(.blue)
    }
  }
```

행을 나타내는 뷰에서 swipeActions 수정자가 호출된다는 점에 주목할 필요가 있다. 이 경우 간단한 Text 뷰이지만 복잡한 리스트의 경우 HStack 또는 VStack일 수도 있다. 이는 onDelete 수정자와는 다르며, 행에 따라 각각 다른 동작을 적용할 수 있는 유연성을 제공한다(.onDelete 수정자의 경우 List 뷰 내의 ForEach 루프에 적용해야 함).

또한 각 스와이프 동작은 버튼으로 표시된다. 다른 뷰를 사용하면 SwiftUI가 해당 뷰를 등록하지 않고 아무 동작도 하지 않을 것이다. 마찬가지로 List 또는 ForEach 루프에 swipeActions 수정자를 적용하려고 하면 수정자가 무시된다.

가장자리 지정

스와이프 동작은 기본적으로 행의 뒤쪽 가장자리^{trailing edge}에 추가된다. 이전 예제에서 읽음/읽지 않음이 뒤쪽 가장자리에 추가된 이유가 바로 그것이다. 애플의 메일 앱에서와 같이 앞쪽 가장자리^{leading edge}에 동작을 추가하려면 다음과 같이 edge 매개변수를 지정하기만 하면 된다.

```
List(viewModel.items) { item in
  Text(item.title)
    .fontWeight(item.isRead ? .regular : .bold)
    .swipeActions(edge: .leading) {
      Button (action: { viewModel.markItemRead(item) }) {
        if let isRead = item.isRead, isRead == true {
          Label("Read", systemImage: "envelope.badge.fill")
        }
        else {
          Label("Unread", systemImage: "envelope.open.fill")
```

```
      }
    }
  }
  .tint(.blue)
}
```

양쪽 가장자리에 동작을 추가하려면 swipeActions 수정자를 여러 번 호출해 동작을 추가할 가장자리를 지정하면 된다.

좌측 가장자리와 우측 가장자리 모두에 스와이프 동작을 추가하는 경우 동작을 추가할 위치를 명시적으로 지정하는 것이 좋다. 다음 코드 조각에서는 좌측 가장자리에 하나의 동작을 추가하고 우측 가장자리에 다른 동작을 추가한다.

```
List(viewModel.items) { item in
  Text(item.title)
    .fontWeight(item.isRead ? .regular : .bold)
    .swipeActions(edge: .leading) {
      Button (action: { viewModel.markItemRead(item) }) {
        if let isRead = item.isRead, isRead == true {
          Label("Read", systemImage: "envelope.badge.fill")
        }
        else {
          Label("Unread", systemImage: "envelope.open.fill")
        }
      }
      .tint(.blue)
    }
    .swipeActions(edge: .trailing) {
      Button(role: .destructive, action: { viewModel.
      deleteItem(item) } ) {
        Label("Delete", systemImage: "trash")
      }
    }
}
```

버튼의 role 매개변수를 사용해 버튼에 .destructive로 표시한 것을 볼 수 있으며, 이는 이 버튼에 빨간색 배경색을 사용하도록 SwiftUI에 지시한다. 하지만 여전히 항목 삭제를 직접 구현해야 한다. 버튼의 action 클로저가 현재 행의 범위에 있기 때문에 현재 리스트 항목에 직접 액세스하는 것이 훨씬 쉽다. 이전의 onDelete 디자인과 비교했을 때 이 API 디자인의 또 다른 장점이다.

스와이프 동작 및 onDelete

이전 코드 조각을 읽은 후 onDelete 뷰 수정자를 사용하지 않는 대신 삭제 동작을 직접 구현했는지 궁금할 것이다. 대답은 매우 간단하다. 문서에 명시된 대로 SwiftUI에서는 swipeActions 수정자를 사용하면 삭제 기능의 합성^{synthesizing}을 중단 한다.

더 많은 스와이프 동작 추가

양쪽 가장자리에 여러 스와이프 동작을 추가하려면 swipeActions 수정자를 여러 번 호출하면 된다.

```
List(viewModel.items) { item in
  Text(item.title)
    .fontWeight(item.isRead ? .regular : .bold)
    .swipeActions(edge: .leading) {
      Button (action: { viewModel.markItemRead(item) }) {
        if let isRead = item.isRead, isRead == true {
          Label("Read", systemImage: "envelope.badge.fill")
        }
        else {
          Label("Unread", systemImage: "envelope.open.fill")
        }
      }
      .tint(.blue)
```

```
    }
    .swipeActions(edge: .trailing) {
      Button(role: .destructive, action: { viewModel.
      deleteItem(item) } ) {
        Label("Delete", systemImage: "trash")
      }
    }
    .swipeActions(edge: .trailing) {
      Button (action: { selectedItem = item } ) {
        Label("Tag", systemImage: "tag")
      }
      .tint(Color(UIColor.systemOrange))
    }
  }
```

그래도 불안하다면 동일한 swipeActions 수정자에 여러 개의 버튼을 추가할 수도 있다. 다음 코드 조각은 이전과 동일한 UI를 만든다.

```
List(viewModel.items) { item in
  Text(item.title)
    .fontWeight(item.isRead ? .regular : .bold)
    .badge(item.badge)
    .swipeActions(edge: .leading) {
      Button (action: { viewModel.markItemRead(item) }) {
        if let isRead = item.isRead, isRead == true {
          Label("Read", systemImage: "envelope.badge.fill")
        }
        else {
          Label("Unread", systemImage: "envelope.open.fill")
        }
      }
      .tint(.blue)
    }
    .swipeActions(edge: .trailing) {
```

```
            Button(role: .destructive, action: { viewModel.
            deleteItem(item) } ) {
                Label("Delete", systemImage: "trash")
            }
            Button (action: { selectedItem = item } ) {
                Label("Tag", systemImage: "tag")
            }
            .tint(Color(UIColor.systemOrange))
        }
    }
```

동일한 가장자리^{edge}에 여러 스와이프 동작을 추가하면 바깥쪽에서부터 표시되므로 첫 번째 버튼이 항상 해당 가장자리에서 가장 가까운 곳에 표시된다.

행의 양쪽 가장자리에 추가할 수 있는 스와이프 동작 수에는 제한이 없는 것처럼 보이지만 사용자가 편안하게 사용할 수 있는 동작 수는 디바이스에 따라 다르다. 예를 들어 아이폰 13의 세로 방향 리스트 행에는 최대 5개의 스와이프 동작을 넣을 수 있지만 전체 행을 완전히 채우면 이상하게 보일 뿐만 아니라 오른쪽 버튼을 탭하려고 할 때 몇 가지 문제가 발생할 수 있다. 아이폰 6 또는 5와 같은 소형 기기에서는 더 적은 수의 스와이프 동작을 넣을 수 있다. 서너 번의 스와이프 동작이 대부분의 디바이스에서 작동할 수 있는 합리적인 한계인 것 같다.

풀-스와이프

풀-스와이프^{Full Swipe} 동작을 하면 주어진 스와이프 방향에 대한 첫 번째 액션이 실행된다. 이 작동을 중단시키려면 allowsFullSwipe를 false로 지정한다.

```
.swipeActions(edge: .trailing, allowsFullSwipe: false) {
    Button(role: .destructive, action: { viewModel.
    deleteItem(item) } ) {
        Label("Delete", systemImage: "trash")
    }
```

```
    }
```

스와이프 동작 스타일링

앞서 설명한 것처럼 스와이프 동작의 버튼 역할을 .destructive로 설정하면 버튼의 색조가 자동으로 빨간색으로 바뀐다. role을 지정하지 않으면 Button의 색조가 밝은 회색^{light gray}으로 지정된다. 스와이프 동작 버튼에 tint 수정자를 사용해 다른 색상을 지정할 수 있다.

```
.swipeActions(edge: .trailing) {
  Button (action: { selectedItem = item } ) {
    Label("Tag", systemImage: "tag")
  }
  .tint(Color(UIColor.systemOrange))
}
```

버튼 내부에는 이미지, 텍스트 또는 레이블을 사용해 텍스트 레이블이나 아이콘을 모두 표시할 수 있다.

리스트에서 포커스 관리

포커스 관리는 거의 모든 종류의 UI에서 중요한 요소이며, 이를 제대로 구현하면 사용자가 앱을 더 빠르고 효율적으로 탐색할 수 있다. 데스크톱 UI에서는 탭 키를 눌러 폼의 입력 필드를 탐색할 수 있는 기능이 당연한데, 모바일에서도 이 기능은 그 못지않게 중요하다. 예를 들어 애플 미리 알림 앱에서는 사용자가 새로 만든 미리 알림에 커서가 자동으로 이동될 것이고 Enter 키를 누르면 다음 행으로 이동한다. 이렇게 하면 새 요소를 매우 효율적으로 추가할 수 있다.

애플은 iOS 15에서 SwiftUI에 포커스 관리 지원을 추가했는데, 여기에는 포커스 설정과 관찰 모두를 포함한다.

애플 공식 문서와 여러 개발자 블로그 및 비디오에 있는 대부분의 예제에서는 로그인 폼과 같은 간단한 폼에서만 이 기능의 사용법을 설명한다. 편집 가능한 리스트에서 포커스 관리와 같은 고급 사용 사례는 다루지 않는다.

여기서는 사용자가 리스트 요소를 편집할 수 있는 앱에서 포커스 상태를 관리하는 방법을 살펴본다. 예를 위해 내가 작업 중인 할 일 목록 앱인 Make It So를 사용하려 한다. Make It So는 애플의 미리 알림 앱의 복제품으로, SwiftUI와 파이어베이스 Firebase(스토리지와 같은 백엔드 서비스용)[13]만을 사용해 원본에 얼마나 근접할 수 있는지 알아보는 것이 목적이다.

SwiftUI에서 포커스를 관리하는 방법

WWDC 2021에서 애플은 씬 내에서 포커스를 추적하고 수정하는 데 사용할 수 있는 프로퍼티 래퍼인 @FocusState를 소개했다.

불리언 또는 열거형을 사용해 UI의 어떤 요소에 포커스가 맞춰져 있는지 추적할 수 있다.

다음 예제에서는 2가지 경우를 가진 열거형을 사용해 간단한 사용자 프로필 폼의 포커스를 추적한다. 버튼의 클로저에서 볼 수 있듯이, 예를 들어 사용자가 필수 필드를 작성하는 것을 잊어버린 경우 프로그래밍 방식으로 포커스를 설정할 수 있다.

```
enum FocusableField: Hashable {
  case firstName
  case lastName
}
```

---

13. 앱의 최신 버전은 깃허브 저장소(https://github.com/peterfriese/MakeItSo)에서 다운로드할 수 있다.

```swift
struct FocusUsingEnumView: View {
    @FocusState private var focus: FocusableField?

    @State private var firstName = ""
    @State private var lastName = ""

    var body: some View {
        Form {
            TextField("First Name", text: $firstName)
                .focused($focus, equals: .firstName)
            TextField("Last Name", text: $lastName)
                .focused($focus, equals: .lastName)

            Button("Save") {
                if firstName.isEmpty {
                    focus = .firstName
                }
                else if lastName.isEmpty {
                    focus = .lastName
                }
                else {
                    focus = nil
                }
            }
        }
    }
}
```

이 접근 방식은 몇 가지 입력 요소를 제외한 모든 입력 요소가 있는 간단한 입력 폼에는 적합하지만 List 뷰 또는 무제한의 요소를 표시하는 기타 동적 뷰에는 적합 하지 않다.

목록에서 포커스를 관리하는 방법

List 뷰에서 포커스를 관리하려면 스위프트 열거형이 연관 값을 지원한다는 사실을 활용할 수 있다. 이를 통해 포커스를 맞추고자 하는 목록 요소의 ID 값을 가진 열거형을 정의할 수 있다.

```
enum Focusable: Hashable {
  case none
  case row(id: String)
}
```

이렇게 하면 이 유형의 로컬 변수 focusedReminder를 정의하고 @FocusState를 사용해 래핑할 수 있다.

```
struct Reminder: Identifiable {
  var id: String = UUID().uuidString
  var title: String
}

struct FocusableListView: View {
  @State var reminders: [Reminder] = Reminder.samples
  @FocusState var focusedReminder: Focusable?

  var body: some View {
    List {
      ForEach($reminders) { $reminder in
        TextField("", text: $reminder.title)
          .focused($focusedReminder, equals: .row(id:
          reminder.id))
      }
    }
    .toolbar {
      ToolbarItemGroup(placement: .bottomBar) {
        Button(action: { createNewReminder() }) {
          Text("New Reminder")
        }
      }
```

```
        }
      }
      // ...
    }
```

사용자가 New Reminder(새 미리 알림) 툴바 버튼을 탭하면 reminders 배열에 새로운 Reminder가 추가된다. 이 새로 만든 미리 알림의 행에 포커스를 설정하려면 새 미리 알림의 ID를 연관 값으로 사용해 Focusable 열거형의 인스턴스를 생성하고 이를 focusedReminder 속성에 할당하기만 하면 된다.

```
struct FocusableListView: View {
  // ...
  func createNewReminder() {
    let newReminder = Reminder(title: "")
    reminders.append(newReminder)
    focusedReminder = .row(id: newReminder.id)
  }
}
```

Enter 키 처리

이제 애플리케이션의 UX를 개선할 수 있는 애플 알림 앱의 또 다른 기능에 초점을 맞춰보자. 사용자가 Enter 키를 누를 때 새 요소를 추가하고 포커스를 맞춰보자.

사용자가 뷰에 값을 제출할 때 .onSubmit 뷰 수정자를 사용해 코드를 실행할 수 있다. 기본적으로 사용자가 Enter 키를 누를 때 트리거된다.

```
...
TextField("", text: $reminder.title)
  .focused($focusedTask, equals: .row(id: reminder.id))
  .onSubmit {
```

```
      createNewTask()
    }
  ...
```

이 방법은 정상적으로 작동하지만 모든 새 요소가 리스트 끝에 추가된다. 사용자가 리스트의 시작이나 중간에 할 일을 편집하고 있는 경우에는 약간 예상치 못한 결과일 것이다.

새 항목을 삽입하는 코드를 업데이트해 현재 초점이 맞춰진 요소 바로 뒤에 새 항목이 삽입되게 해보자.

```
  ...
  func createNewTask() {
    let newReminder = Reminder(title: "")
    // 특정 열이 포커싱돼 있을 때 포커스된 항목 아래쪽에 새 항목을 삽입한다.
    if case .row(let id) = focusedTask {
      if let index = reminders.firstIndex(where: { $0.id ==
      id } ) {
        reminders.insert(newReminder, at: index + 1)
      }
    }
    // 포커싱된 열이 없음: 리스트 마지막에 추가
    else {
      reminders.append(newReminder)
    }

    // 새 task에 포커싱
    focusedTask = .row(id: newReminder.id)
  }
  ...
```

이 방법은 훌륭하게 작동하지만 한 가지 작은 문제가 있다. 사용자가 텍스트를 입력하지 않고 Enter 키를 연속으로 여러 번 누르면 빈 행이 많이 남게 된다(좋지 않다). 미리 알림 앱은 빈 행을 자동으로 제거하므로 이 기능도 구현할 수 있는지 살펴보자.

이 과정을 따라가다 보면 또 다른 문제를 발견할 수 있다. 뷰의 코드가 점점 더 복잡해지고 있으며 선언적 UI 코드와 명령형 코드가 많이 섞여 있다는 점이다.

MVVM이란?

이제 내 블로그와 비디오를 팔로우한 사람들은 내가 SwiftUI에서 MVVM 접근 방식을 사용하는 팬이라는 것을 알고 있으므로 뷰 모델을 도입해 뷰 코드를 깔끔하게 정리하고 동시에 빈 행을 제거하는 솔루션을 구현하는 방법을 살펴보자.

이상적으로는 뷰 모델에 미리 알림 배열, 포커스 상태, 새 미리 알림을 생성하는 코드가 포함돼야 한다.

```swift
class ReminderListViewModel: ObservableObject {
    @Published var reminders: [Reminder] = Reminder.samples

    @FocusState
    var focusedReminder: Focusable?

    func createNewReminder() {
        let newReminder = Reminder(title: "")

        // if any row is focused, insert the new reminder after the focused row
        if case .row(let id) = focusedReminder {
            if let index = reminders.firstIndex(where: { $0.id ==
            id } ) {
                reminders.insert(newReminder, at: index + 1)
            }
        }
        // no row focused: append at the end of the list
        else {
            reminders.append(newReminder)
```

```
        }
        // focus the new reminder
        focusedReminder = .row(id: newReminder.id)
    }
}
```

createNewReminder 내부에서 focusedReminder 포커스 상태에 접근해 새 알림을 어디에 삽입할지 그리고 새로 추가/삽입된 리마인더로 포커싱하는 방법을 주목해 보자.

확실히 FocusableListView 뷰도 업데이트해야 하는데, 여기서 더 이상 로컬 @State 변수를 사용하지 않고 대신 @ObservableObject를 사용하고 있다.

```
struct FocusableListView: View {
    @StateObject var viewModel = ReminderListViewModel().

    var body: some View {
        List {
            ForEach($viewModel.reminders) { $reminder in
                TextField("", text: $reminder.title)
                    .focused(viewModel.$focusedReminder, equals:
                    .row(id: reminder.id))
                    .onSubmit {
                        viewModel.createNewReminder()
                    }
            }
        }
        .toolbar {
            ToolbarItem(placement: .bottomBar) {
                Button(action: { viewModel.createNewReminder() }) {
                    Text("New Reminder")
                }
            }
        }
    }
}
```

```
        }
    }
```

여기까지 모든 것이 완벽해 보이지만 코드를 실행하면 포커스 처리가 더 이상 작동하지 않고 대신 Accessing FocusState's value outside of the body of a View라는 SwiftUI 런타임 경고가 표시된다. 이는 초깃값에 상수가 바인딩되고 더 이상 갱신되지 않는 결과를 낳는다.

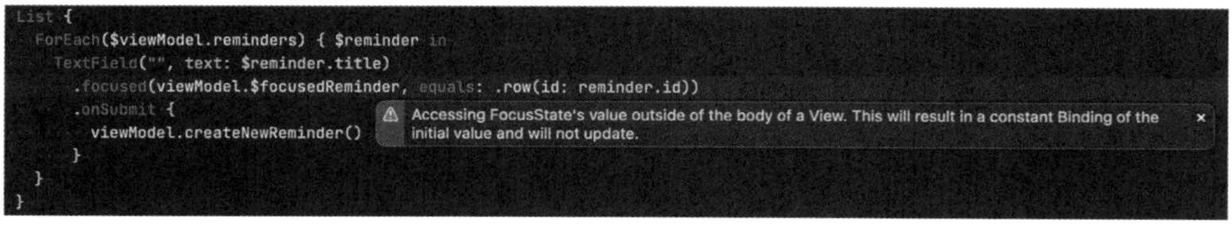

```
List {
    ForEach($viewModel.reminders) { $reminder in
        TextField("", text: $reminder.title)
            .focused(viewModel.$focusedReminder, equals: .row(id: reminder.id))
            .onSubmit {
                viewModel.createNewReminder()
            }
    }
}
```
⚠ Accessing FocusState's value outside of the body of a View. This will result in a constant Binding of the initial value and will not update.

그림 5-10 Runtime warning when accessing FocusState outside the body of a view

이는 @FocusState가 DynamicProperty를 따르므로 뷰 내부에서만 사용할 수 있기 때문이다.

그래서 이제 뷰와 뷰 모델 간의 포커스 상태를 동기화하는 또 다른 방법을 찾아야 한다. 뷰 속성에 대한 변경에 반응하는 한 가지 방법은 .onChange(of:) 뷰 수정자를 사용하는 것이다.

뷰 모델과 뷰 사이의 포커스 상태를 동기화하려면

1. @FocusState를 뷰에 다시 추가하고
2. focusedReminder를 뷰 모델에서 @Published 프로퍼티로 표시하고
3. onChange(of:)를 사용해 동기화한다.

다음과 같다.

```
class ReminderListViewModel: ObservableObject {
    @Published var reminders: [Reminder] = Reminder.samples
```

```
    @Published var focusedReminder: Focusable?
    // ...
}

struct FocusableListView: View {
    @StateObject var viewModel = ReminderListViewModel()

    @FocusState var focusedReminder: Focusable?

    var body: some View {
        List {
            ForEach($viewModel.reminders) { $reminder in
                // ...
            }
        }
        .onChange(of: focusedReminder) {
            viewModel.focusedReminder = $0
        }
        .onChange(of: viewModel.focusedReminder) {
            focusedReminder = $0
        }
        // ...
    }
}
```

부연 노트: View의 확장 기능으로 동기화를 위한 코드를 추출하면 이를 더 깔끔하게 할 수 있다.

이로써 구현부를 정리했다. 뷰는 디스플레이 부분에 집중할 수 있는 반면, 뷰 모델은 데이터 모델을 업데이트하고 뷰와 모델 간의 변환을 처리한다.

빈 항목 없애기

뷰 모델을 사용하면 또 다른 멋진 혜택을 누릴 수 있다(뷰 모델의 focusedReminder 프로퍼티는 게시된 형태이므로 컴바인 파이프라인을 연결할 수 있으며 이 프로퍼티의 변화에 반응할 수 있다). 이렇게 하면 이전에 포커스된 요소가 빈 요소인 경우를 감지해서 제거할 수 있다.

이를 위해 이전에 포커싱된 리마인더를 추적할 속성을 뷰 모델에 추가하자. 그리고 행이 포커싱을 잃었을 때 빈 리마인더를 제거할 컴바인 파이프라인을 구성하자.

```
class ReminderListViewModel: ObservableObject {
  @Published var reminders: [Reminder] = Reminder.samples

  @Published var focusedReminder: Focusable?
  var previousFocusedReminder: Focusable?

  private var cancellables = Set<AnyCancellable>()

  init() {
    $focusedReminder
      .compactMap { focusedReminder -> Int? in
        defer { self.previousFocusedReminder =
        focusedReminder }

        guard focusedReminder != nil else { return nil }
        guard case .row(let previousId) = self.
        previousFocusedReminder else { return nil }
        guard let previousIndex = self.reminders.
        firstIndex(where: { $0.id == previousId } ) else { return nil }
        guard self.reminders[previousIndex].title.isEmpty else
        { return nil }

        return previousIndex
      }
      .delay(for: 0.01, scheduler: RunLoop.main)
      // <-- 버벅거림을 방지한다
```

```
        .sink { index in
          self.reminders.remove(at: index)
        }
        .store(in: &cancellables)
    }
  // ...
  }
```

정리

이 책에서 가장 긴 장 중 하나를 끝까지 읽은 것을 축하한다. 리스트는 SwiftUI에서 가장 자주 사용되는 UI 패턴 중 하나일 뿐만 아니라 매우 유연하고 다양한 방식으로 커스터마이징할 수 있다.

5장에서는 정적 리스트와 동적 리스트(그리고 앱의 데이터 모델에 연결하는 방법), 리스트 자체와 셀의 스타일을 지정하는 방법, 스와이프 동작을 추가해 리스트에 상호작용을 추가하는 방법 등 리스트와 그 모양 및 느낌에 대해 많은 것을 살펴봤다.

마지막으로 지금까지 다룬 내용을 종합해 동적 List 뷰에서 포커스를 관리하는 방법을 살펴봤다.

이 방법을 익히면 훨씬 더 정교한 UI를 만들 수 있을 것이다.

6장에서는 List 뷰의 사촌인 폼form을 살펴보고 의외로 적은 노력으로 우아한 입력 폼을 만드는 방법을 살펴본다.

입력 폼 만들기

'Form'이라는 용어를 들었을 때 앱에 많은 폼^{Form}이 필요하다고 생각하지는 않을 것이며, 폼 작성을 좋아하는 사람이 아니라면 그다지 흥미를 느끼지 못할 것이다. 하지만 폼이 특별히 애플 플랫폼에서 UI를 구축하는 중요한 방법이라는 사실에 놀랄 수도 있다.

생각해보자. 여러분의 앱은 대부분 설정 화면을 가질 것인데, 이는 엄밀히 말해 폼이다. 앱에 로그인 화면이 있을 수도 있다. 이것도 엄밀히 말하면 폼이다. 그리고 데이터 입력 화면이 있다면 이것 역시 폼이다.

애플이 아이폰 iOS SDK(당시 명칭)를 처음 출시했을 때는 입력 폼을 작성할 수 있는 자체 솔루션을 제공하지 않았다. 개발자들은 원래 데이터의 표 형식 표현을 위해 만들어진 **UITableView**를 입력 폼을 표시하는 데에도 사용할 수 있다는 사실을 금방 알아냈다. 하지만 **UITableView**의 API(UITableViewDataSource 및 UITableViewDelegate)는 이 사용 사례를 염두에 두고 디자인되지 않았기 때문에 이러한 API를 기반으로 폼을 작성하는 것은 할 때마다 다소 번거로운 작업이었다. 예를 들어 올바른 폼 셀을 표시하고자 어떤 **UITableViewCell**의 하위 클래스를 제공할지 결정하려면 현재 어느 행에 있는지 추적해야 했다.

SwiftUI를 통해 애플은 완전 백지 상태에서 시작해 최신 애플리케이션의 요구 사항을 더 잘 충족하는 개념과 API를 개발할 수 있는 기회를 얻었고, 마침내 개발자들이 수년 동안 제기해 온 문제를 해결할 수 있었다.

많은 iOS 앱에서 폼은 매우 중요한 부분이기 때문에 애플은 SwiftUI에 폼 구축을 위한 전용 API를 추가했다.

6장에서는 멋진 폼을 만드는 것이 간단하다는 것을 알게 될 것이며, 6장이 끝날 무렵에는 폼에 흥미를 느끼게 될지도 모르겠다.

단순 폼 만들기

먼저 폼에 대한 기본 지식을 다루고 정적 데이터를 표시하기 위한 간단한 폼을 작성하는 방법을 살펴보겠다. 또한 폼의 UI 요소를 데이터 모델에 바인딩하는 방법도 살펴본다. 그다음에는 텍스트 필드나 토글과 같은 입력 요소를 사용해 폼 데이터를 편집하는 방법을 알아본다. 또한 @State 또는 @StateObject를 사용할지 (또는 언제 사용할지) 살펴보자.

폼을 개발하는 것은 놀랍게 쉽다. 이미 알고 있는 UI 요소(Text, Label, Button, Image 등)를 계속 사용할 수 있게 SwiftUI 팀이 폼 API를 설계했으며, SwiftUI가 렌더링을 처리해 iOS 설정 앱에서 쉽게 볼 수 있는 여러 가지 폼 UI 모양처럼 보이게 한다.

이는 SwiftUI에서 반복되는 테마다(개발자/디자이너가 표시할 내용을 지정하면 SwiftUI가 각 플랫폼에서 이를 가장 최적의 방식으로 표현한다). 결국 2가지를 혼합한 것이다. 원하는 대로 UI를 정확하게 표시하기 위해 코드를 상당히 많이 수정해야 한다.

SwiftUI로 만드는 가장 간단한 폼은 다음과 같이 SwiftUI 애플리케이션 템플릿의 Hello World 텍스트를 Form으로 감싸는 것이다.

```
struct ContentView: View {
  var body: some View {
```

```
    Form {
      Text("Hello, world!")
    }
  }
}
```

이렇게 하면 Text 뷰가 간단한 표 형식으로 바뀐다.

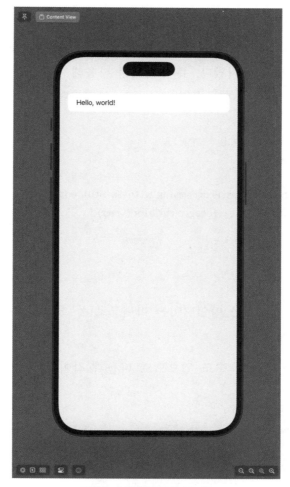

그림 6-1 폼 안의 Hello World

이전에 UIKit 개발을 해본 적이 있다면 `UITableView`와 매우 유사하게 보일 것이며, 애플은 이러한 모양과 느낌을 얻고자 내부적으로 `UITableView`를 사용하고 있을 수도 있지만, 애플은 화면에 *SwiftUI* 뷰를 렌더링하는 방법에 대해 어떠한 보장도 하지 않으므로 어떤 가정도 하지는 말자.

폼 요소에 대해 더 알아보기 위해 책 정보를 표시할 간단한 폼을 만들어보자.

처음에는 정적 텍스트를 사용하지만 진행하면서 사용자가 폼의 데이터를 실제로 편집할 수 있도록 데이터 모델로 대체할 것이다.

대부분의 *SwiftUI* 뷰는 **Form** 뷰 안에서 사용할 수 있으며, 이미 폼에서 간단한 **Text** 뷰를 사용하는 방법을 살펴봤다. 뷰 수정자를 사용해 뷰의 스타일을 지정할 수도 있는데, 여기서는 빨간색 헤드라인 텍스트를 보여준다.

```
struct ContentView: View {
  var body: some View {
    Form {
      Text("Asynchronous Programming with SwiftUI and Combine")
        .font(.headline).foregroundColor(.red)
    }
  }
}
```

가능한 모든 것이 늘 좋은 아이디어는 아니므로 폼 요소 스타일을 지정할 때는 현명하게 판단하자.

폼 내에 이미지를 사용할 수도 있으므로 다음과 같이 책 표지를 표시해보자.

```
struct ContentView: View {
  var body: some View {
    Form {
      Text("Asynchronous Programming with SwiftUI and Combine")
        .font(.headline).foregroundColor(.red)
```

```
        Image("book-cover-combine")
    }
  }
}
```

그림 6-2 폼 내부에 이미지 표시하기

이제 Text 뷰를 사용해 책의 저자와 페이지 수를 표시할 수 있다, 하지만 사용자가 이러한 필드를 한 눈에 쉽게 구분할 수 있도록 텍스트 옆에 작은 아이콘을 표시하면 좋지 않을까? 이를 위해 레이블을 사용할 수 있다.

```
struct ContentView: View {
  var body: some View {
    Form {
      Text("Asynchronous Programming with SwiftUI and Combine")
        .font(.headline).foregroundColor(.red)
      Image("book-cover-combine")
      Label("Peter Friese",
            systemImage: "person.crop.rectangle")
      Label("451 pages", systemImage: "book")
    }
  }
}
```

그림 6-3 레이블을 사용해 텍스트와 함께 아이콘 표시하기

사용자가 이미 책을 읽었는지 여부를 추적하려면 다음과 같이 토글을 사용할 수 있다.

```
struct ContentView: View {
    var body: some View {
      Form {
        Text("Asynchronous Programming with SwiftUI and Combine")
          .font(.headline).foregroundColor(.red)
        Image("book-cover-combine")
        Label("Peter Friese",
              systemImage: "person.crop.rectangle")
        Label("451 pages", systemImage: "book")
        Toggle("Read", isOn: .constant(true))
      }
    }
}
```

아직 폼에 실제 데이터를 바인딩하지 않았으므로 .constant() 바인딩을 사용해
토글 뷰를 true 상수에 바인딩하고 있다.

그림 6-4 폼 내부에 토글 표시하기

사용자가 폼에서 액션을 수행하는 경우도 종종 있고, 폼에 버튼을 추가하는 쉬운
방법도 있다.

```
struct ContentView: View {
    var body: some View {
```

```
Form {
    Text("Asynchronous Programming with SwiftUI and Combine")
        .font(.headline).foregroundColor(.red)
    Image("book-cover-combine")
    Label("Peter Friese",
            systemImage: "person.crop.rectangle")
    Label("451 pages", systemImage: "book")
    Toggle("Read", isOn: .constant(true))
    Button(action: {}) {
        Label("Share", systemImage: "square.and.arrow.up")
    }
}
```

이 예제에서는 버튼 레이블 옆에 아이콘을 표시하기 위해 레이블을 사용했지만 아이콘을 표시하지 않으려면 일반 Text를 사용해도 된다.

그림 6-5 폼에 버튼 표시하기

폼에 데이터 표시

정적 데이터를 표시할 수 있는 기능은 앱의 설정 화면과 같이 동적 업데이트가
필요치 않은 UI에 유용하다. 하지만 대부분의 앱은 동적으로 업데이트되는 데이터

를 표시해야 하므로 폼 UI를 데이터 모델에 바인딩하고, 두 번째 단계로 편집 가능한 상태로 만드는 방법을 살펴보자.

폼 API는 SwiftUI의 일반 UI 뷰를 사용하기 때문에 대부분 예상처럼 작동한다(폼 API가 영향을 미치는 것은 폼 내부의 UI 요소가 표시되는 방식뿐이다).

덕분에 SwiftUI의 모든 상태 관리 도구를 사용해 UI 요소(Text, Label, Image와 같은 UI 요소와 좀 더 복잡한 이를 테면 피커 등)를 데이터 모델에 바인딩할 수 있다.

예제를 계속 진행하기 위해 책을 나타내는 다음과 같은 데이터 모델이 있다고 가정해보자.

```swift
struct Book: Hashable, Identifiable {
  var id = UUID()
  var title: String
  var author: String
  var isbn: String
  var pages: Int
  var isRead: Bool = false
}

extension Book {
  var smallCoverImageName: String { return "\(isbn)-S" }
  var mediumCoverImageName: String { return "\(isbn)-M" }
  var largeCoverImageName: String { return "\(isbn)-L" }
}
```

Book 인스턴스 데이터를 표시하려면 이전 코드 조각에서 사용한 정적 텍스트를 대체하고 대신 모델 속성에 액세스해야 한다. 스위프트의 모든 문자열 보간 기능은 SwiftUI에서도 작동한다, 따라서 "\(book.pages) pages" 구문을 보면 Book 인스턴스에서 pages 속성의 현재 값을 텍스트에 주입한다.

한 가지 중요한 예외가 있다. 토글은 바인딩을 사용하므로 사용자가 스위치를 변경할 때마다 연결된 프로퍼티를 업데이트할 수 있다. BookDetailsView의 모든 정보를 읽기 전용 모드로 표시하고 싶으므로 .constant()를 사용해 바인딩을 상수 값으로 전환한다. 이제 사용자가 모델의 읽기 상태를 변경할 수 없을 것이다.

모델(book)이 업데이트될 때마다 SwiftUI가 이 모델에 바인딩된 모든 UI 요소를 다시 렌더링한다.

```swift
struct BookDetailsView: View {
  @State var book: Book

  var body: some View {
    Form {
      Text(book.title)
      Image(book.largeCoverImageName)
      Label(book.author, systemImage: "person.crop.rectangle")
      Label("\(book.pages) pages", systemImage: "book")
      Toggle("Read", isOn: .constant(book.isRead))
      Button(action: { /* 편집 화면을 표시할 코드를 추가 */ }) {
        Label("Edit", systemImage: "pencil")
      }
    }
    .navigationTitle(book.title)
  }
}
```

예상대로 결과는 정적 예제와 똑같다.

그림 6-6 동적 데이터 표시

편집 가능 상태로 만들기

정보를 표시하는 것은 완전한 데이터 기반 앱으로 가는 과정의 일부일 뿐이며, 다음 단계에서는 이 폼의 편집 가능한 버전을 만들어본다.

아이폰의 성공 요인 중 하나는 매끄럽고 강력한 UI 덕분이며, 대부분의 UI 요소는 2007년 오리지널 아이폰이 출시된 이래로 사용돼왔다. UIKit과 마찬가지로 SwiftUI 에는 개발자가 (상대적으로) 작은 화면에서 데이터를 입력할 수 있는 사용하기 쉬우면 서도 강력하고 유연한 UI를 구축할 수 있는 핵심 입력 요소 세트가 포함돼 있다.

여기서는 이러한 입력 요소 중 몇 가지만 사용해 책을 편집하기 위한 폼을 만들겠 지만 나머지 요소는 6장의 마지막 부분에서 다룬다.

아마도 가장 다재다능하고 가장 자주 사용되는 입력 요소는 영숫자 입력을 허용하 고 이메일 주소, 전화번호, URL 등 다양한 데이터 유형을 지원하도록 사용자 정의 할 수 있는 TextField일 것이다. SwiftUI에서 TextField를 만들려면 제목과 표시 및 편집할 값에 대한 바인딩을 제공해야 한다.

```
TextField("title", $model.property)
```

다음은 책을 편집하는 폼의 기본 버전이다.

```
struct BookEditView: View {
  @State var book: Book

  var body: some View {
    Form {
      TextField("Book title", text: $book.title)
      Image(book.largeCoverImageName)
      TextField("Author", text: $book.author)
    }
  }
}
```

보다시피 텍스트 필드를 사용해 현재 Book 인스턴스의 제목 및 저자 속성을 편집하 고 있다.

하지만 페이지 수는 어떨까?

TextField API를 살펴보면 임의의 데이터 유형 편집을 지원한다는 것을 알 수 있다. 사용자가 데이터 유형과 사용자가 편집하는 텍스트 표현 사이를 변환하는 Formatter 인스턴스를 제공하기만 하면 된다.

페이지 수와 같은 Int 속성을 편집하려면 다음과 같이 NumberFormatter를 사용할 수 있다.

```swift
struct BookEditView: View {
  @State var book: Book

  var body: some View {
    Form {
      TextField("Book title", text: $book.title)
      Image(book.largeCoverImageName)
      TextField("Author", text: $book.author)
      TextField("Pages", value: $book.pages, formatter:
      NumberFormatter())
    }
  }
}
```

기억하겠지만 book에는 사용자가 이 책을 읽었는지 여부를 추적하는 불리언 속성인 isRead도 있다. 이전에는 상수를 사용해 이 프로퍼티의 상태를 표시했지만 이제 편집할 수 있게 만들어보자.

```swift
struct BookEditView: View {
  @State var book: Book

  var body: some View {
    Form {
      TextField("Book title", text: $book.title)
      Image(book.largeCoverImageName)
      TextField("Author", text: $book.author)
```

```
            TextField("Pages", value: $book.pages, formatter:
            NumberFormatter())
            Toggle("Read", isOn: $book.isRead)
        }
    }
}
```

이를 실제로 확인하려면 미리 보기 제공자[preview provider]를 업데이트해 샘플 북 중 하나를 뷰에 삽입해야 한다.

```
struct BookEditView_Previews: PreviewProvider {
    static var previews: some View {
        BookEditView(book: Book.samples[0])
    }
}
```

드릴다운 내비게이션

드릴다운[drill-down] 내비게이션은 iOS 앱의 인기 있는 UI 패턴으로, 애플의 연락처 앱에서 가장 잘 알려져 있다. 사용자는 모든 연락처 목록에서 시작해서 개별 연락처로 이동해 세부 정보를 확인하고 통화를 시작하거나 페이스 타이밍[face-timing]을 하는 등의 작업을 수행할 수 있다. 연락처 세부 정보 화면에는 현재 표시된 연락처를 편집 가능한 폼으로 열어주는 편집 버튼도 있다. 사용자가 연락처 편집을 완료하면 업데이트된 연락처 세부 정보가 전체 연락처 앱에 갱신된다.

이번 절에서는 앞서 만든 코드인 BookDetailsView 및 BookEditView를 기반으로 이 패턴을 주소록 관리 앱에 구현하는 방법을 간략히 살펴본다.

각 책에 대한 모델 역할을 하는 Book 구조체 외에도 앱에 있는 모든 도서의 컬렉션을 포함하는 데이터 소스[source of truth]를 설정해야 한다. 아직 데이터 저장소나 백엔드 커넥터를 구현하지 않았으므로 정적 책 목록을 사용해 이 데이터 소스를 초기화하자.

4장에서 설명한 대로 각 항목에 대한 컬렉션을 유지하고 해당 목록에 변경이 발생할 때 서브스크라이버에게 알리는 가장 좋은 방법은 @Published로 표시된 속성을 가진 ObservableObject를 사용하는 것이다.

```
class BooksViewModel: ObservableObject {
    @Published var books: [Book] = Book.samples
}
```

나중에는 이 뷰 모델을 데이터베이스에 연결할 수도 있지만 지금은 다음과 같이 정의된 대로 정적 책 목록을 할당하고 있다.

```
extension Book {
    static let sampleBooks = [
        Book(title: "Changer", author: "Matt Gemmell", isbn:
        "9781916265202", pages: 476),
        Book(title: "SwiftUI for Absolute Beginners", author:
        "Jayant Varma", isbn: "9781484255155", pages: 200),
        Book(title: "Asynchronous Programming with SwiftUI and
        Combine", author: "Peter Friese", isbn: "9781484285718",
        pages: 451),
        Book(title: "Modern Concurrency on Apple Platforms",
        author: "Andy Ibanez", isbn: "9781484286944", pages: 368)
    ]
}
```

이제 이 뷰 모델을 인스턴스화해 앱의 개별 뷰에 전달해야 한다. 이 작업을 수행하기에 좋은 위치는 메인 **App** 구조체다(이를 통해 애플리케이션의 모든 윈도우에서 소스를 공유할 수 있다). 이는 사용자가 애플리케이션의 여러 창을 한 번에 표시할 수 있는 기기에서 애플리케이션을 실행할 때 중요하다(이를테면 iPad). 사용자가 앱의 하나의 윈도우에서 변경한 사항은 다른 윈도우로 즉시 반영되기 때문이다.

4장에서 언급했듯 SwiftUI가 화면을 다시 그릴 때마다 이 BooksViewModel 인스턴스
가 살아있도록 보장해주기 위해 @StateObject를 사용해야 한다.

뷰 모델을 뷰 계층 구조 아래로 전달하려면 environment를 사용하거나 뷰의 생성
자에 인스턴스를 주입할 수 있다.

개인적으로 나는 environment를 사용하는 것보다 좀 더 명시적인 방법인 생성자
주입을 선호한다.

```
import SwiftUI

@main
struct BookShelfApp: App {
  @StateObject var booksViewModel = BooksViewModel()
  var body: some Scene {
    WindowGroup {
      NavigationStack {
        BooksListView(booksViewModel: booksViewModel)
          .navigationTitle("Books")
      }
    }
  }
}
```

내비게이션 계층 구조의 루트 뷰는 책 목록을 표시하는 BooksListView다. 앱의
뷰 모델은 BookShelfApp이 소유하고 있으므로 여기서 ObservableObject를 사용해
참조할 수 있다.

```
import SwiftUI

struct BooksListView: View {
  @ObservedObject var booksViewModel: BooksViewModel
```

```
    var body: some View {
        List {
            ForEach($booksViewModel.books) { $book in
                BookRowView(book: $book)
            }
            .onDelete { indexSet in
                booksViewModel.books.remove(atOffsets: indexSet)
            }
        }
        .navigationTitle("Books")
    }
}
```

리스트 바인딩을 사용해 개별 항목을 편집할 수 있음을 알 수 있다. 이 작동 방식에 대한 복습이 필요한 경우 5장을 참고한다.

현재 Book 인스턴스를 바인딩해 BookRowView 아래까지 전달할 수 있다. 이 방법으로 BookListView의 책 상세 정보를 표시한다.

```
struct BookRowView: View {
    @Binding var book: Book

    var body: some View {
        NavigationLink(destination: BookDetailsView(book: $book)) {
            HStack(alignment: .top) {
                Image(book.mediumCoverImageName)
                    .resizable()
                    .aspectRatio(contentMode: .fit)
                    .frame(height: 90)
                VStack(alignment: .leading) {
                    Text(book.title)
                        .font(.headline)
                    Text("by \(book.author)")
                        .font(.subheadline)
```

```
                Text("\(book.pages) pages")
                    .font(.subheadline)
            }
            Spacer()
        }
    }
  }
}
```

다음 코드는 책 목록 중 하나를 선택할 때 대상 뷰를 지정할 수 있는 NavigationLink
를 사용하는 방법이다. 바인딩을 전달하기 위해 $ 구문을 사용한다.

```
NavigationLink(destination: BookDetailsView(book: $book)).
```

BookDetailsView에서 상위 뷰가 데이터를 소유하고 있음을 나타내고자 @State를
@Binding으로 변경한다.

```
struct BookDetailsView: View {
  @Binding var book: Book
  @State var showEditBookView = false

  var body: some View {
    Form {
      Text(book.title)
      Image(book.largeCoverImageName)
        .resizable()
        .scaledToFit()
        .shadow(radius: 10)
        .padding()
      Label("ISBN: \(book.isbn)", systemImage: "number")
      Label("\(book.pages) pages", systemImage: "book")
      Toggle("Read", isOn: .constant(book.isRead))
      Button(action: { showEditBookView.toggle() }) {
```

```
                    Label("Edit", systemImage: "pencil")
                }
            }
            .sheet(isPresented: $showEditBookView) {
                BookEditView(book: $book)
            }
            .navigationTitle(book.title)
        }
    }
```

사용자가 BookDetailsView의 Edit 버튼을 탭하면 모달 시트를 열어 BookEditView 를 보여준다. 수정할 수 있는 Book 인스턴스를 BookEditView에 전달하기 위해 이 전에 사용한 것과 동일한 패턴을 사용한다.

```
BookEditView(book: $book).
```

마지막으로 BookEditView의 코드는 다음과 같다.

```
struct BookEditView: View {
    @Binding var book: Book

    var body: some View {
        Form {
            TextField("Book title", text: $book.title)
            Image(book.largeCoverImageName)
                .resizable()
                .scaledToFit()
                .shadow(radius: 10)
                .padding()
            TextField("Author", text: $book.author)
            TextField("Pages", value: $book.pages, formatter:
            NumberFormatter())
            Toggle("Read", isOn: .constant(true))
```

```
        }
        .navigationTitle(book.title)
    }
}
```

이 화면에서 사용자가 변경하는 모든 사항은 전체 앱에 즉시 반영된다. iPad 시뮬
레이터에서 앱을 실행하고 앱의 두 창을 나란히 연 다음 책 제목을 업데이트하면
입력하는 대로 세부 정보 보기와 다른 창에도 책 제목이 업데이트돼 직접 체험해
볼 수 있다.

그림 6-7 앱을 나란히 배치하고 책을 편집하면 모든 업데이트가 모든 앱 인스턴스에 반영된다.

입력 유효성 검사

입력 폼에서 일정 수준의 입력 유효성 검사가 필요한 경우가 많다. 입력 유효성 검사의 대표적인 예로는 사용자가 입력하는 비밀번호가 특정 기준을 충족하는지 확인하려는 가입 폼의 비밀번호 필드가 있다. 모든 앱에서 입력 유효성 검사가 필요한 것은 아니다. 예를 들어 iOS 연락처 앱에서는 입력 유효성 검사를 전혀 수행하지 않는다.

샘플 앱에는 입력 유효성 검사를 통해 이점을 얻을 수 있는 필드가 하나 있는데, 바로 ISBN 필드다. ISBN(국제 표준 도서 번호의 약자)은 특정 체계를 따르며 마지막 숫자가 오류 검증 번호다. ISBN을 사용해 책의 표지를 조회하기 때문에 사용자가 유효한 ISBN을 입력했는지 확인하는 것이 중요하므로 간단한 유효성 검사 루틴을 추가해보자.

이 작업을 여러 단계로 진행해보자.

- 첫째, `BookEditView`에 직접 유효성 검사를 추가한다. 이 방법은 가장 쉽고 간단하게 구현할 수 있는 방법이지만 유지 관리 및 확장성은 가장 낮다.
- 둘째, 유효성 검사 로직을 뷰 모델로 뺀다. 이는 많은 추가 작업처럼 보일 수 있지만, 이 접근 방식이 훨씬 더 확장성이 뛰어나고 추가 필드에 대한 유효성 검사를 훨씬 쉽게 추가할 수 있다는 것을 알게 될 것이다.
- 마지막으로 이 두 번째 접근 방식에 컴바인을 추가해보자. 이렇게 하면 여러 유효성 검사 단계를 하나로 통합할 수 있으므로 여러 기준을 한 번에 충족해야 하는 폼에 유용하다(가입 화면이 좋은 예다. 비밀번호가 특정 기준을 충족해야 하고 비밀번호와 비밀번호 확인이 모두 일치해야 하는 경우).

.onChange(of:) 사용

SwiftUI 뷰에서 `.onChange(of:)`를 이용해 프로퍼티가 변경될 때마다 원하는 동작을 할 수 있다. 뷰의 `Environment` 키 또는 바인딩에 해당 수정자를 적용할 수 있다.

현재 편집 중인 책의 ISBN 속성이 바뀔 때마다 알고 싶다면 `.onChange(of: book.isbn)`을 BookEditView의 모든 뷰에 추가하면 된다. ISBN 텍스트 필드에 추가할지 아니면 폼 자체에 추가할지는 사용자가 결정할 수 있다. 클로저 내부에서 새 값을 받게 된다.

```swift
struct BookEditView: View {
  @Binding var book: Book
  @State var isISBNValid = false

  var body: some View {
    Form {
      // ...
      VStack(alignment: .leading) {
        if !isISBNValid {
          Text("ISBN is invalid")
            .font(.caption)
            .foregroundColor(.red)
        }
        TextField("ISBN", text: $book.isbn)
      }
      // ...
    }
    .onChange(of: book.isbn) { value in
      self.isISBNValid = checkISBN(isbn: book.isbn)
    }
    .navigationTitle(book.title)
  }
}
```

여기서는 checkISBN(Utils 폴더에 있는 함수)을 사용해 ISBN을 검증하고 확인 결과를 상태 속성 isISBNValid에 저장한다. 이렇게 하면 조건이 바인딩돼 경고 메시지와 함께 텍스트를 적절하게 표시하거나 숨긴다.

이 접근 방식은 효과가 있지만 확장성은 낮다. 몇 개 이상의 입력 필드에 대해 유효성 검사 로직을 구현하려고 하면 어떻게 될지 상상해보자. 금방 관리가 불가능해질 것이다.

뷰 모델을 사용해 폼 유효성 검사 처리

지금까지 화면에 표시하거나 편집하려는 데이터에 액세스하기 위해 @State 및 @Binding을 사용했다. 이는 4장에서 설명한 지침을 따른다.

> 뷰에 표시하려는 데이터가 열거형, 구조체 또는 단순 타입인 경우 @State 또는 @Binding을 사용해 변수를 래핑하거나 변수에 직접 바인딩할 수 있다.

하지만 이제 비즈니스 로직을 추가하려고 하므로 몇 가지를 바꿔야 한다. 데이터 모델에 유효성 검사 로직을 추가하는 것이 좋은 생각 같지만 결국 앱의 매우 특정한 부분에만 필요한 코드이기 때문에 데이터 모델을 오염시킬 수 있다. 입력 폼에서 데이터의 유효성을 검사하는 것은 적절하지만 네트워크 지속성 계층에서는 그렇게 할 필요가 없을 것이다.

대신 뷰 모델을 사용해 뷰 각각의 비즈니스 로직을 캡슐화해보자. 이렇게 하면 데이터 유효성 검사를 수행할 수 있을 뿐만 아니라 표시하려는 경고 또는 오류 메시지에 대한 추가 속성을 정의할 수 있다.

뷰 모델의 속성을 뷰에 바인딩하려면 뷰 모델에 ObservableObject 프로토콜이 구현돼 있어야 한다.

```
class BookEditViewModel: ObservableObject {
}
```

그런 다음 Book 변수를 뷰 모델로 이동해 @Published로 표시할 수 있다. 클래스에는 멤버별 자동 이니셜라이저가 없으므로[1] 다음처럼 Book 인스턴스를 취하는 이니

---

1. 구조체에는 멤버별 이니셜라이저가 있지만 클래스에는 없다. 주된 이유는 클래스가 상속을 지원하기 때문이며, 부모 클래스 중 하나에 새 프로퍼티를 추가해도 깨지지 않는 방식으로 멤버별 초기화를 구현하는 것은 매우 어렵다.

셜라이저를 직접 구현해야 한다.

```swift
class BookEditViewModel: ObservableObject {
  @Published var book: Book

  init(book: Book) {
    self.book = book
  }
}
```

마지막으로 isISBNValid 검사 로직도 뷰 모델로 이동할 수 있다.

```swift
class BookEditViewModel: ObservableObject {
  @Published var book: Book

  var isISBNValid: Bool {
    checkISBN(isbn: book.isbn)
  }

  init(book: Book) {
    self.book = book
  }
}
```

BookEditView 내부에서 뷰 모델을 사용하려면 먼저 @ObservedObject를 사용해 설정하고 BookEditView가 호출할 수 있는 이니셜라이저를 선언해야 한다.

```swift
struct BookEditView: View {
  @ObservedObject var bookEditViewModel: BookEditViewModel

  init(book: Book) {
    self.bookEditViewModel = BookEditViewModel(book: book)
  }

  var body: some View {
```

```
        // ...
    }
}
```

body 내부에서는 이전에 book에 연결됐던 모든 뷰를 이제 $bookEditViewModel.
book에 연결해야 한다.

```
    var body: some View {
      NavigationView {
        Form {
            TextField("Book title", text: $bookEditViewModel.
            book.title)
            Image(bookEditViewModel.book.largeCoverImageName)
            TextField("Author", text: $bookEditViewModel.
            book.author)
            VStack(alignment: .leading) {
              if !bookEditViewModel.isISBNValid {
                Text("ISBN is invalid")
                    .font(.caption)
                    .foregroundColor(.red)
              }
              TextField("ISBN", text: $bookEditViewModel.book.isbn)
            }
            TextField("Pages", value: $bookEditViewModel.book.
            pages, formatter: NumberFormatter())
            Toggle("Read", isOn: $bookEditViewModel.book.isRead)
        }
        .navigationTitle(bookEditViewModel.book.title)
      }
    }
}
```

@Binding과 @ObservableObject를 사용해 로컬 소스 오브 트루스를 글로벌 소스 오브 트루스와 동기화하기

이제 애플리케이션을 실행하면 이상한 점을 발견할 수 있다. 드릴다운 내비게이션 예상대로 작동하고 BookEditView를 사용해 책을 편집할 수 있다. 그러나 변경 사항이 BookDetailsView 또는 BooksListView에 반영되지 않는다.

이는 BookEditView가 표시될 때마다 새로운 @ObservableObject를 생성할 때 효과적으로 새로운 소스 오브 트루스를 만들기 때문이다.

왜 이런 경우가 발생하는지 이해를 돕기 위해 정보의 흐름에 따라 좀 더 자세히 살펴보자.

- BookShelfApp은 BooksViewModel에 대한 참조 값을 갖고 있다. StateObject 프로퍼티 래퍼를 사용해 이 ObservableObject가 한 번만 초기화되게 해서 애플리케이션의 루트 소스 오브 트루스로 효과적으로 전환한다.
- 이후 BookShelfApp은 이 소스 오브 트루스에 대한 참조 값을 BooksListView에 전달하고, 이 뷰는 로컬 프로퍼티에 @ObservedObject로 저장한다. 이것은 루트 소스 오브 트루스에 대한 참조이므로 BooksListView 내부에서 변경하는 모든 변경 사항은 BooksListView와 그 하위 뷰뿐만 아니라 앱과 BookShelfApp의 @StateObject에 연결된 모든 하위 뷰에도 반영된다.
- BooksListView는 리스트 바인딩을 사용해 BooksViewModel의 책 배열에 포함된 각각의 book을 순회하고 새 BookRowView를 인스턴스화해 책에 바인딩을 전달한다.
- BookRowView는 책의 일부 속성을 표시하고 바인딩을 BookDetailsView에 전달한다.
- BookDetailsView는 이 바인딩을 BookEditView에 전달한다.

여기서 정보의 흐름을 보면 여전히 양방향으로 연결돼 있다. BookShelfApp의 소스 오브 트루스에 대한 모든 변경 사항은 뷰 계층 구조를 따라 내려가 각 뷰에 반영된다.

마찬가지로 책 인스턴스(BookEditView 내부의 @Binding)에 대한 모든 변경 사항은 BookShelfApp 의 소스 오브 트루스에 반영된다.

그러나 BookEditView에서 BookEditViewModel의 새로운 @ObservedObject를 인스 턴스로 만들면서 새로운 소스 오브 트루스를 생성한다. BookEditView의 모든 UI 요소는 이 로컬 소스 오브 트루스에 연결되므로 사용자가 UI에서 수행하는 모든 변경 사항은 이 인스턴스에만 반영된다.

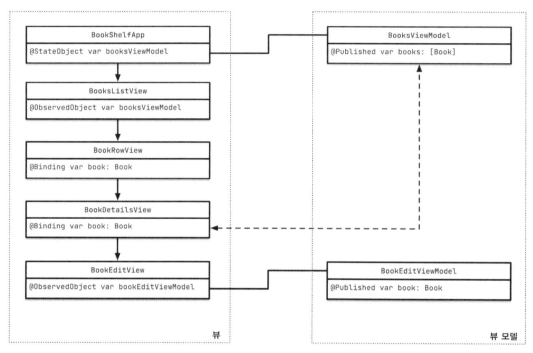

그림 6-8 @Binding을 사용해 소스 오브 트루스 업데이트하기

이 문제를 해결할 수 있는 몇 가지 방법이 있다.

첫째, BookEditViewModel의 책 속성을 @Published 속성 대신 @Binding으로 변경 할 수 있다. 그러나 이렇게 하면 이 속성을 컴바인 퍼블리셔로 사용할 수 없게 된다(잠시 후에 설명하자).

두 번째 옵션은 사용자가 책 편집을 완료하면 호출할 수 있는 완료 핸들러를 BookEditViewModel에 추가하는 것이다. 완료 핸들러가 호출되면 원본 소스에서 편집된 책을 업데이트할 수 있다. 하지만 이 옵션은 SwiftUI답지 않게 느껴진다. ColorPicker와 같이 유사한 다른 SwiftUI 컴포넌트를 보면 Binding을 허용한다는 것을 알 수 있다.

다른 옵션을 살펴보자. 바인딩을 전달하고, 바인딩 값을 BookEditView에만 로컬인 뷰 모델의 @Published 프로퍼티에 복사한 다음, 사용자가 편집을 마치면 Binding 에 다시 할당해보자.

이 기능을 올바르게 구현하려면 먼저 BookEditView에 취소 및 저장 버튼을 추가하고 탭 이벤트에 대한 핸들러를 추가한다.

```swift
struct BookEditView: View {
  @ObservedObject var bookEditViewModel: BookEditViewModel
  @Environment(\.dismiss) var dismiss

  // ...

  func cancel() {
    dismiss()
  }

  func save() {
    // (바인딩을 업데이트하기 위한 코드를 추가하기)
    dismiss()
  }

  var body: some View {
    NavigationStack {
      Form {
        // ...
      }
      .navigationTitle(bookEditViewModel.book.title)
```

```
        .toolbar {
          ToolbarItem(placement: .navigationBarLeading) {
            Button(action: cancel) {
              Text("Cancel")
            }
          }
          Building input Forms
          ToolbarItem(placement: .navigationBarTrailing) {
            Button(action: save) {
              Text("Save")
            }
          }
        }
      }
    }
  }
}
```

environment에서 dismiss 동작을 가져와서 사용자가 버튼 중 하나를 탭할 때 BookEditView를 프로그래밍 방식으로 해제할 수 있다.

참고: 사용자가 대화상자를 닫지 못하게 하려면 `interactiveDismissDisabled()` 뷰 수정자를 사용하면 된다.

이제 바인딩 처리를 구현할 수 있다. 이렇게 하려면 뷰에 바인딩을 추가한 다음 뷰 이니셜라이저에서 BookEditViewModel 모델을 만들 때 이 바인딩을 넘기면 된다.

```
struct BookEditView: View {
  @Binding var book: Book
  @ObservedObject var bookEditViewModel: BookEditViewModel
  @Environment(\.dismiss) var dismiss

  init(book: Binding<Book>) {
```

```
        self._book = book
        self.bookEditViewModel = BookEditViewModel(book: book.wrappedValue)
    }
    //...
}
```

언더스코어(_)를 사용해 이니셜라이저에서 받은 바인딩을 book 프로퍼티(Binding<Book> 그 자체)에 할당할 수 있다.

그런 다음 바인딩의 wrappedValue를 사용해 뷰 모델을 생성해 기본값 객체를 뷰 모델에 전달하고 @Published 프로퍼티 래퍼를 사용해 이를 퍼블리셔로 전환한다.

사용자의 변경 사항을 호출자(이 경우 BookDetailsView)에 다시 보내기 위한 마지막 작업은 save 함수를 업데이트하는 것이다.

```
func save() {
    self.book = bookEditViewModel.book
    dismiss()
}
```

이렇게 하면 뷰 모델에서 업데이트된 book을 가져와서 다시 바인딩에 할당한다. 이로써 소스가 업데이트되고 앱 전체에 반영된다.

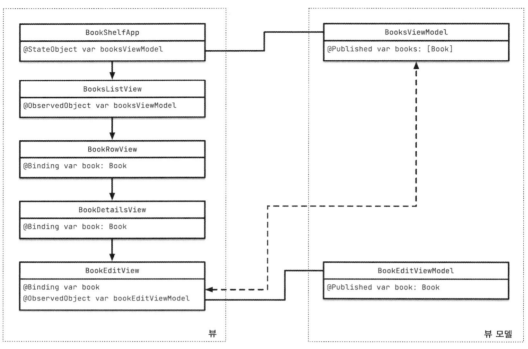

그림 6-9 @ObservedObject와 @Binding을 사용해 로컬 및 글로벌 소스 오브 트루스 업데이트

컴바인을 사용해 폼 유효성 검사 수행

마지막 단계에서는 컴바인을 이용해 유효성 검사 로직을 개선해보자.

현재 유효성 검사 로직은 뷰 모델의 연산 프로퍼티에 있다.

```
class BookEditViewModel: ObservableObject {
  @Published var book: Book

  var isISBNValid: Bool {
    checkISBN(isbn: book.isbn)
  }

  init(book: Book) {
```

```
        self.book = book
    }
}
```

이 방법은 효과가 있지만 이상적이지는 않다. 뷰가 구독하는 @Published 프로퍼티에서 SwiftUI가 이벤트를 수신하는 경우에만 뷰가 업데이트된다.

isISBNValid는 @Published 프로퍼티가 아니므로 업데이트될 때 알려주지 않는다. 그렇다면 어떻게 해서 이 프로퍼티 상태가 정확히 갱신되고 반영된 것일까? 음, 이는 우연의 일치일 뿐이다. **사실:** 뷰 모델은 book(또는 다른 프로퍼티)가 갱신될 때마다 이벤트를 보낼 것이다.

ISBN도 Book의 속성이므로 책의 ISBN을 편집하면 book이 이벤트를 전송하게 되고 SwiftUI가 다시 렌더링한다. 이 과정에서 isISBNValid 프로퍼티의 상태에 따라 오류 메시지를 표시하는 VStack도 다시 렌더링한다.

좀 더 명확하고 우발적인 경우를 줄여보자, 컴바인을 사용해 isISBNValid 상태를 계산해보자.

먼저 isISBNValid를 Published 프로퍼티로 바꿔보자.

```
class BookEditViewModel: ObservableObject {
  @Published var book: Book
  @Published var isISBNValid: Bool = true

  // ...
}
```

이제 이니셜라이저에서 book 퍼블리셔가 보내는 모든 변경 사항을 구독할 수 있다. 이러한 이벤트에는 book 프로퍼티의 현재 값을 포함한다. 그런 다음 book의 현재 ISBN이 유효한지 확인하고자 책값을 매핑하고 ISBN을 확인한 다음 결과 Bool 값을 isISBNValid 프로퍼티에 할당한다.

```
init(book: Book) {
    self.book = book

    self.$book
        .map { book in
            return checkISBN(isbn: book.isbn)
        }
        .assign(to: &$isISBNValid)
}
```

암시적 반환과 매개변수를 이용해 map 클로저를 더욱 짧게 나타낼 수 있다.

```
self.$book
    .map { checkISBN(isbn: $0.isbn) }
    .assign(to: &$isISBNValid)
```

마침내 컴바인을 이용해 간단한 입력 폼 유효성 검사 기능까지 포함한, 모든 기능을 갖춘 데이터 기반의 드릴다운 내비게이션을 완성했다.

정리

6장에서는 SwiftUI에서 폼 기반 UI를 얼마나 쉽게 빌드할 수 있는지 살펴봤다. Form 뷰를 사용하면 SwiftUI가 일반 뷰를 iOS 설정 화면에서 우리가 모두 알고 있는 모양과 느낌에 맞게 조정한다. SwiftUI DSL은 여기서 그 진가를 발휘하며, 개발자가 유연하고 풍부한 기능을 갖춘 UI를 빠르게 구축할 수 있도록 SwiftUI 팀이 DSL의 힘을 어떻게 활용하는지 확인할 수 있다.

정적 폼을 살펴본 후에는 SwiftUI의 상태 관리 도구를 사용해 데이터 기반 앱의 드릴다운 내비게이션을 구축하는 방법(많은 앱에서 볼 수 있는 UI 패턴)을 자세히 살펴봤다.

마지막으로 폼 입력의 유효성을 검사하기 위한 간단한 비즈니스 로직을 구현했다. 뷰 모델을 사용해 이 로직을 캡슐화하고 뷰를 오염시키지 않을 수 있었다. 뷰 모델을 사용하면서 드릴다운 내비게이션에 몇 가지 문제가 발생했는데, `@Binding`과 `@ObservableObject`를 함께 사용해 사용자가 데이터를 편집할 수 있게 하면서도 변경한 내용을 취소할 수 있는 유연성을 제공함으로써 이를 극복할 수 있었다. 컴바인을 사용한 덕분에 SwiftUI와 호환되는 방식으로 이를 구현할 수 있었다. 여기까지 설명한 내용이 꽤 많지만 이제 시작에 불과하다.

7장에서는 함수형 반응형 프로그래밍이 왜 그렇게 멋진지, 그리고 컴바인과 어떤 관련이 있는지 살펴본다.

2부

7장

컴바인 시작하기

6장에서 이미 컴바인[Combine]을 조금 사용해 봤는데, 함께 사용했던 SwiftUI UI의 맥락에서 충분히 쉽게 이해할 수 있었기를 바란다. 하지만 컴바인이 실제로 어떻게 작동하는지, SwiftUI의 반응형 상태 관리 시스템 내부에서 어떤 일이 일어나는지 궁금할 수 있을 것이다. 7장에서는 컴바인을 자세히 살펴보고, 컴바인의 기본 원리 및 SwiftUI와 함께 잘 작동하는 이유를 알아본다.

7장에 나오는 소스코드는 이 책의 깃허브 리포지토리에서 찾을 수 있다.[1]

함수형 반응형 프로그래밍이란?

컴퓨터에서 일어나는 모든 일은 사용자가 버튼을 누르고, 시간이 지나고, API 요청이 어떤 값을 반환하고, 네트워크 요청이 실패하는 등 이벤트라고 생각할 수 있다. 이러한 이벤트는 대부분 비동기적인 타이밍으로 발생하기 때문에 처리하기 쉽지 않다.

비동기 동작을 처리하는 방법에는 여러 가지가 있다. iOS 개발자라면 델리게이트[delegate]와 콜백[callback]을 사용하는 데 상당히 익숙할 것이라 생각하지만 몇 가지 단점

---

1. https://github.com/peterfriese/SwiftUI-Combine-Book

이 있고, 코드가 여기저기 흩어져 있으며 추론하기 어려운 결과를 얻기도 한다.

반응형 프로그래밍reactive programming은 이런 상황을 처리하는 또 다른 방법이다. 반응형 프로그래밍의 기본 개념은 모든 것이 이벤트이며, 이러한 이벤트는 비동기적으로 발생한다는 것이다. 이벤트는 이벤트 소스에 의해 전송되며, 관심 있는 루틴에 특정 이벤트를 수신하도록 등록할 수 있다. 대부분의 경우 이러한 이벤트 스트림은 각 서브스크라이버에게 더 유용하게 변환돼야transformed 한다.

반응형 프로그래밍에는 수많은 구현체가 있다. 가장 잘 알려진 것은 아마도 '옵저버블 스트림observable stream을 사용한 비동기 프로그래밍 API'인 ReactiveX Reactive eXtensions[2]일 것이다. ReactiveX의 장점은 다양한 플랫폼과 언어에서 사용할 수 있다는 것이다. 자바[3], 자바스크립트[4], C#[5], 코틀린Kotlin[6], 스위프트[7], 기타 언어[8] 등에서 사용할 수 있다.

WWDC 2019에서 발표된 컴바인은 애플의 반응형 프로그래밍에 대한 접근법이라 할 수 있다. 사실 RxSwift와 매우 유사하다. RxSwift보다 컴바인을 사용하는 주된 이유는 애플 플랫폼에 더 깊이 통합돼 있기 때문이다. 특히 SwiftUI와 잘 작동하므로 iOS 13 이상(컴바인과 SwiftUI의 최소 대상 플랫폼)을 타깃으로 하는 경우 자세히 살펴봐야 한다.

컴바인은 시간 경과에 따른 값 변화를 처리할 수 있는 통합된 선언형 문법 API다.

반응형 프로그래밍 아이디어를 컴바인으로 구현할 때는 먼저 3가지 주요 개념을 정의해야 한다.

1. 퍼블리셔Publisher

---

2. http://reactivex.io/
3. https://github.com/ReactiveX/RxJava
4. https://github.com/ReactiveX/rxjs
5. https://github.com/Reactive-Extensions/Rx.NET
6. https://github.com/ReactiveX/RxKotlin
7. https://github.com/kzaher/RxSwift
8. http://reactivex.io/languages.html

2. 서브스크라이버Subscriber

3. 연산자Operator

퍼블리셔는 시간이 지남에 따라 값을 전달하고, 서브스크라이버는 이 값을 받으면서 적절히 동작한다. 연산자는 퍼블리셔와 서브스크라이버의 중간에 있는데, 값의 흐름을 조작할 수 있다.

그럼, 자세히 살펴보자.

퍼블리셔

이름에서 알 수 있듯이 퍼블리셔는 시간이 지남에 따라 값을 방출한다emit values over time. 오류 상태를 알리기 위해 퍼블리셔는 오류 메시지를 보낼 수도 있다. 각 퍼블리셔는 어떤 종류의 값과 오류(있는 경우)를 게시할지 정의한다. 가장 기본적인 퍼블리셔에는 Just가 있는데, 하나의 값만 내보내고 절대 실패하지 않는다.

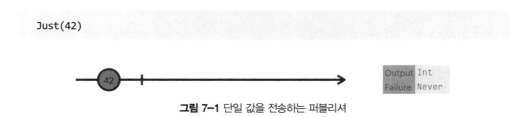

그림 7-1 단일 값을 전송하는 퍼블리셔

보통 하나의 값만 전송해도 충분히 유용하겠지만 대부분의 경우 여러 값을 전송하고 싶을 것이다. 컴바인을 사용하면 거의 모든 것을 퍼블리셔로 쉽게 전환할 수 있다. 예를 들어 가장 인기 있는 10개의 피자 토핑[9] 배열[10]을 퍼블리셔로 변환하는 방법은 다음과 같다.

---

9. Sausage—really? I mean, Salami, yes—but Sausage?(소시지 정말요? 살라미, 네, 하지만 소시지?)
10. www.huffpost.com/entry/popular-pizza-toppingsn4261085

```
["Pepperoni", "Mushrooms", "Onions", "Sausage", "Bacon", "Extra cheese", "Black
olives", "Green peppers"].publisher
```

그림 7-2 여러 피자 토핑을 방출한 후 종료하는 퍼블리셔

단순한 값이나 시퀀스를 퍼블리셔로 사용하는 것은 다소 지루해 보일 수 있지만,
나중에 여러 컴바인 퍼블리셔에서 파이프라인을 구성해야 할 때 유용하게 사용할
수 있는 기능이다.

이제 좀 더 멋지게 꾸며보자.

피자 주문 앱을 구축한다고 가정해보자. 다음은 주문을 생성하고 퍼블리셔를 설정하
는 코드다. 이 퍼블리셔는 `.didUpdateOrderStatus`라는 이름의 `NotificationCenter`
알림을 보낼 때마다 이벤트를 방출할 것이다.

```
// 주문을 생성
let pizzaOrder = Order()
let pizzaOrderPublisher = NotificationCenter
  .default
  .publisher(for: .didUpdateOrderStatus,
             object: pizzaOrder)
```

사용자가 주문을 하려고 하면 앱의 특정 부분에서 `NotificationCenter`를 사용해
이 알림을 보낸다. 사용자가 주문하기 버튼을 누르면 호출될 것이다.

```
// 사용자가 주문할 준비가 되면
NotificationCenter
  .default
  .post(name: .didUpdateOrderStatus,
        object: pizzaOrderPublisher,
```

```
userInfo: ["status": OrderStatus.processing])
```

이 코드를 실행해도 아무런 일도 일어나지 않는데, 서브스크라이버가 퍼블리셔에 등록된 이후에만 퍼블리셔가 이벤트를 내보내기 시작하게 돼 있기 때문이다. 이제 서브스크라이버를 살펴보자.

서브스크라이버

서브스크라이버는 구독 중인 업스트림 퍼블리셔^{upstream publisher}에서 값을 수신한다. 각 서브스크라이버는 수신할 값과 오류 유형^{types of values and errors}을 정의한다.

컴바인 프레임워크에서는 매우 다재다능한 2가지 주요 서브스크라이버인 sink와 assign을 제공한다.

- sink는 가장 일반적으로 사용하는 서브스크라이버이며, 이를 사용해 컴바인 퍼블리셔에서 값을 수신한 후 클로저 내에서 원하는 코드를 실행할 수 있다.
- assign을 사용하면 수신한 값을 프로퍼티나 또 다른 퍼블리셔에 할당할 수 있다.

앞에서 본 NotificationCenter 예제에서는 퍼블리셔가 하는 일은 사실상 없다고 해도 무방하다. 여기서는 sink를 사용해서 가장 인기 있는 피자 토핑 목록을 구독해보자. 그리고 콘솔에 값을 출력해보자.

```
["Pepperoni", "Mushrooms", "Onions", "Salami", "Bacon", "Extra cheese", "Black
olives", "Green peppers"]
  .publisher
  .sink { topping in
    print("\(topping) is a popular topping for pizza")
```

```
    }
```

필자가 마음대로 소시지를 살라미로 자유롭게 바꿔봤다.

피자 주문 예제로 돌아오자, 이제 pizzaOrderPublisher를 구독하고 주문 상태가
업데이트될 때마다 출력할 수 있다.

```
// 주문을 생성
let pizzaOrder = Order()
let pizzaOrderPublisher = NotificationCenter
  .default
  .publisher(for: .didUpdateOrderStatus, object: pizzaOrder)

pizzaOrderPublisher.sink { notification in
  print(notification)
}

// 사용자가 주문할 준비가 되면
NotificationCenter
  .default
  .post(name: .didUpdateOrderStatus,
        object: pizzaOrder,
        userInfo: ["status": OrderStatus.processing])
```

콘솔에 값을 인쇄해보는 것도 멋지지만 한 단계 더 나아가 주문[order]에 주문 상태[order
status]를 할당[assign]해보자. 이를 위해 assign 서브스크라이버를 사용하겠다.[11]

```
pizzaOrderPublisher
  .assign(to: \.status, on: pizzaOrder)
```

---

11. 나중에 살펴보겠지만 뷰 모델에서 @Published 프로퍼티를 다룰 때 assign을 많이 사용할 것이다.

그런데 이 코드는 컴파일이 안 되고 대신 다음과 같은 컴파일러 오류가 발생한다.

```
key path value type 'OrderStatus' cannot be converted to contextual type
'NotificationCenter.Publisher.Output' (aka 'Notification')
```

```
// the following code won't compile, so we need to use an operator to convert the `Notification` to an `OrderStatus`
pizzaOrderPublisher
  .assign(to: \.status, on: pizzaOrder)
        Key path value type 'OrderStatus' cannot be converted to
        contextual type 'NotificationCenter.Publisher.Output' (aka
                            'Notification')
```

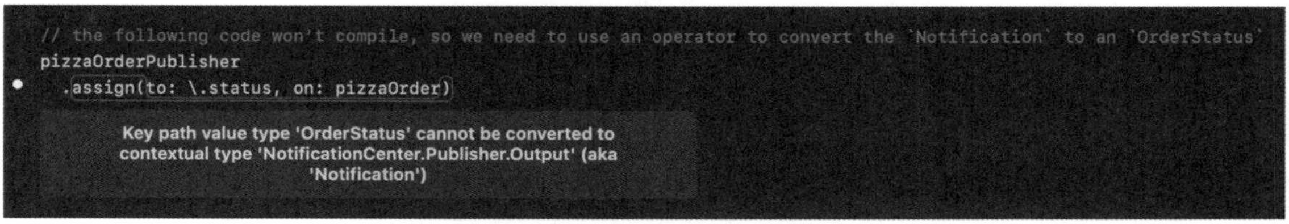

그림 7-3 pizzaOrderPublisher emits Notification, but OrderStatus was expected

이는 pizzaOrderPublisher가 Notification 값을 내보내지만 프로퍼티 상태는 OrderStatus 타입이기 때문이다. 어떻게든 알림의 UserInfo 딕셔너리에서 Order Status를 추출해야 한다.

컴바인에는 업스트림 퍼블리셔의 값을 변환할 수 있는 연산자라는 개념이 있다.

연산자

서브스크라이버가 값을 사용하기 전에 해당 값을 수정해야 하는 경우가 종종 있다. 좀 복잡한 값으로부터 특정 속성을 추출하거나 요소^{element}를 필터링하는 등의 간단한 변환 작업이 될 텐데, 서브스크라이버는 이러한 특정 조건을 만족하는 요소만을 받게 될 것이다. 컴바인은 강력한 파이프라인을 형성하기 위해 다양한 연산자를 결합할 수 있다.

많은 연산자의 이름이 친숙하게 들릴 것이다. 컴바인 팀이 스위프트 표준 라이브러리의 다른 부분에 있는 기존 연산자의 이름을 따서 이름을 짓기로 결정했기 때문이다.

map도 그중 하나인데, 배열이나 다른 시퀀스의 요소를 변환할 때 이미 map을 사용해봤을 것이다.[12] 마찬가지로 컴바인에서도 map은 업스트림 퍼블리셔의 요소[13]를 변환할 때 사용한다.

수신된 Notifications를 OrderStatus 값으로 변환할 수 있게 map 연산자를 사용할 수 있다. 이후 status 프로퍼티에 할당할 수 있다.

```
pizzaOrderPublisher
  .map { notification in
    notification.userInfo?["status"] as?
    OrderStatus ?? OrderStatus.placing
  }
  .assign(to: \.status, on: pizzaOrder)
```

map 클로저 내부에서 Notification의 UserInfo 딕셔너리에서 OrderStatus 열거형 값을 파싱한다. 해당 값은 옵션이므로 nil일 수도 있기 때문에 다소 어색해보이지만, 이러한 방식으로 검사를 수행해 status 값이 없는 경우 기본값(OrderStatus.placing)을 반환해야 한다.

다행히도 컴바인에는 이런 상황에서 훨씬 더 우아하고 안전하게 처리할 수 있는 연산자인 .compactMap이 있다. CompactMap은 수신된 각 엘리먼트에 대해 클로저를 호출하고 값이 있는 반환된 모든 옵션을 게시한다(Apple docs[14]). 이는 다음과 같은 2가지 의미를 가진다.

1. 결과에서 모든 nil 값이 제거된다.
2. 결과가 더 이상 옵션 값이 아니다.

---

12. https://developer.apple.com/documentation/swift/array/3017522-map
13. https://bit.ly/3uXNzcO
14. https://bit.ly/3i8PRU0

```
pizzaOrderPublisher
  .compactMap { notification in
    notification.userInfo?["status"] as? OrderStatus
  }
  .assign(to: \.status, on: pizzaOrder)
```

결과 코드는 훨씬 더 간결하고 컴팩트하다[compact].[15]

연산자 조합

연산자가 어떻게 작동하는지 더 잘 이해하기 위해 좀 더 자세히 살펴보자. 연산자
가 특별한 이유는 퍼블리셔를 구독하면서 동시에 퍼블리셔 역할을 할 수 있기 때문
이다. 다음과 같이 CompactMap의 간소화된 선언을 보자. 또한 다음의 Publisher
프로토콜 익스텐션[protocol extension]을 사용하면 멋진 문법을 이용한 컴바인 파이프라인
을 작성할 수 있다.[16]

```
extension Publishers {
  public struct CompactMap<Upstream, Output> : Publisher
      where Upstream : Publisher {
    public typealias Failure = Upstream.Failure
    public let upstream: Upstream
    public let transform: (Upstream.Output) ->
      Output?
  }
}

extension Publisher {
  public func compactMap<T>(_ transform: @escaping
    (Self.Output) -> T?) -> Publishers.CompactMap<Self, T>
```

---

15. compactMap이 compact하다고 말장난한 것이다. 더 이상 말장난하지 않기로 약속하겠다.
16. https://en.wikipedia.org/wiki/Fluent_interface#Swift

```
    }
```

모든 연산자는 이와 같은 패턴을 따르기 때문에 여러 연산자를 연결^{chain}해 더 강력한 파이프라인을 만들 수 있다.

본격적으로 피자 배달 서비스를 위한 새 퍼블리셔를 만들어보겠다. 이번에는 기존 주문에 새 토핑을 추가하는 기능을 구현해보자.

플레인 마르게리타^{Margherita}¹⁷부터 시작해보자.

```
let margheritaOrder = Order(toppings: [
    Topping("토마토", isVegan: true),
    Topping("비건 모짜렐라", isVegan: true),
    Topping("바질", isVegan: true)
])
```

이제 .addTopping이라는 메시지를 포함하는 모든 Notifications를 게시하는 퍼블리셔를 NotificationCenter 기반으로 만들어보겠다.

```
let extraToppingPublisher = NotificationCenter
    .default
    .publisher(for: .addTopping,
               object: margheritaOrder)

extraToppingPublisher
    .compactMap { notification in
        notification.userInfo?["extra"] as? Topping
    }
    .sink { value in
        if margheritaOrder.toppings != nil {
            margheritaOrder.toppings!.append(value)
            print("Adding \(value.name)")
```

---

17. 마르게리타: 토마토와 모짜렐라 치즈를 얹은 피자를 말한다. – 옮긴이

```
            print("Your order now contains \(margheritaOrder.
                  toppings!.count) toppings")
      }
   }

// send some notifications to add extra toppings
NotificationCenter
   .default
   .post(name: .addTopping,
         object: margheritaOrder,
         userInfo: ["extra": Topping("salami", isVegan: false)])

NotificationCenter
   .default
   .post(name: .addTopping,
         object: margheritaOrder,
         userInfo: ["extra": Topping("olives", isVegan: true)])

NotificationCenter
   .default
   .post(name: .addTopping,
         object: margheritaOrder,
         userInfo: ["extra": Topping("pepperoni", isVegan: true)])

NotificationCenter
   .default
   .post(name: .addTopping,
         object: margheritaOrder,
         userInfo: ["extra": Topping("capers", isVegan: true)])
```

이전 예제에서처럼 .compactMap을 사용해 Topping 값을 꺼내온다. 마지막으로 sink 서브스크라이버를 사용해 Topping 값을 받게 하고 주문(order)에 추가한다.

지금까지는 이전에 했던 것과 매우 비슷하다. 하지만 새로 온 배달 서비스 사장이 비건 채식용으로 만들기로 결정했다. 따라서 비건 토핑만 받도록 파이프라인을 업데이트해보자. filter 연산자를 파이프라인에 삽입하면 된다.

```swift
let extraToppingPublisher = NotificationCenter
    .default
    .publisher(for: .addTopping,
               object: margheritaOrder)

extraToppingPublisher
    .compactMap { notification in
      notification.userInfo?["extra"] as? Topping
    }
    .filter{ topping in
      return topping.isVegan
    }
    .sink { value in
      if margheritaOrder.toppings != nil {
        margheritaOrder.toppings!.append(value)
        print("\(value.name) 를 추가함")
        print("당신의 총 토핑수는\(margheritaOrder.toppings!.count)개입니다")
      }
    }

// 토핑 추가를 위한 알림 전송
NotificationCenter
    .default
    .post(name: .addTopping,
          object: margheritaOrder,
          userInfo: ["extra": Topping("salami", isVegan: false)])

NotificationCenter
    .default
    .post(name: .addTopping,
          object: margheritaOrder,
          userInfo: ["extra": Topping("extra cheese", isVegan: true)])
```

암시적 매개변수^{implicit parameters}와 반환(return 구문)을 생략할 수 있으니 이 과정을 훨씬 더 짧게 만들 수 있다.

```
extraToppingPublisher
  .compactMap { notification in
    // ...
  }
  .filter { $0.isVegan }
  .sink { value in
    // ...
  }
```

사람들이 토핑을 3개만 추가할 수 있게 하는 것은 어떨까? .prefix 연산자는 특정 개수까지만 값을 게시하므로 .prefix 연산자를 사용하면 간단하고 쉽다.

```
extraToppingPublisher
  .compactMap { notification in
    // ...
  }
  .filter { $0.isVegan }
  .prefix(3)
  .sink { value in
    // ...
  }
```

토핑 목록은 언제 변경할 수 있을까? 당연히 아직 오븐에 넣지 않았거나 배달되지 않은 경우에만 해당한다.

```
extraToppingPublisher
  .compactMap { notification in
    // ...
  }
  .filter { $0.isVegan }
  .prefix(3)
  .prefix(while: { topping in
    margheritaOrder.status == .placing
```

```
})
.sink { value in
  // ...
}
```

퍼블리셔 합치기

앱을 만들 때 여러 이벤트를 관찰해야 할 때가 종종 있다. 피자 배달 서비스에서는 배달 기사가 기다리지 않게 하고 싶다. 따라서 실제로 주문이 접수되고 주소가 확인된 경우에만 배달원에게 준비를 요청하게 하자.

주문 상태 업데이트와 주소 유효성 검사는 서로 다른 2가지 프로세스이므로 이를 위한 별도로 2개의 퍼블리셔가 있다.

```
let orderStatusPublisher = NotificationCenter
  .default
  .publisher(for: .didUpdateOrderStatus, object: margheritaOrder)
  .compactMap { notification in
    notification.userInfo?["status"] as? OrderStatus
  }
  .eraseToAnyPublisher()

let shippingAddressValidPublisher = NotificationCenter
  .default
  .publisher(for: .didValidateAddress,
             object: margheritaOrder)
  .compactMap { notification in
    notification.userInfo?["addressStatus"] as? AddressStatus
  }
  .eraseToAnyPublisher()
```

맨 뒤 파이프라인에 .eraseToAnyPublisher() 연산자를 호출하면 파이프라인의 타입이 AnyPublisher<Output, Never>로 지워진다. 타입이 지워지지 않은 퍼블리셔의 타입은 Publishers.CompactMap<NotificationCenter.Publisher, OrderStatus>인데, 이는 훨씬 읽기 어렵다. 코드의 다른 부분으로 전달하고 싶은 특정 파이프라인이 있다면 해당 파이프라인의 결과에 대한 타입은 지우는 것^{type-erase}이 좋다. 예를 들면 함수나 속성의 반환값 등이다.

주문을 배송할 수 있는지 여부를 결정하려면 이 두 파이프라인의 결과를 모두 검증해야 한다. 주문이 접수됐고 동시에 주소가 유효한 경우에만 배달원에게 보내고 싶다.

이를 위해 새 퍼블리셔를 생성해야 하는데, 이 퍼블리셔는 orderStatusPublisher와 shippingAddressValidPublisher를 구독^{subscribe}한다. 그리고 이 퍼블리셔는 주문이 .placed이며 주소가 .valid일 때만 true를 반환한다. 여러 파이프라인을 하나로 결합하는 작업은 컴바인에서 매우 일반적인 작업이며, 선택할 수 있는 퍼블리셔는 다음과 같이 여러 개 있다.

- Zip
- Merge
- CombineLatest
- ... 기타 퍼블리셔

현재 사용 사례에서 가장 적합한 것은 CombineLatest다. 이 퍼블리셔는 각 업스트림 퍼블리셔로부터 최신 값^{latest value}을 가져온다.

```
let readyToProducePublisher = Publishers
  .CombineLatest(orderStatusPublisher,
                 shippingAddressValidPublisher)

readyToProducePublisher
  .print()
```

```
    .map { (orderStatus, addressStatus) in
      orderStatus == .placed && addressStatus == .valid
    }
    .sink {
      print("- 발송 준비된 주문: \($0)")
    }
```

이벤트의 흐름을 더 쉽게 확인할 수 있게 파이프라인에 .print() 연산자를 추가했다. 피자 주문 프로세스를 시뮬레이션하기 위해 몇 가지 이벤트를 전송해보자.

```
NotificationCenter
  .default
  .post(name: .didValidateAddress,
      object: margheritaOrder,
      userInfo: ["addressStatus": AddressStatus.invalid])

NotificationCenter
  .default
  .post(name: .didUpdateOrderStatus,
      object: margheritaOrder,
      userInfo: ["status": OrderStatus.placed])

NotificationCenter
  .default
  .post(name: .didValidateAddress,
      object: margheritaOrder,
      userInfo: ["addressStatus": AddressStatus.valid])
```

처음에는 주소가 아직 유효하지 않았고, 주소를 검증하기 전에 주문이 접수됐다(주소 검증에는 서드파티 서비스를 사용해 시간이 걸릴 수도 있다).

결과는 다음과 같다.

```
receive subscription: (CombineLatest)
request unlimited
receive value: ((Combine_Playground_Sources.OrderStatus.placed,
Combine_Playground_Sources.AddressStatus.invalid))
 - 발송 준비된 주문: false
receive value: ((Combine_Playground_Sources.OrderStatus.placed,
Combine_Playground_Sources.AddressStatus.valid))
 - 발송 준비된 주문: true
receive cancel
```

대시(-)로 시작하지 않은 줄은 모두 .print() 연산자가 만들어낸 디버그 출력이다. 주문 상태가 .placed이고 주소 상태가 .valid인 경우에만 주문이 배송 준비가 완료된 것으로 본다는 것을 확인할 수 있다.

정리

7장에서는 컴바인의 기본 사항을 살펴봤다.

- 퍼블리셔는 시간이 지남에 따라 값(예: 사용자가 텍스트 입력 필드에 입력한 텍스트)을 방출한다.
- 서브스크라이버는 값을 수신해 변수에 할당(.assign 서브스크라이버 사용)하거나 추가 처리(.sink 서브스크라이버 사용)할 수 있다.
- 서브스크라이버에게 유용하게 값을 변환해야 하는 경우가 종종 있는데, 이때 연산자가 유용하게 사용된다.

컴바인 연산자를 사용해 업스트림 퍼블리셔로부터 받은 이벤트를 변환하는 방법과 이를 통해 서브스크라이버가 이벤트를 더 쉽게 소비할 수 있는 방법을 살펴봤다. 앱에서는 종종 여러 이벤트 스트림(예: 배송 양식의 필드 상태)을 관찰해야 하는데, 컴바인 연산자를 사용해 여러 이벤트 스트림을 하나로 결합하는 방법을 살펴봤다. 컴바인은 앱에서 발생하는 이벤트의 처리를 설명하기 위한 DSL처럼 느껴진다. 이러한 선언적 접근 방식은 SwiftUI와 매우 유사하며, 이것이 바로 이 둘이 잘 어울리는 이유 중 하나다.

컴바인으로 UI 상태 다루기

모던 UI에서는 다양한 입력 신호가 올 때 동시에 응답해야 한다. 사용자는 키보드 입력, 멀티터치, 물리적 제스처, 심지어 음성 명령까지 사용해 앱과 소통할 수 있다. 무엇보다 애플리케이션은 원격 서버와 로컬 API로부터 데이터를 수신할 수도 있다.

이런 수많은 입력 소스를 처리하고 이벤트를 전달하는 것은 개발자에게 상당한 도전이다. 즉, 많은 상황에서 개발자들은 여러 개의 입력 소스를 통합해야 하는 경우가 있을 것이고, 앱과 그에 상응하는 UI는 항상 동기화가 돼야 함을 보장해야 한다.

8장과 9장에서는 컴바인을 이용해 수많은 이벤트 소스를 다루면서 어떻게 하면 동시에 UI 구현까지 처리할 수 있는지 살펴본다. 이를테면 사용자의 입력과 로컬 및 원격 유효성 검사 로직을 처리하고, 이와 동시에 앱의 상태를 항상 UI에 반영하는 처리 등이 이에 해당한다.

6장의 마지막 부분에서 컴바인을 활용해 입력 폼상의 단일 입력 필드에 대한 입력 유효성을 검사하는 방법을 이미 살펴봤다. 6장에서는 onChange(of:)와 컴바인을 둘 다 사용해 ISBN 필드의 유효성 검사 로직을 구현했다. 컴바인의 강력한 힘을 느껴보고자 여러 가지 이벤트 소스를 다루는 좀 더 복잡한 예제를 구현해보겠다.

컴바인을 이용한 입력 유효성 검사

도서 추적 앱에 소셜 기능을 추가하기로 결정했다고 가정해보자. 이를 위해 사용자 가입과 계정 생성을 요청하려 한다. 가입할 때 사용자는 사용자 이름과 비밀번호를 선택해야 한다.

그림 8-1 간단한 회원 가입(sign-up) 양식

사용자의 데이터를 안전하게 보호하려면 다음과 같은 몇 가지 전제 조건을 충족해야 한다.

- 사용자 아이디^{username}는 최소 세 글자로 구성돼야 한다. 이는 사용자가 원하는 사용자 아이디를 입력하는 동안 로컬에서 확인할 수 있는 사항이다.
- 사용자 아이디는 고유해야 하며, 선택한 사용자 아이디를 다른 사용자가 이미 사용하고 있지 않은지 확인해야 한다. 이는 백엔드에서 수행해야 하

는 확인 사항으로, 해당 이름을 여전히 사용할 수 있는지 확인하기 위해 쿼리할 수 있는 API 엔드포인트가 있어야 한다.

- 사용자의 비밀번호는 특정한 복잡성 기준을 충족해야 한다(즉, 충분히 강력해야 한다).
- 또한 사용자가 비밀번호를 기억할 수 있는지 확인하기 위해 두 번째 비밀번호 입력 필드에 비밀번호를 반복 입력하도록 요청한다.

이러한 조건이 모두 충족돼야만 새로운 사용자 계정을 만들 수 있다. 모든 조건이 충족될 때까지는 새 **사용자 계정 만들기** 버튼은 비활성화된 채로 유지해야 한다.

보시다시피 라우팅해야 하는 이벤트가 많다.

- 가입 버튼은 양식이 유효한 경우에만 활성화해야 한다.
- 사용자 이름 입력 필드에는 사용자 이름이 너무 짧거나 더 이상 사용할 수 없는 경우 경고를 표시해야 한다.
- 비밀번호 입력 필드에는 비밀번호가 충분히 강력하지 않거나 일치하지 않는 경우 경고를 표시해야 한다.

회원 가입 Form 뷰

8장에서는 모든 사용자 입력을 처리하기 위해 Form을 사용한다. 오류 메시지나 경고를 표시하기 위해 각 양식 Section의 머리글/바닥글을 사용한다. 14장에서는 한 단계 더 나아가 오류 메시지를 인라인으로 표시할 수 있는 플로팅 레이블이 있는 재사용할 수 있는 여러 옵션을 가진 텍스트 입력 필드를 만들어본다.

참고

샘플 앱의 코드는 이 책의 깃허브 저장소[1]의 'Chapter8-Driving UI State with Combine' 폴더에서 찾을 수 있다. 각 개별 단계는 'steps' 폴더에서, 최종 버전은 'final' 폴더에서 찾을 수 있다.

---

1. https://github.com/peterfriese/Asynchronous-Programming-with-SwiftUI-and-Combine

```swift
struct SignupForm: View {
    @StateObject var viewModel = SignUpFormViewModel()

    var body: some View {
        Form {
            // 사용자명
            Section {
                TextField("Username", text: $viewModel.username)
                    .autocapitalization(.none)
                    .disableAutocorrection(true)
            } footer: {
                Text(viewModel.usernameMessage)
                    .foregroundColor(.red)
            }

            // 비밀번호
            Section {
                SecureField("Password",
                            text: $viewModel.password)
                SecureField("Repeat password",
                            text: $viewModel.passwordConfirmation)
            } footer: {
                Text(viewModel.passwordMessage)
                    .foregroundColor(.red)
            }

            // 제출 버튼
            Section {
                Button("Sign up") {
                    print("Signing up as \(viewModel.username)")
                }
                .disabled(!viewModel.isValid)
            }
        }
    }
}
```

모든 입력 필드를 처리하고 양식의 모든 상태에 대해 모든 양식 요소가 올바른 정보(또는 경고)를 표시하게 하려면 일반적으로 보통 꽤 많은 코드가 필요하다. 특히 원격 API와 같은 비동기 이벤트 소스를 처리해야 할 때는 뭔가가 잘못돼 중요한 조건을 놓치기가 쉽다.

컴바인과 함수형 반응형 프로그래밍을 사용하면 이 가입 양식을 훨씬 쉽게 구현할 수 있다.

8장에서는 사용자 이름 길이 요건과 비밀번호 강도 요건을 검증하는 데 중점을 두려 한다. 9장에서는 네트워킹에 컴바인을 사용하는 방법과 이를 사용해 서버에 연결하고 사용자가 선택한 사용자 아이디가 여전히 사용 가능한지 확인하는 방법을 살펴볼 예정이다.

뷰 모델

입력 유효성 검사를 수행하려면 사용자가 가입 양식을 조금이라도 변경하면 그때그때 반응하는 코드가 필요하다. 특히 username, password, passwordConfirmation 텍스트 입력 필드의 변경 사항을 관찰하는 데 관심이 있다. 7장에서 이미 살펴본 것처럼 SwiftUI 뷰를 직접 조작하거나 프로퍼티에 액세스해 상태를 준비할 수는 없다. 대신 SwiftUI는 뷰 요소 외부, 즉 **소스 오브 트루스**^{source of truth}라고 불리는 곳에서 UI 상태를 관리한다.

소스 오브 트루스를 각각의 뷰로 연결할 수 있게 하고자 SwiftUI는 수많은 프로퍼티 래퍼를 제공한다. 4장에서는 이러한 프로퍼티 래퍼의 작동 방식과 어떤 상황에서 어떤 프로퍼티 래퍼를 사용해야 하는지 설명했다.

@State를 사용해 뷰의 로컬 상태를 처리할 수 있으므로 가입 양식의 사용자 이름, 비밀번호 및 비밀번호 확인을 저장하는 데 로컬 @State 프로퍼티을 사용하고 싶을 수 있다. 하지만 @State는 퍼블리셔가 아니므로 컴바인 파이프라인을 구축하는 데 사용할 수 없다.

대신 username과 password, passwordConfirmation 등의 @Published 프로퍼티로 이뤄진 뷰 모델을 생성해서 각 UI 뷰에 바인딩할 수 있다.

```
class SignUpFormViewModel: ObservableObject {
  // 입력
  @Published var username: String = ""
  @Published var password: String = ""
  @Published var passwordConfirmation: String = ""

  // 출력
  @Published var usernameMessage: String = ""
  @Published var passwordMessage: String = ""
  @Published var isValid: Bool = false
}
```

프로퍼티를 @Published로 표시하면 컴바인 퍼블리셔로 전환된다. 이렇게 하면 프로퍼티를 UI 요소에 바인딩할 수 있을 뿐만 아니라, 프로퍼티에 컴바인 파이프라인을 연결하고 파이프라인 내에서 유효성 검사 로직을 실행할 수도 있다. 그런 다음 파이프라인의 결과를 다른 게시된 프로퍼티에 할당해 그 결과로 UI를 구동할 수 있다. 예를 들어 양식 입력이 유효하지 않은 경우 제출 버튼을 비활성화할 수 있다.

뷰 모델을 ObservableObject 프로토콜을 준수하게 하면 관찰할 수 있다(감시 가능). @published 프로퍼티 중 하나가 변경될 때마다 뷰 모델은 변경 값을 방출해 SwiftUI에 영향을 받는 모든 뷰를 업데이트하도록 지시한다.

이러한 방식으로 컴바인을 사용하면 애플리케이션의 동작을 기능적으로 정의해 UI와 애플리케이션 상태가 항상 동기화되게 할 수 있다. 높은 수준에서 보면 정보의 흐름은 다음과 같다.

- 사용자는 사용자 이름 텍스트 입력 필드에 선호하는 사용자 이름을 입력한다.

- 사용자가 문자를 입력할 때마다 TextField 뷰는 지금까지 입력한 텍스트를 SignUpFormViewModel의 사용자 이름 게시된 프로퍼티에 할당한다.
- 사용자 이름은 퍼블리셔이므로 모든 변경 사항에 대한 이벤트를 모든 서브스크라이버에게 보낸다.
- 이러한 서브스크라이버 중 하나는 사용자 이름의 길이가 세 글자보다 큰지 확인하는 컴바인 파이프라인이다.
- 그런 다음 이 파이프라인의 결과를 다른 파이프라인의 결과와 함께 사용해 입력 양식의 전체 유효성 검사 결과를 결정한다.

초기 버전의 뷰 모델은 이미 가입 양식의 뷰에 연결돼 있으니 이제 컴바인으로 유효성 검사 로직을 구현하는 방법을 살펴보자.

사용자 이름 유효성 검사

간단한 인증부터 시작해 사용자 이름 길이를 확인해보자. $propertyName 문법[2]을 사용한 게시된 프로퍼티의 퍼블리셔에 접근할 수 있다. 이렇게 하면 퍼블리셔가 보내는 모든 이벤트(예: 사용자가 사용자 이름을 입력하기 시작해 기본 프로퍼티가 변경되는 경우)를 구독할 수 있다.

파이프라인에 대한 입력은 String이지만 사용자 이름의 길이가 유효한지 여부를 나타내는 Bool을 반환하고 싶다. 이런 변환에는 컴바인의 map 연산자를 사용할 수 있다. 클로저 내부에서 업스트림 퍼블리셔로부터 받은 요소에 대해 연산을 수행해 필요한 결과로 변환할 수 있다.

따라서 사용자 이름이 세 글자 이상인지 확인하기 위해 입력 문자열의 count 속성이 3개 이상인지 확인할 수 있다. 이 검사는 true 또는 false를 반환한다.

---

2. $는 프로퍼티의 소위 projected value를 액세스하고 싶다는 것을 나타낸다. 이는 스위프트의 프로퍼티 래퍼와 함께 도입된 개념이다.

```
$username
  .map { username in
    return username.count >= 3
  }
```

그리고 이 루틴은 클로저 내에서 실행하는 유일한 구문[3]이므로 암시적 반환^{implicit} return을 사용해 코드를 간소화할 수 있다.

```
$username
  .map { username in
    username.count >= 3
  }
```

또는 $0 인수를 사용한다.

```
$username
  .map { $0.count >= 3 }
```

궁극적으로 이 파이프라인(및 다른 파이프라인)의 결과를 뷰 모델의 isValid 속성에 할당해야 한다. 현재 이 파이프라인이 유일한 파이프라인이므로 뷰 모델의 이니셜라이저에서 이 작업을 수행할 수 있다.

```
class SignUpFormViewModel: ObservableObject {
  // 입력
  @Published var username: String = ""
  @Published var password: String = ""
  @Published var passwordConfirmation: String = ""
  // 출력
  @Published var usernameMessage: String = ""
```

---

3. SW-0255, 〈Implicit returns from single-expression functions(단일 표현식 함수의 암시적 반환)〉에서 소개됐다 (https://bit.ly/3ZgWDrd).

```
    @Published var passwordMessage: String = ""
    @Published var isValid: Bool = false

    init() {
        $username
            .map { $0.count >= 3 }
            .assign(to: &$isValid)
    }
}
```

파이프라인의 마지막에서는 assign(to:) 연산자를 사용해 파이프라인 결과를
isValid 속성에 할당한다.

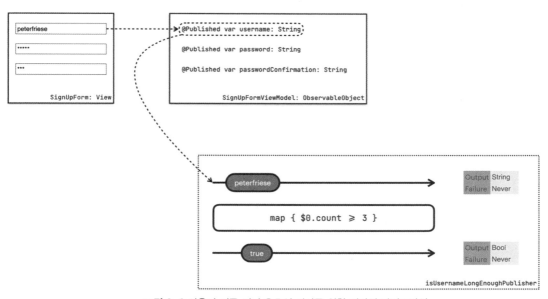

그림 8-2 사용자 이름 길이 유효성 검사를 위한 컴바인 파이프라인

지금 앱을 실행하면 최소 3자 이상의 사용자 이름을 입력할 때까지 제출 버튼이
비활성화돼 있는 것을 볼 수 있다.[4] 그러나 피드백이 없으므로 사용자들은 버튼이

---

4. 앱의 현재 상태에 대한 코드는 8장의 하위 폴더 steps/step1에서 찾을 수 있다.

왜 비활성화돼 있는지 또는 최소 사용자 이름 길이가 무엇인지 궁금할 수 있다.

유효성 검사 메시지 표시

따라서 비밀번호 유효성 검사 구현으로 넘어가기 전에 사용자에게 몇 가지 가이드를 제공하고 적절한 유효성 검사 메시지를 표시해보자. 뷰 모델에는 이미 사용자 이름 입력 필드가 포함된 양식 섹션의 비딕글에 바인딩된 usernameMessage 속성이 있다. 이제 username의 길이에 따라 유효성 검사 메시지를 계산하는 컴바인 파이프라인을 구현하기만 하면 된다. 다음처럼 간단히 구현할 수 있다.

```
class SignUpFormViewModel: ObservableObject {

  // ...

  init() {
    $username
      .map { $0.count >= 3 }
      .assign(to: &$isValid)

    $username
      .map {
        $0.count >= 3
        ? ""
        : "Username must be at least three characters!"
      }
      .assign(to: &$usernameMessage)
  }
}
```

이 방법은 잘 작동하지만 몇 가지 단점이 있다.

1. 사용자 이름 길이를 확인하는 중복 로직이 포함돼 있다. 지금은 문제가 되지 않을 수 있지만 사용자 아이디가 3자 이상이어야 한다는 하드코딩된 버

전의 요구 사항을 포함하는 파이프라인을 더 추가하면 유지 관리 부담이
될 수 있다.

2. 확장성이 떨어진다. 지금은 하나의 규칙만 있지만 사용자 이름이 고유해야
한다는 등의 다른 규칙을 추가하면 백엔드 시스템과 통신해야 한다. 이 접
근 방식에서는 여러 규칙을 컴바인하는 것이 매우 복잡하거나 불가능할 수
도 있다.

이러한 문제를 해결하기 위해 컴바인 파이프라인을 연산computed 프로퍼티로 캡슐화
해 재사용할 수 있게 할 것이다.

연산 프로퍼티에 컴바인 파이프라인 캡슐화

컴바인 퍼블리셔를 재사용 가능하게 만드는 쉬운 방법은 private 연산 프로퍼티로
캡슐화하는 것이다.

7장에서 다뤘지만 Publisher는 결과와 오류를 특정해주는 제네릭 연관 유형associated
type이다. 여기서의 결과는 Bool 유형이며 파이프라인이 절대 실패하지 않으므로
오류 유형은 Never다.

파이프라인을 조합할 때 파이프라인의 유형은 중첩된 제네릭 타입인데, 생성 과정에
서의 모든 퍼블리셔 및 모든 연산자의 반환 타입을 대표한다. 여기서는 Publishers.
Map<Published<String>.Publisher, Bool>과 같다. 이런 복잡한 유형을 피하고 싶
을 때는 타입 이레이저type erasure를 사용하면 된다. 컴바인은 eraseToAnyPublisher
연산자를 제공해 파이프라인의 유형을 지운 뒤 AnyPublisher 형태로 만드는데, 다
음과 같이 파이프라인을 연산 프로퍼티로 래핑할 수 있다.

```
private lazy var isUsernameLengthValidPublisher:
  AnyPublisher<Bool, Never>
{
  $username
```

```
        .map { $0.count >= 3 }
        .eraseToAnyPublisher()
}()
```

파이프라인을 연산 프로퍼티로 감쌌으니 이제 뷰 모델의 이니셜라이저에서 호출
코드를 업데이트해보자.

```
init() {
  isUsernameLengthValidPublisher
    .assign(to: &$isValid)
}
```

다음 단계는 퍼블리셔를 재사용해 유효성 검사 메시지를 계산하는 파이프라인을
구동하는 것이다.

```
init() {
  isUsernameLengthValidPublisher
    .assign(to: &$isValid)

  isUsernameLengthValidPublisher
    .map {
      $0 ? ""
        : "Username too short. Needs to be at least 3 characters."
    }
    .assign(to: &$usernameMessage)
}
```

이렇게 코드를 리팩터링함으로써 비즈니스 로직("'용자 이름은 세 글자 이상이어야 함')을 갱신하
기 쉬운 곳으로 옮겼다. 또한 곧 보게 되겠지만 더 복잡한 규칙을 작성할 때 퍼블리
셔를 재사용할 수 있게 됐다.

하지만 우선 그것보다 작지만 자칫 심각한 부분이 될 수도 있는 부분을 언급하려

한다. isUsernameLengthValidPublisher 프로퍼티로 이동한 코드는 호출될 때마다 새로운 파이프라인을 생성한다. 방금처럼 둘 이상의 콘텍스트에서 이 퍼블리셔를 사용하는 경우 결국 동일한 파이프라인의 인스턴스가 하나가 아니라 여러 개가 생성된다. 이렇게 하면 메모리가 낭비되는 문제는 물론이고 네트워크 호출을 하거나 데이터베이스에 액세스하는 파이프라인을 구축하면 더 심각한 문제가 될 수 있다. 이벤트를 처리할 때마다 네트워크 액세스를 수행하는 파이프라인의 인스턴스를 여러 개 생성해 사용하면 파이프라인의 각 추가 인스턴스에 대해 중복 네트워크 요청이 발생하게 되는데, 이는 우리가 원하는 것이 아니다.

이런 문제를 방지하려면 연산 프로퍼티를 지연 프로퍼티로 변환해야 한다. 지연 프로퍼티는 처음 액세스할 때만 한 번만 계산된다. 연산 프로퍼티를 지연 프로퍼티로 변환하려면 몇 가지만 바꿔주면 된다.

```
private lazy var isUsernameLengthValidPublisher:
  AnyPublisher<Bool, Never> =
{
  $username
    .map { $0.count >= 3 }
    .eraseToAnyPublisher()
}()
```

지연 프로퍼티를 사용할 때 가장 좋은 점은 다른 일반 프로퍼티처럼 다룰 수 있다는 점이다(즉, 호출부caller의 코드를 변경할 필요 없다). 이렇게 변경하면 뷰 모델이 초기화될 때 파이프라인을 한 번에 생성할 수 있다.

비밀번호 검증

유효한 사용자 이름 검증은 앱에서 새 사용자 계정을 생성하기 위한 하나의 요건이다(비밀번호를 제공하는 것은 별도의 요건이다). 이 절에서는 앞서 배운 내용을 바탕으로 유연하고 쉽게 개선 가능한 비밀번호 검증 컴바인 파이프라인 메커니즘을 구현할 것이다.

첫 번째 단계는 비밀번호가 혹시 비어있는지 확인하는 것이다. 사용자 아이디를 검증할 때 구현했던 것과 비슷한 방식으로 이번 검증 로직도 단순 퍼블리셔를 사용해 구현할 수 있다.

```
private lazy var isPasswordEmptyPublisher:
    AnyPublisher<Bool, Never> =
{
    $password
      .map { $0.isEmpty }
      .eraseToAnyPublisher()
}()
```

이전과 같이 지연 연산 프로퍼티를 사용해 파이프라인의 인스턴스를 하나만 생성하게 한다.

간단한 최적화로 키 패스$^{key\ path}$를 사용해 비밀번호 문자열의 isEmpty 프로퍼티에 접근할 수 있다. 컴바인의 Publisher 익스텐션^{extension}에는 map 함수의 또 다른 버전이 있는데, 최대 3개의 키 패스를 처리할 수 있다.

```
private lazy var isPasswordEmptyPublisher:
    AnyPublisher<Bool, Never> =
{
    $password
      .map(\.isEmpty)
      .eraseToAnyPublisher()
}()
```

다음 단계로 비밀번호와 비밀번호 확인 필드를 비교해 사용자가 동일한 비밀번호를 2번 입력했는지 확인한다. 비밀번호와 비밀번호 확인은 모두 published 프로퍼티이므로 사용자가 비밀번호를 입력할 때마다 이벤트를 수신하도록 구독할 수 있다.

하지만 최신 비밀번호와 최신 비밀번호 확인을 어떻게 사용할 수 있을까?

컴바인은 동일한 파이프라인에서 여러 퍼블리셔를 묶을 수 있는 다양한 연산자를 제공한다. Publishers.CombineLatest를 사용하면 2개의 업스트림 퍼블리셔가 보낸 최신 이벤트를 사용할 수 있다. 다음 코드 조각은 passwordConfirmation을 구독하고 등호 연산자 ==를 사용해 가장 최근 출력(사용자가 비밀번호 필드에 입력한 텍스트)을 비교한다.

```
private lazy var isPasswordMatching:
  AnyPublisher<Bool, Never> =
{
  Publishers.CombineLatest($password, $passwordConfirmation)
    .map(==)
    .eraseToAnyPublisher()
}()
```

예제 코드에서 연산자의 키 패스 버전을 사용했음을 알 수 있다. 클로저 버전은 map { $0 == $1 }과 같다. 어떤 것을 사용할지는 전적으로 스타일과 개인 취향의 문제다.

이제 비밀번호가 비어 있지 않고 비밀번호와 비밀번호 확인 항목이 모두 일치하는지 체크할 수 있으므로 전체 비밀번호 유효성 로직을 만들 수 있다. 비밀번호가 비어 있지 않고 비밀번호 확인 항목과 일치하면 비밀번호가 유효하다.

짐작했겠지만 Publishers.CombineLatest를 사용해 isPasswordEmptyPublisher와 isPasswordMatching 퍼블리셔의 가장 최근 상태를 또 다른 퍼블리셔로 결합한 isPasswordValidPublisher로 명명할 것이다.

```
private lazy var isPasswordValidPublisher:
  AnyPublisher<Bool, Never> =
{
  Publishers.CombineLatest(
```

```
        isPasswordEmptyPublisher,
        isPasswordMatchingPublisher
    )
    .map { !$0 && $1 }
    .eraseToAnyPublisher()
}()
```

이제 이런 코드에 익숙할 것이다. 의미 있는 유효성 검사 메시지를 표시하기 위해
뷰 모델의 이니셜라이저에 다음 코드를 추가하자.

```
Publishers.CombineLatest(
    isPasswordEmptyPublisher,
    isPasswordMatchingPublisher
)
.map { isPasswordEmpty, isPasswordMatching in
    if isPasswordEmpty {
        return "Password must not be empty"
    }
    else if !isPasswordMatching {
        return "Passwords do not match"
    }
    return ""
}
.assign(to: &$passwordMessage)
```

모든 코드 종합

마지막 단계로 사용자 이름 유효성 검사와 비밀번호 유효성 검사를 결합하고 그
결과를 뷰 모델의 **isValid** 속성에 할당해야 한다. 이렇게 하면 양식이 유효한 경우
제출 버튼이 활성화된다.

비밀번호 전체 유효성 검사 상태 계산법과 유사하게 Publishers.CombineLatest를 사용해 isUsernameLengthValidPublisher 및 isPasswordValidPublisher를 기반으로 양식의 전체 상태를 결정할 것이다.

```
private lazy var isFormValidPublisher:
  AnyPublisher<Bool, Never> =
{
  Publishers.CombineLatest(
    isUsernameLengthValidPublisher,
    isPasswordValidPublisher
  )
  .map { $0 && $1 }
  .eraseToAnyPublisher()
}()
```

뷰 모델의 이니셜라이저에서 첫 번째 줄을 바꾸고(isUsernameLengthValidPublisher만 사용) isFormValidPublisher를 사용해 제출 버튼 상태를 구동한다.

```
init() {
  isFormValidPublisher
    .assign(to: &$isValid)
  isUsernameLengthValidPublisher
    .map {
      $0 ? ""
        : "Username too short. Needs to be at least 3
      characters."
    }
    .assign(to: &$usernameMessage)
  Publishers.CombineLatest(
    isPasswordEmptyPublisher,
    isPasswordMatchingPublisher
  )
  .map { isPasswordEmpty, isPasswordMatching in
```

```
        if isPasswordEmpty {
            return "Password must not be empty"
        }
        else if !isPasswordMatching {
            return "Passwords do not match"
        }
        return ""
    }
    .assign(to: &$passwordMessage)
}
```

연습문제[5]

강력한 비밀번호를 만드는 것은 쉽지 않다. 이 때문에 많은 가입 양식은 사용자가 강력한 비밀번호를 선택할 때 시각적으로 도움이 될 만한 단서를 제공한다. 예제에 제시된 가입 양식에서는 사용자가 임의의 비밀번호를 선택할 수 있는데, 이는 매우 안전하지 못하다. 여기까지에서 배운 내용을 바탕으로 강력한 비밀번호를 선택하는 방법을 구현해보자.

1. **비밀번호 길이 요건 구현:** 사용자의 비밀번호가 8자 이상인지 확인한다. 비밀번호가 8자 미만이면 양식의 비밀번호 섹션 아래 영역에 경고를 표시한다.

2. 비밀번호 강도 체크 후 충분히 강력하지 않은 비밀번호는 거부한다. 매우 약함, 약함, 보통, 강함, 매우 강함의 척도로 강도를 계산하는 나바호-스위프트[Navajo-Swift][6]와 같은 라이브러리를 사용하는 것이 가장 쉬운 방법이다. 사용자가 최소한의 합리적인 강도[reasonable strength]로 비밀번호를 선택할 때만 가입 양식이 유효하다고 판단하자.

3. 비밀번호 섹션의 아래 영역에 진행률 표시줄을 추가하고 비밀번호 강도를

---

5. 연습문제에 대한 해답은 8장의 하위 폴더 exercises에서 찾을 수 있다.
6. https://github.com/jasonnam/Navajo-Swift 참고

표시해 진행률 표시줄의 색상을 빨간색, 노란색, 녹색으로 변경해 비밀번호 강도를 표시해보자.

정리

8장에서는 컴바인 퍼블리셔를 사용해 복잡한 비즈니스 로직이 포함된 UI의 상태를 구동하는 방법과 앱의 로직을 더 작은 컴바인 파이프라인으로 분리하면 코드를 관리하기 쉽게 유지하는 데 어떻게 도움이 되는지 살펴봤다.

또한 UI에서 비즈니스 로직을 분리해 뷰 모델로 이동시켜봤다. 이를 통해 뷰를 간결하고 가독성 있게 유지할 수 있다.

컴파일 파이프라인을 생성할 수 있는 여러 가지 기술도 살펴봤으며 뷰 모델에서 어떻게 관리하는지도 살펴봤다. 간단한 파이프라인일 때는 뷰 모델 생성자에서 만들면 된다. 재사용이 필요한 파이프라인인 경우에는 private 속성으로 옮기는 것이 이득이다. 동일한 파이프라인데서 여러 인스턴스를 생성하는 것을 피해야 하며, 이를 위해 지연 연산 프로퍼티를 사용하면 된다. 그렇지 않은 경우 메모리 낭비와 잠재적 불필요한 네트워크 호출을 야기한다.

컴바인은 업스트림 퍼블리셔에서 받은 출력을 변환할 수 있는 폭넓고 다양한 연산자를 제공한다. 8장에서 사용한 연산자는 다음과 같다.

- map을 사용해 한 퍼블리셔의 입력을 다른 형식으로 변환할 수 있다. 클로저와 함께 map을 사용해 더 복잡한 변환 로직을 수행하거나 키 패스 오버로드를 사용해 입력의 속성에 직접 액세스하는 간결하면서도 강력한 변환을 만드는 방법을 살펴봤다.
- Publishers.CombineLatest는 자주 사용하는 또 다른 연산자로, 여러 업스트림 퍼블리셔의 최신 이벤트를 결합해 클로저에서 사용할 수 있게 한다. 여러 이벤트 스트림을 결합해 하나의 통합된 출력 스트림으로 변환할 수

있는 일종의 Y자형 결합이라 생각하면 된다.

8장에서는 컴바인과 SwiftUI로 무엇을 할 수 있는지 살펴보고 컴바인을 사용하면 SwiftUI 앱을 더 쉽게 작성할 수 있는 방법을 살펴봤다. 9장에서는 색다른 것을 배울 것인데, 컴바인을 이용한 네트워크 접근법을 익힌 후 원격 API 호출 결과와 앱의 UI 로컬 이벤트를 결합해본다.

9장

컴바인을 사용한 네트워크 통신

사람들은 이미 네트워크로 연결된 세상에 살고 있으며, 대부분의 최신 애플리케이션은 인터넷(또는 사용자의 로컬 네트워크)에서 실행되는 서버에 저장된 정보를 검색하고자 네트워크에 접근한다.

초고속 연결에서조차 요청에는 보통 몇 밀리초 정도 필요하다. 입출력$^{I/O}$를 차단하고 애플리케이션 포어그라운드 스레드에서 응답을 기다리다보면 앱이 멈추고 매우 끔찍한 사용자 경험을 초래할 수 있으므로 나쁜 선택이라 할 수 있다. 사용자는 앱이 죽었다고 간주하고 앱을 종료할 수 있다. 이런 동작을 방지하려면 비동기 작업을 백그라운드 스레드로 넘겨주고 포어그라운드 스레드가 자유롭게 UI 업데이트를 수행하고 사용자 상호작용에 응답할 수 있게 해야 한다. 이 때문에 모던 네트워킹 API는 비동기적 방식으로 호출해야 한다.

콜백^{callback}은 스위프트에서 비동기 API를 구현하는 가장 일반적인 방법이다. 보통 콜백은 클로저로 구현되며, 스위프트의 후행 클로저 구문 덕분에 다소 우아해 보이기도 하면서 작동 원리를 이해하면 사용하기도 쉽다.

비동기 API를 호출하는 다른 방법으로는 async/await와 컴바인이 있다. 9장에서는 컴바인을 사용해 앱의 네트워킹 계층을 구현하는 방법을 자세히 살펴본다. 먼저 URLSession을 사용해 네트워크에서 데이터를 가져오는 기존의 콜백 중심 방식을 구현해본다. 그런 다음 해당 코드를 리팩터링해 컴바인의 DataTaskPublisher를 사용해본다. 컴바인을 사용하면 데이터 매핑과 오류 처리가 쉬워져 가독성이 높고 버그가 없는 코드를 만들 수 있다. 14장과 15장에서는 비동기 호출을 수행하기 위해 async/await를 사용하는 방법을 배우고, 컴바인과 async/await의 차이점를 다룬다.

애플리케이션의 사용자 인터페이스를 애플리케이션의 상태와 동기화하는 것은 항상 어려운 일이었으며, 개발 커뮤니티에서는 이 문제를 해결하기 위해 수많은 접근 방식을 고안해냈다.

반응형^{Reactive} 프로그래밍도 이런 문제를 해결하기 위한 접근 방식 중 하나이며, SwiftUI의 반응형 상태 관리는 @EnvironmentObject, @StateObject, @ObservedObject 와 같은 SwiftUI의 프로퍼티 래퍼를 사용해 앱 전체에서 공유할 수 있는 소스 오브 트루스 개념을 도입함으로써 이를 훨씬 쉽게 만들 수 있다.

소스 오브 트루스는 보통 인메모리 데이터 모델인데, 로컬 소스 오브 트루스를 네트워크에 결합하는 것은 다소 복잡하게 들릴 수도 있다. 9장에서는 컴바인을 사용해 로컬 데이터 원본을 원격 서비스의 데이터와 결합하는 방법을 생각보다 훨씬 쉽게 배울 수 있을 것이다.

먼저 네트워크 기반 컴바인 파이프라인을 SwiftUI 사용자 인터페이스에 연결해볼 것이다. 그런 다음 앱이 백엔드 서버에 과부하가 걸리지 않도록 구현을 최적화한다. 컴바인은 앱이 서버에 보내는 요청 수를 크게 줄이는 데 도움이 되는 몇 가지 연산자를 제공한다. 애플리케이션 사용자 경험 또한 개선이 되는데, 컴바인 이전에는 어떻게 해왔을까 생각하게 될 수도 있을 것이다.

우선 컴바인을 사용해 서버에서 데이터를 가져오고 그 결과를 스위프트 구조체에 매핑하는 방법을 살펴보자.

URLSession을 사용해 데이터 읽어오기

8장에서 만들었던 가입 양식에 대한 작업을 이어서 해보자. 요구 사항 중 하나는 사용자가 선호하는 username이 여전히 사용할 수 있는지 확인하는 것이라고 가정한다.

이를 위해서는 인증 서버와 통신해서 원하는 username를 이미 다른 사람이 사용하고 있는지 확인해야 한다. 다음은 사용자 아이디 sjobs가 아직 사용 가능한지 확인하는 방법을 보여주는 요청[request]이다.

```
GET localhost:8080/isUserNameAvailable?userName=sjobs HTTP/1.1
```

서버는 사용자 아이디를 계속 사용할 수 있는지 여부를 나타내는 짧은 JSON 문서로 응답한다.

```
HTTP/1.1 200 OK
content-type: application/json; charset=utf-8
content-length: 39
connection: close
date: Thu, 06 Jan 2022 16:09:08 GMT

{"isAvailable":false, "userName":"sjobs"}
```

스위프트에서 이 요청을 수행하려면 URLSession을 사용하면 된다. URLSession을 사용해 네트워크에서 데이터를 가져오는 전통적인 방법은 다음과 같다.

```
func checkUserNameAvailableOldSchool(userName: String,
completion: @escaping (Result<Bool, NetworkError>) -> Void) {
  guard let url = URL(string: "http://localhost:8080/
  isUserNameAvailable?userName=\(userName)") else { // (2)
    completion(.failure(.invalidRequestError("URL invalid")))
    return
```

```swift
    }

    let task = URLSession.shared.dataTask(with: url) { data,
    response, error in
        if let error = error { // (3)
            completion(.failure(.transportError(error)))
            return
        }

        if let response = response as? HTTPURLResponse,
        !(200...299).contains(response.statusCode) { // (4)
            completion(.failure(.serverError(
                statusCode: response.statusCode
            )))
            return
        }

        guard let data = data else { // (5)
            completion(.failure(.noData))
            return
        }

        do {
            let decoder = JSONDecoder()
            let userAvailableMessage =
                try decoder.decode(UserNameAvailableMessage.self,
                    from: data)
            completion(.success(
                userAvailableMessage.isAvailable)) // (1)
        }
        catch {
            completion(.failure(.decodingError(error)))
        }
    }

    task.resume() // (6)
}
```

이 코드는 정상적으로 작동하며 본질적인 문제가 있다고 볼 수는 없지만 몇 가지 이슈가 있다.

1. 성공적인 결과를 반환하는 유일한 위치가 꽁꽁 숨겨져 있다. 즉, 어떤 경우에 성공하는지 무엇인지 바로 알 수 없다[1].
2. 호출자[caller]에게 네트워크 호출 결과를 성공적으로 전달하는 경우 `return` 반환 구문을 사용하지 않는데, 이는 처음 완료 핸들러를 사용하는 개발자에게 혼란을 줄 것이다.
3. 오류 처리가 여기저기 흩어져 있다[2, 3, 4, 5].
4. 종료 지점이 여러 개 있으며, `if let` 조건의 반환문 중 하나를 까먹기 쉽다.
5. 전반적으로 숙련된 스위프트 개발자라도 읽고 유지 관리하기가 어렵다.
6. 실제로 요청을 수행하려면 `resume()`을 호출해야 한다는 사실을 잊기 쉽다[6]. 단언컨대 대부분의 개발자들은 `URLSession`을 사용할 때 미친 듯이 버그를 찾다가 실제로 `resume`를 사용해 요청을 시작하는 것을 잊어버린 적이 있다고 생각한다. 개인적으로 `resume`이라는 단어는 요청을 보내는 API에 적합한 이름이 아니라고 생각한다.

코드 샘플 실행

모든 코드 샘플은 함께 제공되는 깃허브 리포지토리[1]의 Networking 폴더에서 찾을 수 있다. 최대한 많은 혜택을 누릴 수 있도록 서버 하위 폴더에 데모 서버(Vaporfh qlfem)도 제공한다. 맥에서 실행하려면 다음과 같이 해보자.

```
$ cd server
$ swift run
```

---

1. https://github.com/peterfriese/SwiftUI-Combine-Book

컴바인으로 데이터 패치

컴바인을 도입하면서 애플은 많은 자체 비동기 API에 대응하는 퍼블리셔를 추가했다. 이제 개발자는 이러한 기존의 콜백 중심 코드를 퍼블리셔로 대체할 수 있다.

컴바인으로 구성된 코드는 적은 탈출 코드의 특징을 가지며 위에서 아래로 기술되는 방식 그리고 읽기 및 유지 관리가 쉽다. 또한 애매한 버그[bug]가 발생할 가능성도 적다.

이것이 무엇을 의미하는지 더 잘 이해하기 위해 이전(콜백 기반) 코드 조각을 리팩터링해서 컴바인을 사용하면 어떻게 되는지 살펴보자.

```
func checkUserNameAvailableNaive(userName: String) ->
    AnyPublisher<Bool, Never>
{
    guard let url = URL(string: "http://127.0.0.1:8080/
isUserNameAvailable?userName=\(userName)") else {
        return Just(false).eraseToAnyPublisher()
    }

    return URLSession.shared.dataTaskPublisher(for: url) // (1)
        .map { data, response in // (2)
          do {
            let decoder = JSONDecoder()
            let userAvailableMessage =
              try decoder.decode(UserNameAvailableMessage.self, from: data)
            return userAvailableMessage.isAvailable
          }
          catch {
            return false // (4)
          }
        }
        .replaceError(with: false) // (5)
        .eraseToAnyPublisher()
}
```

코드를 단계별로 살펴보자.

1. dataTaskPublisher를 사용해 요청을 수행한다. 이 퍼블리셔는 원샷 퍼블리셔이며, 요청된 데이터가 도착하면 이벤트를 발생시킨다. 서브스크라이버가 없는 경우 컴바인 퍼블리셔는 어떤 작업도 수행하지 않는다는 점을 기억하자. 즉, 이 퍼블리셔는 서브스크라이버를 하나 이상 추가할 때까지 지정된 URL에 대한 호출을 수행하지 않는다. 나중에 이 파이프라인을 UI에 연결해 사용자가 사용자 이름 필드에 텍스트를 입력할 때마다 호출되게 하는 방법을 살펴볼 것이다.

2. 요청이 반환되면 퍼블리셔는 데이터와 응답을 모두 포함하는 값을 반환한다. 이 줄에서는 map 연산자를 사용해 이 결과를 변환한다. 보시다시피 몇 가지 사소한 변경 사항을 제외하고 이전 버전의 코드에서 대부분의 데이터 매핑 코드를 재사용할 수 있다.

3. completion 클로저를 호출하는 대신 Boolean 값을 반환해 사용자 이름을 계속 사용할 수 있는지 여부를 나타낼 수 있다. 이 값은 파이프라인을 통해 전달된다.

4. 데이터 매핑이 실패하는 경우 오류를 잡고 false를 반환하는 것이 좋은 절충안으로 보인다.

5. 네트워크에 접근할 때 발생할 수 있는 모든 오류에 대해서도 동일한 작업을 수행한다. 현재 단순하게 처리했지만 추후 다시 검토해야 할 수도 있다.

또한 유효한 URL이 있는지 확인하는 guard 문을 제외하고는 종료 지점이 하나뿐이라는 점에 유의하자. 초기 버전보다 훨씬 보기 좋고 읽기 쉬워 보인다. 이 코드를 그대로 두고 앱에서 이 코드를 사용할 수도 있다. 하지만 개선의 여지가 더 있다. 다음 3개의 절에서는 코드를 좀 더 선형적이고 추론하기 쉽게 만드는 몇 가지 변경 사항을 살펴본다.

키 패스를 사용한 튜플 분해

변수에서 특정 속성을 추출해야 하는 상황이 종종 있다. 앞의 코드에서 dataTask Publisher는 우리가 보낸 URL 요청에 대한 데이터와 응답이 포함된 결과를 반환한다. 결과의 유형은 DataTaskPublisher의 선언에서 볼 수 있듯이 튜플이다.

```
public struct DataTaskPublisher : Publisher {

    /// 이 퍼블리셔가 퍼블리싱한 값의 종류
    public typealias Output = (data: Data, response: URLResponse)
    ...
}
```

튜플tuple에서 개별 요소를 추출하는 것을 구조 파괴destructuring라고 한다. 컴바인은 map 연산자의 오버로드된 버전을 제공해 튜플을 구조화하고 관심 있는 속성만 액세스할 수 있다.

```
return URLSession.shared.dataTaskPublisher(for: url)
    .map(\.data)
```

데이터 매핑

데이터 매핑data mapping은 매우 일반적인 작업이므로 컴바인에서는 이 작업을 더 쉽게 수행할 수 있는 전용 연산자 decode(type:decoder:)를 제공한다.

```
return URLSession.shared.dataTaskPublisher(for: url)
    .map(\.data)
    .decode(type: UserNameAvailableMessage.self,
            decoder: JSONDecoder())
```

이렇게 하면 업스트림 퍼블리셔에서 데이터 값을 추출하고 UserNameAvailableMessage 인스턴스로 디코딩한다.

마지막으로 map 연산자를 다시 사용해 UserNameAvailableMessage를 파괴하고 해당 isAvailable 속성에 접근하면 된다.

```
return URLSession.shared.dataTaskPublisher(for: url)
  .map(\.data)
  .decode(type: UserNameAvailableMessage.self,
          decoder: JSONDecoder())
  .map(\.isAvailable)
```

컴바인을 사용한 데이터 가져오기의 단순화

이러한 모든 변경 사항을 적용해 이제 읽기 쉽고 선형적 흐름을 가진 파이프라인 버전이 됐다.

```
class AuthenticationService {
  func checkUserNameAvailabl22(userName: String) ->
    AnyPublisher<Bool, Never>
  {
    guard let url = URL(string: "http://127.0.0.1:8080/
isUserNameAvailable?userName=\(userName)") else {
      return Just(false).eraseToAnyPublisher()
    }

    return URLSession.shared.dataTaskPublisher(for: url)
      .map(\.data)
      .decode(type: UserNameAvailableMessage.self,
        decoder: JSONDecoder())
      .map(\.isAvailable)
      .replaceError(with: false)
      .eraseToAnyPublisher()
```

```
    }
  }
```

이 코드는 인증 서버와 직접 통신하는 다른 코드와 함께 별도 타입으로 보관하는 것이 좋다. 이렇게 코드를 모듈화하면 코드 기반이 깔끔히 정리된다.

UI 연결

이제 8장에서 시작한 SignUpForm에 새로운 컴바인 파이프라인을 통합해보자.

다음은 간소화된 SignUpForm 버전이다. 9장의 핵심 내용에 더욱 집중하기 위해 일부 코드를 제거했다. 9장에서는 사용자 이름 필드, 메시지를 표시하는 Text 레이블, 가입 버튼만 다룬다. 8장에서 설명한 비밀번호 필드에 대한 코드는 주석 처리했다.

```
struct SignUpForm: View {
  @StateObject private var viewModel = SignUpFormViewModel()

  var body: some View {
    Form {
      // 사용자 이름
      Section {
        TextField("Username", text: $viewModel.username)
          .autocapitalization(.none)
          .disableAutocorrection(true)
      } footer: {
        Text(viewModel.usernameMessage)
          .foregroundColor(.red)
      }

      // (이해를 돕기 위해 잠시 암호 필드 코드 블록은 제거함)
```

```
        // 제출 버튼
        Section {
          Button("Sign up") {
            print("Signing up as \(viewModel.username)")
          }
          .disabled(!viewModel.isValid)
        }
      }
    }
  }
```

다음은 이번에 다룰 뷰 모델의 주요한 부분 중 일부다. 8장에 있던 일부 코드는 단순화를 위해 제거했다.

```
class SignUpScreenViewModel: ObservableObject {
  private var authenticationService = AuthenticationService()

  // MARK: Input
  @Published var username: String = ""

  // MARK: Output
  @Published var usernameMessage: String = ""
  @Published var isValid: Bool = false
  ...
}
```

@Published 프로퍼티는 컴바인 퍼블리셔이므로 값이 변경될 때마다 업데이트를 받도록 구독할 수 있다.

이렇게 하면 사용자의 가장 최근 입력을 가져와 이 username이 여전히 사용 가능한 지 확인하기 위해 checkUserNameAvailable 퍼블리셔에 전달할 수 있다.

하나의 퍼블리셔에서 또 다른 퍼블리셔로 이벤트를 전달하려면 flatMap 연산자를 사용하면 된다.

```
$username
  .flatMap { username -> AnyPublisher<Bool, Never> in
    self.authenticationService.checkUserNameAvailable(userName:
        username)
  }
```

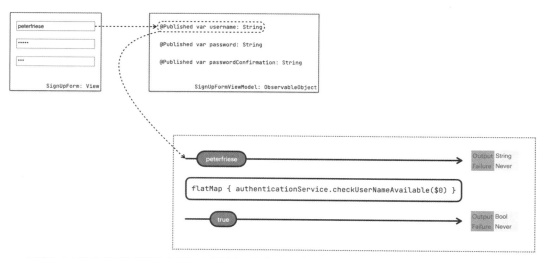

그림 9-1 사용자 이름을 사용할 수 있는지 확인하기 위해 인증 서비스를 호출하기 위한 파이프라인 컴바인

이 파이프라인은 username 퍼블리셔에서 입력 이벤트(즉, 사용자가 사용자 이름 텍스트 입력 필드에 입력한 내용)를 받아 checkUserNameAvailable 퍼블리셔로 보낸다. 이 퍼블리셔는 각 입력 이벤트에 대해 해당 사용자 아이디가 아직 사용 가능한지 여부를 나타내는 Bool을 반환한다. 즉, 서브스크라이버는 Bool 스트림을 받게 된다.

이 파이프라인의 결과를 사용해 SignUpForm의 상태 값을 다루고 싶을 것이다. 이 때 조건은 선택한 username을 사용할 수 있고 제출 버튼을 활성화될 때만 참을 반환하는 파이프라인인 경우다.

동시에 파이프라인이 거짓을 반환하자마자 오류 메시지를 표시하기 원할 것이다. 즉, 파이프라인에 제출 버튼의 활성화 상태와 오류 메시지 레이블의 텍스트라는 2가지 다른 서브스크라이버를 추가해야 한다.

메모리를 보존하고 CPU 사이클 낭비를 방지하기 위해 파이프라인을 재사용할 수 있게 만들어보자. 이를 위한 한 가지 방법은 지연 연산 프로퍼티로 파이프라인을 감싸는 것이다. 지연 연산 프로퍼티는 액세스되는 경우에만 한 번 계산된다.

참고로 지연 연산 프로퍼티의 일반적인 형태는 다음과 같다.

```
lazy var propertyName: Type = {
    // 클로저 내부에서 프로퍼티의 값을 계산한다.
}() // <- 괄호를 잊지 말자.
```

지연 연산 프로퍼티^{lazy computed property}를 사용하면 파이프라인이 한 번만 인스턴스화돼 모든 서브스크라이버가 동일한 인스턴스를 사용할 수 있도록 보장해준다.

```
private lazy var isUsernameAvailablePublisher:
    Publishers.FlatMap<AnyPublisher<Bool, Never>,
Published<String>.Publisher> = {
    $username
        .flatMap { username in
            self.authenticationService
                .checkUserNameAvailable(userName: username)
        }
}()
```

이 시점에서 파이프라인의 결과 유형은 Publishers.FlatMap<AnyPublisher<Bool, Never>, Published.Publisher>다. 이 코드는 읽기 어려울 뿐만 아니라 호출 코드에 사용하기도 어렵다. 이런 복잡한 시그니처를 사용할 필요가 없도록 컴바인에서는 파이프라인의 유형을 AnyPublisher<Type, Error>로 지울 수 있는 eraseToAnyPublisher 연산자를 제공한다. 이 연산자를 파이프라인 끝에 추가하면 파이프라인의 유형을 AnyPublisher<Bool, Never>로 지울 수 있으므로 훨씬 더 쉽게 사용할 수 있다.

```
private lazy var isUsernameAvailablePublisher:
    AnyPublisher<Bool, Never> =
{
    $username
        .flatMap { username in
            self.authenticationService
                .checkUserNameAvailable(userName: username)
        }
        .eraseToAnyPublisher()
}()
```

다음 단계에서는 isUsernameAvailablePublisher의 결과를 UI에 연결할 것이다. 뷰 모델을 보자. 출력 섹션에 사용자 이름과 관련된 메시지와 폼[form]의 전반적인 유효성 검사 상태를 저장하는 2개의 프로퍼티가 있다.

컴바인 퍼블리셔는 둘 이상의 서브스크라이버에게 연결할 수 있으므로 따라서 isValid와 usernameMessage를 모두 isUsernameAvailablePublisher에 연결할 수 있다.

```
class SignUpScreenViewModel: ObservableObject {
    ...
    init() {
        isUsernameAvailablePublisher
            .assign(to: &$isValid)

        isUsernameAvailablePublisher
            .map {
                $0 ? ""
                    : "Username not available. Try a different one."
            }
            .assign(to: &$usernameMessage)
    }
}
```

이 접근 방식을 사용하면 isUsernameAvailablePublisher를 재사용해 양식의 전체 isValid 상태(제출 버튼을 활성화/비활성화)와 사용자에게 선택한 사용자 이름을 사용할 수 있는지 여부를 알려주는 usernameMessage 레이블을 모두 구동하는 데 사용할 수 있다.

데모 서버가 실행 중인지 확인하고 앱 실행 후 몇 개의 다른 사용자 아이디를 입력 해보자. 데모 서버에는 사용할 수 없는 것으로 간주하는 사용자 이름 목록이 하드 코딩돼 있으므로 지금까지 개발한 컴바인 파이프라인이 UI를 어떻게 구동하는지 확인하기 위해 사용자 이름 peterfriese, johnnyappleseed, page, johndoe를 입력 해보자.

입력하는 동안 서버의 콘솔 출력을 관찰하면 몇 가지 사항을 확인할 수 있다.

1. 각 문자를 입력할 때마다 API 엔드포인트가 여러 번 호출된다.
2. 백그라운드 스레드에서 UI를 업데이트해서는 안 된다고 Xcode가 알려 준다.

이 문제를 살펴보고 어떻게 해결할 수 있는지 알아보자.

멀티스레딩 처리

네트워크에 접근하는 컴바인 파이프라인을 빌드할 때 Xcode의 콘솔 출력에 다음 과 같은 오류 메시지가 표시될 수 있다.

```
[SwiftUI] Publishing changes from background threads is not allowed; make sure to
publish values from the main thread (via operators like receive(on:)) on model
updates.
```

때때로[2] Xcode는 코드 에디터에 보라색 경고를 표시해 문제가 되는 코드를 쉽게 찾을 수 있다.

이 오류 메시지가 표시되는 이유는 URLSession이 백그라운드 스레드에서 네트워크 요청을 실행하기 때문이다. 요청이 완료되면 dataTaskPublisher는 요청 결과가 포함된 이벤트를 파이프라인으로 전송한다. 코드에서 이 결과를 검색해 UI에 필요한 데이터 유형에 매핑한 다음 뷰 모델의 게시된 속성 중 하나에 할당한다. 그러면 SwiftUI가 UI를 새로운 프로퍼티 값으로 업데이트하라는 메시지를 표시한다.

이 모든 작업은 동일한 스레드, 즉 백그라운드 스레드에서 일어난다. 그러나 백그라운드 스레드에서 UI에 액세스하는 것은 권장되지 않으며, 이 때문에 SwiftUI가 경고를 표시한다.

이를 방지하려면 네트워크 요청의 결과를 받으면 컴바인이 포그라운드 스레드로 전환하도록 지시해야 한다. 특정 스레드에서 이벤트를 수신하도록 컴바인에 지시하려면 receive(on:) 연산자를 사용할 수 있다.

```
private lazy var isUsernameAvailablePublisher:
  AnyPublisher<Bool, Never> =
{
  $username
    .flatMap { username -> AnyPublisher<Bool, Never> in
      self.authenticationService
        .checkUserNameAvailable(userName: username)
    }
    .receive(on: DispatchQueue.main)
    .eraseToAnyPublisher()
}()
```

---

2. 기술적으로 이 기능은 Xcode 12 버전부터 모두 작동해야 한다. 하지만 Xcode와 iOS의 일부 조합에서 가끔 작동하지 않는 경우가 있다. 콘솔에는 오류 메시지가 표시되는 것으로 미뤄볼 때 향후 Xcode 버전에서 해결돼야 할 IPC 문제로 보인다.

13장에서 스레딩 주제를 더 자세히 다루겠지만 당장은 receive(on:)을 사용해 스레딩 문제를 해결할 수 있다.

네트워크 접근 최적화

대부분의 장소에서 고속, 저지연 인터넷을 사용할 수 있다. 따라서 사용자들은 앱을 사용할 때 대부분의 상황에서 빠르고 지연 없는 업링크를 사용한다고 착각할 수 있다. 함부르크나 런던과 같은 도시에서도 인터넷 연결이 불안정하거나 전혀 연결되지 않는 지역을 찾을 수 있다.

인터넷에 접속하는 앱을 개발할 때는 이런 점을 염두에 두고 대역폭을 낭비하지 않도록 주의해야 한다.

앱을 실행하고 테스트 서버의 로그를 검사할 때 문자를 입력할 때마다 isUserName Available 엔드포인트가 여러 번 호출되는 것을 볼 수 있다. 이는 서버의 CPU 사이클을 낭비할 뿐만 아니라(호출 횟수나 CPU 가동 시간에 따라 요금을 부과하는 클라우드 제공업체에서 서버를 호스팅하는 경우 문제가 될 수 있음) 애플리케이션에 네트워크 오버헤드가 추가된다는 의미이므로 분명 이상적인 것은 아니다.

로컬에서 테스트 서버를 실행할 때는 거의 눈치 채지 못할 수도 있지만, 에지^{Edge} 방식으로 연결한 이후 서버의 원격 인스턴스와 대화할 때는 확실히 알 수 있다.

API 엔드포인트가 잘 작동하는 경우 문제는 더욱 심각하다. 좌석 예약이나 콘서트 티켓 구매를 위해 API 엔드포인트를 호출한다고 상상해보자. 한 번이 아닌 두 번(또는 그 이상) 요청을 보내면 필요한 좌석보다 더 많은 좌석을 예약하거나 원하는 것보다 더 많은 콘서트 티켓을 구매하게 될 것이다.

근본 원인 찾기

우선 불필요한 추가 네트워크 요청이 발생하는 원인을 알아야 한다.

컴바인 파이프라인에서 무슨 일이 일어나고 있는지 쉽게 파악하는 방법은 디버깅 코드를 추가하는 것이다. 파이프라인에 print() 연산자를 추가해보자.

```
private lazy var isUsernameAvailablePublisher:
  AnyPublisher<Bool, Never> =
{
  $username
    .print("username")
    .flatMap { username -> AnyPublisher<Bool, Never> in
      self.authenticationService
        .checkUserNameAvailable(userName: username)
    }
    .receive(on: DispatchQueue.main)
    .eraseToAnyPublisher()
}()
```

print() 연산자는 콘솔에 몇 가지 유용한 정보를 로그로 남겨준다.

1. 파이프라인의 모든 수명주기 이벤트(예: 추가 중인 구독)
2. 송수신되는 모든 값

콘솔에서 로그 문을 돋보이게 하기 위해 prefix("username")을 지정할 수 있다.

앱을 다시 실행하면 텍스트 필드에 아무것도 입력하지 않아도 다음과 같은 출력을 바로 볼 수 있다.

```
username: receive subscription: (PublishedSubject)
username: request unlimited
username: receive value: ()
username: receive subscription: (PublishedSubject)
```

```
username: request unlimited
username: receive value: ()
```

이 출력은 파이프라인에 두 명의 서브스크라이버가 있다는 것을 의미한다.

코드를 살펴보면 뷰 모델의 이니셜라이저에서 이러한 서브스크라이버를 찾을 수 있다.

```
init() {
  isUsernameAvailablePublisher
    .assign(to: &$isValid)

  isUsernameAvailablePublisher
    .map {
      $0 ? ""
        : "Username not available. Try a different one."
    }
    .assign(to: &$usernameMessage)
}
```

첫 번째 서브스크라이버는 회원 가입sign-up 폼에서 **제출** 버튼을 활성화/비활성화하는 데 최종적으로 사용하는 isValid 프로퍼티를 공급하는 파이프라인이다.

두 번째 서브스크라이버는 선택한 username을 사용할 수 없는 경우 오류 메시지를 생성하는 파이프라인이다. 이 파이프라인의 결과는 회원 가입 폼에도 표시된다.

사용자가 문자를 입력할 때마다 isUsernameAvailablePublisher 파이프라인은 사용자 이름 필드의 현재 값을 처리해야 하므로 그 결과가 최종적으로 서브스크라이버에게 할당될 수 있다.

로컬에서 실행되는 파이프라인의 경우 큰 문제는 아니지만(CPU 사이클을 낭비하지 않도록 노력해야 하지만) 예시와 같이 네트워크에 액세스하는 파이프라인의 경우 훨씬 더 큰 문제가 된다.

이제 퍼블리셔에 대한 다중 구독의 원인을 파악했으니 문제를 해결하기 위해 무엇을 할 수 있는지 알아보자.

share 연산자를 이용한 퍼블리셔 공유

단일 퍼블리셔에 대해 여러 서브스크라이버를 보유하는 것은 일반적인 패턴이다. 특히 단일 UI 요소가 다수의 다른 뷰에게 영향을 끼치는 경우가 있다.

퍼블리셔의 결과를 여러 서브스크라이버와 공유해야 하는 경우 share() 연산자를 사용할 수 있다. 애플의 문서 내용을 보면 다음과 같다.

> share 연산자가 반환하는 퍼블리셔는 여러 서브스크라이버를 지원하며, 모든 서브스크라이버는 업스트림 퍼블리셔로부터 변경되지 않은 요소 및 완료 상태를 수신한다(The publisher returned by this operator supports multiple subscribers, all of whom receive unchanged elements and completion states from the upstream publisher).

정확히 지금 필요한 연산자가 share임을 알 수 있다. isUsernameAvailablePublisher의 파이프라인 끝에 share 연산자를 적용해 각 이벤트(즉, 사용자가 사용자 이름 입력 필드에 입력하는 각 문자)에 대한 파이프라인의 결과를 퍼블리셔의 모든 서브스크라이버와 공유한다.

```
private lazy var isUsernameAvailablePublisher:
   AnyPublisher<Bool, Never> =
{
  $username
    .print("username")
    .flatMap { username -> AnyPublisher<Bool, Never> in
      self.authenticationService
        .checkUserNameAvailable(userName: username)
    }
    .receive(on: DispatchQueue.main)
    .share()
    .eraseToAnyPublisher()
```

```
}()
```

업데이트된 코드를 실행하면 $username 퍼블리셔에 더 이상 서브스크라이버가 두 명이 아닌 한 명만 있는 것을 확인할 수 있다.

```
username: receive subscription: (PublishedSubject)
username: request unlimited
username: receive value: ()
```

이제 파이프라인에 2개의 게시된 프로퍼티(isValid 및 usernameMessage)가 구독되고 있는데, 왜 서브스크라이버가 한 명뿐인지 궁금할 수 있다.

이에 대한 답은 간단하다. share 연산자는 궁극적으로 이 한 명의 서브스크라이버이며, 차례로 isValid와 isUsernameAvailablePublisher에 의해 구독되고 있다. 이를 증명하기 위해 파이프라인에 다른 print() 연산자를 추가해보자.

```
private lazy var isUsernameAvailablePublisher:
  AnyPublisher<Bool, Never> =
{
  $username
    .print("username")
    .flatMap { username -> AnyPublisher<Bool, Never> in
      self.authenticationService
        .checkUserNameAvailable(userName: username)
    }
    .receive(on: DispatchQueue.main)
    .share()
    .print("share")
    .eraseToAnyPublisher()
}()
```

다음의 결과 출력에서 share는 2개의 구독(1, 2)을 수신하고 username은 하나(3)만 수신하는 것을 볼 수 있다.

```
share: receive subscription: (Multicast)                    // (1)
share: request unlimited
username: receive subscription: (PublishedSubject)          // (3)
username: request unlimited
username: receive value: ()
share: receive subscription: (Multicast)                    // (2)
share: request unlimited
share: receive value: (true)
share: receive value: (true)
```

share()는 업스트림 퍼블리셔로부터 이벤트를 수신해 모든 서브스크라이버에게 멀티캐스트하는 포크^{fork}라고 생각하면 된다.

버그인가요, 기능인가요?

계속해서 사용자 이름 필드에 몇 개의 문자를 입력하면 문자를 입력할 때마다 서버에 2개의 요청이 계속 전송되는 것을 볼 수 있다.

이는 iOS 15의 문제일 수 있다. 디버깅을 조금 해본 결과 TextField가 모든 키 입력을 2번 전송하는 것 같다. 이전 버전의 iOS에서는 이런 문제가 발생하지 않았고, iOS 15의 버그라고 생각하기 때문에 이 문제를 재현하고자 샘플 프로젝트를 만들어 애플에 피드백(FB9826727)을 제출했다(https://github.com/peterfriese/AppleFeedback/tree/main/FB9826727).

이 문제가 회귀 이슈(regression)임에 동의한다면 독자들도 피드백을 제출하는 것을 고려해 보자. 중복된 버그가 많이 접수될수록 해결될 가능성이 높아진다.

---

debounce를 사용한 추가적 UX 최적화

원격 시스템과 통신하는 UI를 만들 때 시스템에서 피드백을 제공하는 속도보다 사용자들은 훨씬 빠르게 입력한다는 점을 염두에 둬야 한다.

예를 들어 내 경우에는 사용자 이름을 고를 때 보통 단어 중간에 멈추지 않고 선호하는 사용자 이름을 입력한다. 이 사용자 아이디의 처음 몇 개 문자가 사용 가능한지 여부는 상관없고 전체 이름에만 관심이 있다. 매번 키를 입력할 때마다 불완전한 사용자 이름을 서버로 전송하는 것은 상식을 벗어나고 낭비라 생각한다.

이를 방지하기 위해 컴바인의 debounce 연산자를 제공한다. debounce 연산자는 멈춤 이벤트가 발생하기 전까지 모든 이벤트를 무시한다. 그리고 멈춤 이벤트가 발생한 이후에야 비로소 가장 최근 이벤트를 다운스트림 퍼블리셔로 전달한다.

```
private lazy var isUsernameAvailablePublisher:
  AnyPublisher<Bool, Never> =
{
  $username
    .debounce(for: 0.8, scheduler: DispatchQueue.main)
    .print("username")
    .flatMap { username -> AnyPublisher<Bool, Never> in
      self.authenticationService
        .checkUserNameAvailable(userName: username)
    }
    .receive(on: DispatchQueue.main)
    .share()
    .print("share")
    .eraseToAnyPublisher()
}()
```

이렇게 하면 컴바인은 0.8초의 일시 정지가 있을 때까지 username에 대한 모든 업데이트를 무시한다. 일시 정지가 발생하면 그제야 파이프라인의 다음 연산자에 가장 최근 username을 보낸다(여기서 이 연산자는 print를 말하며, 이벤트를 flatMap 연산자에 전달한다).

이 방식을 사용해 일반적인 사용자 입력 동작에 훨씬 적합하게 해주고 앱이 서버에 보내는 요청 수를 줄일 수 있다.

removeDuplicates를 사용해 동일한 요청을 2번 보내지 않기

어떤 사람과 대화하면서 같은 질문을 2번씩 한 적이 있는가? 약간 어색한 상황이고 상대방은 아마 당신이 자신에게 주의를 기울이고 있는지 궁금해 할 것이다.

인공지능이 발전하고 있긴 하지만 컴퓨터에는 감정이 없기 때문에 같은 API 요청을 2번 보낸다고 해서 섭섭해 하지는 않을 것이다. 하지만 사용자에게 최상의 경험을 제공하려면 가능하면 중복 요청을 보내지 않도록 노력해야 한다.

컴바인에는 removeDuplicates라는 연산자가 있다. removeDuplicates 연산자는 이벤트 스트림에서 이벤트가 서로 뒤따르는 경우 중복된 이벤트를 제거한다.

removeDuplicates 연산자는 debouce 연산자와 함께 사용하면 매우 효과적이며, 이 두 연산자를 함께 사용하면 사용자 이름 유효성 검사를 좀 더 최적화할 수 있다.

```
private lazy var isUsernameAvailablePublisher:
  AnyPublisher<Bool, Never> =
{
  $username
    .debounce(for: 0.8, scheduler: DispatchQueue.main)
    .removeDuplicates()
    .print("username")
    .flatMap { username -> AnyPublisher<Bool, Never> in
      self.authenticationService
        .checkUserNameAvailable(userName: username)
    }
    .receive(on: DispatchQueue.main)
    .share()
```

```
    .print("share")
    .eraseToAnyPublisher()
}()
```

사용자가 철자를 잘못 입력한 후 수정한다고 가정했을 때 두 연산자를 함께 사용함으로써 서버로 보내는 수많은 요청을 좀 더 감소시킬 수 있다.

다음의 예제를 보자.

> jonyive [일시정지] s [백스페이스]

그러면 다음과 같은 요청이 전송된다.

1. jonyive
2. jonyive 요청 없음(디바운스 시간 초과 전에 s가 삭제됐으므로)
3. jonyive에 대한 두 번째 요청 없음(removeDuplicates에 의해 필터링됐기 때문)

아주 작은 변화이고 그 영향이 크지 않을 수도 있지만 모든 작은 변화가 모여 큰 변화를 이끈다.

하나의 코드로 통합

9장에서는 사용자 아이디가 3자 이상인지 확인하는 검사 루틴을 구현해봤다. username에 최소 3자 이상의 문자가 있고 여전히 사용 가능한지 확인하려면 isUsernameLengthPublisher와 isUsernameAvailablePublisher를 결합해야 한다. 이를 위해 이전과 마찬가지로 Publishers.CombineLatest()를 사용할 수 있다.

isUsernameLengthValidPublisher와 isUsernameAvailablePublisher가 보내는 이벤트를 결합하는 새 퍼블리셔인 isUsernameValidPublisher를 만들어보자.

```
enum UserNameValid {
  case valid
  case tooShort
  case notAvailable
}

private lazy var isUsernameValidPublisher:
  AnyPublisher<UserNameValid, Never> =
{
  Publishers.CombineLatest(
    isUsernameLengthValidPublisher, isUsernameAvailablePublisher )
  .map { longEnough, available in
    if !longEnough {
      return .tooShort
    }
    if !available {
      return .notAvailable
    }
    return .valid
  }
  .share()
  .eraseToAnyPublisher()
}()
```

UserNameValid 열거형을 사용하면 파이프라인의 서브스크라이버에게는 의미 있는 결과를 반환하는 데 도움을 줄 수 있다.

이 새 퍼블리셔를 사용하려면 isFormValidPublisher도 그에 따라 적절히 업데이트해야 한다.

```
private lazy var isFormValidPublisher:
  AnyPublisher<Bool, Never> =
{
  Publishers.CombineLatest(
```

```
        isUsernameValidPublisher,
        isPasswordValidPublisher
    )
    .map { ($0 == .valid) && $1 }
    .eraseToAnyPublisher()
}()
```

연습문제

1. isUsernameValidPublisher는 다소 비효율적이다. username이 너무 짧은 경우조차 서버로 ping을 보낸다. username의 길이를 파이프라인에 적용해서 이를 개선해보자.
2. 오류 처리 로직을 개선하자. 서버 오류를 사용할 수 없는 사용자 아이디에 매핑하는 대신 checkUsernameAvailable로부터 Result를 반환하자.

정리

9장에서는 컴바인을 사용해 네트워크에 액세스하는 방법과 이를 통해 각각의 콜백 기반 코드보다 읽기 쉽고 유지 관리하기 쉬운 물처럼 아래로 흐르는 코드를 작성해 봤다.

또한 뷰 모델을 사용하고 @Published 프로퍼티에 파이프라인을 연결해 네트워크 요청을 하는 컴바인 파이프라인을 SwiftUI에 연결하는 방법도 살펴봤다.

그리고 컴바인을 사용해 원격 서버(또는 실제로는 모든 비동기 API)와의 통신을 더 효율적으로 만드는 방법도 알아봤다.

share 연산자를 사용하면 여러 서브스크라이버를 퍼블리셔/파이프라인에 연결하고 각 서브스크라이버에 대해 많은 비용과 시간이 소요되는 처리를 실행하지 않아도 된다. 이는 원격 서버나 I/O와 관련된 모듈 등 처리 중인 모듈보다 지연시간이 긴 API에 액세스할 때 특히 유용하다.

debounce 연산자를 사용하면 사용자 입력과 같이 짧은 순간에 발생하는 이벤트를 좀 더 효율적으로 처리할 수 있다. 파이프라인을 따라 내려오는 모든 이벤트를 처리하는 대신 일시 중지를 기다렸다가 가장 최근 이벤트에 대해서만 작업한다.

removeDuplicates 연산자를 사용하면 중복 이벤트 처리를 피할 수 있다. 이름에서 알 수 있듯이 이 연산자는 debounce 연산자를 사용할 때 사용자가 캐릭터를 추가했다가 제거하는 것과 같이 바로 이어지는 모든 중복 이벤트를 제거한다.

이러한 연산자를 함께 사용하면 원격 서버 및 기타 비동기 API에 액세스하는 클라이언트를 좀 더 효율적으로 만들 수 있다.

앞으로 더 많은 시간을 할애해야 할 부분은 오류 및 기타 예기치 않은 상황에 대한 적절한 처리 방법에 대한 것이다. 9장에서는 replaceError(with:)를 사용해 모든 오류를 nil 값으로 대체했다. 이 방법은 차단을 해제하는 데 도움이 됐지만 실제 애플리케이션에서는 오류를 처리하는 더 유연한 방법이 필요하다. 10장에서는 이를 위한 몇 가지 옵션을 알아본다.

10장

컴바인의 오류 처리

오류 처리 관점에서 볼 때 개발자들은 일반적으로 낙관적인 편이다. 적어도 개발자들이 작성한 코드를 보면 그런 인상을 받을 수 있다. 개발자들은 대부분 행복한 경로에 집중하고 오류 처리에 훨씬 적은 시간과 노력을 들이는 경향이 있다.

9장을 배우는 과정에서도 오류 처리는 꼼꼼하지 않았다. 실제로 오류를 기본값으로 대체했는데, 이는 앱 프로토타이핑에는 괜찮았지만 프로덕션 앱에서는 올바른 전략이 아닐 것이다.

이제 10장에서는 오류를 적절하게 처리하는 방법을 자세히 살펴보자.

9장에서 작업을 시작한 가입 양식에 대한 작업을 계속하겠다. 다시 한 번 언급하자면 컴바인을 사용해 사용자 입력의 유효성을 검사하고, 이 유효성 검사의 일부로 앱은 앱의 인증 서버에 있는 엔드포인트endpoint를 호출해 사용자가 선택한 사용자 이름을 계속 사용할 수 있는지 확인한다. 엔드포인트는 이름을 계속 사용할 수 있는지 여부에 따라 참 또는 거짓을 반환한다. 또한 서버는 사용자 이름 유효성 검사 시 문제가 발생할 경우 적절한 HTTP 상태 코드와 오류 페이로드를 반환한다.

오류 처리 전략

오류 처리 방법을 자세히 알아보기 전에 몇 가지 오류 처리 전략과 각 전략이 시나리오에 적합한지 알아보자.

오류 무시

오류를 무시하는 방법은 처음에는 끔찍한 아이디어처럼 들릴 수 있지만 특정 상황에서 특정 유형의 오류를 처리할 때 실제로 실행 가능한 옵션이다. 몇 가지 예를 살펴보자.

- 사용자의 기기가 일시적으로 오프라인 상태 또는 앱이 서버에 연결할 수 없는 특별한 이유가 있는 경우
- 현재 서버가 다운됐지만 곧바로 복구되는 경우

대부분의 경우 사용자는 오프라인 상태에서 계속 작업할 수 있으며, 기기가 다시 온라인 상태가 되면 앱은 서버와 동기화하려 할 것이다. 물론 이를 위해서는 일종의 오프라인 동기화 솔루션(예: 클라우드 파이어스토어Cloud Firestore[1])이 필요하다.

데이터가 아직 동기화되지 않았다는 사실을 이해할 수 있도록 몇 가지 사용자 피드백을 제공하는 것이 좋다. 대부분의 앱은 동기화 프로세스가 아직 진행 중임을 나타내는 아이콘(예: 위쪽을 가리키는 화살표가 있는 구름)을 표시하거나, 온라인 상태가 되면 수동으로 동기화를 트리거해야 한다는 경고 표시를 표시한다.

재시도(기하급수적인 백오프 사용)

상황에 따라서는 오류를 무시할 수 없는 경우도 있다. 인기 있는 이벤트의 예약 시스템이 요청량으로 인해 서버에 과부하가 걸릴 수 있다고 가정해보자. 이 경우

---

1. 실시간 동기화 기능을 갖춘 NoSQL 클라우드 데이터베이스로, 파이어베이스(Firebase)의 일부다(https://firebase.google.com/products/firestore 참고).

몇 초마다 '새로 고침'을 누르는 사용자로 인해 시스템이 과부하되지 않도록 처리해야 한다. 대신 재시도 사이의 시간을 분산시켜야 할 것이다. 기하급수적인 백오프^{backoff} 전략을 사용하는 것은 사용자와 시스템 운영자 모두에게 이익이 된다. 운영자는 계속 새로 고침해서 접속하려는 사용자로 인해 서버가 더 이상 과부하되지 않게 할 수 있으며, 사용자 역시 앱이 자동으로 재시도하기 때문에 결국 예약을 완료할 수 있다.

오류 문구 표시

문서 저장에 실패한 경우와 같이 사용자의 조치가 필요한 오류도 있다. 이 경우 모델^{model} 대화상자를 표시해 사용자의 주의를 환기하고 진행 방법을 묻는 것이 적절하다. 덜 심각한 오류의 경우 토스트^{toast}(잠시 표시됐다가 사라지는 오버레이)를 표시하면 충분할 것이다.

전체 뷰를 오류 뷰로 덮어버리기

일부 상황에서는 전체 화면을 오류 UI로 대체하는 것이 적절할 수도 있다. 기기가 오프라인 상태인 경우 크롬 디노^{Chrome Dino}를 표시해 기기가 오프라인 상태임을 사용자에게 알리고 연결이 복구될 때까지 재미있는 <점프 앤 런> 게임으로 시간을 보낼 수 있게 하는 것이 대표적인 예다.

그림 10-1 크롬 디노 게임

인라인 오류 메시지 표시

이 옵션은 사용자가 제공한 데이터가 유효하지 않은 경우에 유용한 옵션이다. 로컬 양식 유효성(local form validation) 검사를 사용해 모든 입력 오류를 감지할 수 있는 것은 아니다. 예를 들어 특정 온라인 스토어에서 특정 금액 이상의 배송은 특정 배송업체를 통해 배송해야 한다는 비즈니스 규칙이 있을 수 있다. 클라이언트 앱에서 이러한 비즈니스 규칙을 모두 구현하는 것이 항상 가능한 것은 아니므로(구성 가능한 규칙 엔진이 도움이 될 수 있음) 이러한 종류의 의미론적 오류를 처리할 준비가 돼 있어야 한다.

이상적으로는 이러한 종류의 오류를 각 입력 필드 옆에 표시해 사용자가 올바른 입력을 제공할 수 있게 도와야 한다.

일반적인 오류 조건 및 처리 방법

현실 세계 시나리오에서 이를 적용하는 방법을 더 잘 이해할 수 있도록 이 시리즈의 앞부분에서 만든 가입 양식에 몇 가지 오류 처리를 추가해보자. 특히 다음과 같은 오류 조건을 처리해보자.

- 장치/네트워크 오프라인
- 시맨틱 유효성 검사 오류
- 응답 구문 분석 오류/잘못된 URL
- 내부 서버 오류

10장의 코드를 따라 해보고 싶다면 이 책의 깃허브 리포지토리[2]에 있는 10장의 폴더에서 찾을 수 있다. server 하위 폴더에는 앞으로 다룰 모든 오류 조건을 시뮬레이션하는 데 도움이 되는 로컬 서버가 있다.

---

2. https://github.com/peterfriese/SwiftUI-Combine-Book

오류 가능성 있는 네트워크 API 구현

9장에서는 인증 서버와 인터페이스하는 **AuthenticationService**를 구현했다. 이를 통해 모든 것을 깔끔하게 정리하고 관심사별로 구분할 수 있었다.

- 뷰(SignUpScreen)는 상태를 표시하고 사용자의 입력을 받는다.
- 뷰 모델(SignUpScreenViewModel)은 뷰가 표시하는 상태를 유지한다. 그리고 다른 API를 사용해 사용자의 행동에 반응한다. 이 특정 앱에서 뷰 모델은 인증 서버와 상호작용하기 위해 인증 서비스를 사용한다.
- 서비스(AuthenticationService)는 인증 서버와 상호작용한다. 이 서비스의 주요 임무는 서버의 응답을 클라이언트가 작업할 수 있는 형식으로 가져오는 것이다. 예를 들어 JSON을 스위프트 구조체로 변환하고 (이 게시물과 가장 관련성이 높은) 네트워크 계층 오류를 처리해 클라이언트가 더 잘 작업할 수 있는 UI 수준 오류로 변환한다.

다음 다이어그램은 개별 유형이 어떻게 함께 작동하는지에 대한 개요를 제공한다.

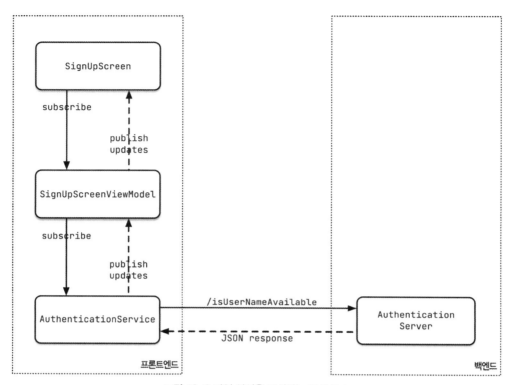

그림 10-2 가입 양식을 구성하는 구성 요소

9장에서 작성한 코드를 살펴보면 checkUserNamerAvailablePublisher의 실패 유형이 Never인 것을 알 수 있다. Never는 오류가 발생하지 않을 것이라고 주장한다는 의미다.

```
func checkUserNameAvailablePublisher(userName: String) ->
AnyPublisher<Bool, Never> { ... }
```

특히 네트워크 오류가 매우 흔하다는 점을 감안하면 꽤 대담한 주장이다. 오류가 발생하면 반환값을 false로 대체했기 때문에 오류 없음을 보장할 수 있었다.

```swift
func checkUserNameAvailablePublisher(userName: String)
    -> AnyPublisher<Bool, Never> {
  guard let url = URL(string: "http://127.0.0.1:8080/
  isUserNameAvailable?userName=\(userName)") else {
    return Just(false).eraseToAnyPublisher()
  }

  return URLSession.shared.dataTaskPublisher(for: url)
    .map(\.data)
    .decode(type: UserNameAvailableMessage.self,
        decoder: JSONDecoder())
    .map(\.isAvailable)
    .replaceError(with: false)
    .eraseToAnyPublisher()
}
```

이렇게 관대하게 구현된 부분을 좀 더 사용자에게 의미 있는 오류 문구으로 보여주게 하려면 먼저 퍼블리셔의 failure 유형을 먼저 변경해야 하고 단순히 false를 반환하는 방식으로 오류를 무시하면 안 된다.

```swift
enum APIError: LocalizedError {
  /// 잘못된 요청, 예)URL오류
  case invalidRequestError(String)
}

struct AuthenticationService {

  func checkUserNameAvailablePublisher(userName: String)
      -> AnyPublisher<Bool, Error> {
    guard let url =
        URL(string: "http://127.0.0.1:8080/
        isUserNameAvailable?userName=\(userName)") else {
      return Fail(error: APIError.invalidRequestError("URL invalid"))
        .eraseToAnyPublisher()
    }
```

```
    return URLSession.shared.dataTaskPublisher(for: url)
      .map(\.data)
      .decode(type: UserNameAvailableMessage.self,
              decoder: JSONDecoder())
      .map(\.isAvailable)
//    .replaceError(with: false)
      .eraseToAnyPublisher()
  }
}
```

또한 사용자 정의 오류 유형인 `APIError`를 도입했다. 이를 통해 네트워크 오류나 데이터 매핑 오류 등 API 내부에서 발생할 수 있는 모든 오류를 의미적으로 풍부한 오류로 변환해 뷰 모델에서 더 쉽게 처리할 수 있다.

API 호출과 오류 처리

API에 이제 실패^{failure} 유형이 생겼으니 호출부도 업데이트해야 한다. 퍼블리셔가 오류를 발생시키면 오류를 캡처하지 않는 한 파이프라인이 종료된다. `flatMap`을 사용할 때 오류를 처리하는 일반적인 접근 방식은 `catch` 연산자와 결합하는 것이다.

```
somePublisher
  .flatMap { value in
    callSomePotentiallyFailingPublisher()
    .catch { error in
      return Just(someDefaultValue)
    }
  }
  .eraseToAnyPublisher()
```

이 전략을 뷰 모델의 코드에 적용하면 다음과 같은 코드가 생성된다.

```
private lazy var isUsernameAvailablePublisher:
  AnyPublisher<Bool, Never> =
{
  $username
    .debounce(for: 0.8, scheduler: DispatchQueue.main)
    .removeDuplicates()
    .flatMap { username -> AnyPublisher<Bool, Never> in
      self.authenticationService
      .checkUserNameAvailablePublisher(userName: username)
      .catch { error in // (1)
        return Just(false) // (2)
      }
      .eraseToAnyPublisher()
    }
    .receive(on: DispatchQueue.main)
    .share()
    .eraseToAnyPublisher()
}()
```

이렇게 하면 처음 시작했던 곳으로 돌아간다. API에서 오류(예: 사용자 이름이 너무 짧음)가 발생하면 오류(1)를 포착하고 이를 false(2)로 대체하는데, 이는 이전에 했던 동작과 완전히 같다. 단지 코드가 좀 많아졌다.

이 접근 방식으로는 아무것도 얻을 수 없는 것 같으니 한 걸음 물러나서 솔루션에 대한 요구 사항을 살펴보자.

- 파이프라인에서 방출되는 값을 사용해 제출 버튼의 상태를 바꾸고 싶다. 또한 선택한 사용자 이름이 존재하지 않으면 경고 메시지를 표시하고 싶다.
- 파이프라인에서 실패가 발생하면 제출 버튼을 비활성화하고, 입력 필드 아래의 오류 레이블에 오류 메시지를 표시하려고 한다.
- 10장의 뒷부분에서 설명하겠지만 오류를 정확히 처리하는 방법은 실패의 유형에 따라 달라진다.

이는 다음을 의미한다.

- 실패와 성공^{success}을 모두 받을 수 있는지 확인해야 한다.
- 실패를 받아도 파이프라인이 종료되지 않게 해야 한다.

요구 사항을 만족하려면 checkUserNameAvailablePublisher의 결과를 Result 타입에 매핑해야 한다. Result는 성공 및 실패 상태를 모두 캡처할 수 있는 열거형이다. checkUserNameAvailablePublisher의 결과를 Result에 매핑하면 failuer를 방출하는 경우에도 파이프라인이 더 이상 종료되지 않는다는 것을 의미한다.

먼저 Result 타입에 대한 typealias를 정의해 작업을 좀 더 쉽게 만들어보자.

```
typealias Available = Result<Bool, Error>
```

퍼블리셔의 결과를 Result 타입으로 바꾸려면 John Sundell의 <The power of extensions in Swift>[3]라는 블로그 글에서 구현한 다음 연산자 asResult를 사용할 수 있다.

```
extension Publisher {
  func asResult() ->
    AnyPublisher<Result<Output, Failure>, Never>
  {
    self
      .map(Result.success)
      .catch { error in
        Just(.failure(error))
      }
      .eraseToAnyPublisher()
  }
}
```

---

3. https://bit.ly/3GH1WZT

asResult를 사용해 뷰 모델에서 다음과 같이 `isUsernameAvailablePublisher`를 업데이트할 수 있다.

```
private lazy var isUsernameAvailablePublisher:
  AnyPublisher<Available, Never> =
{
  $username
    .debounce(for: 0.8, scheduler: DispatchQueue.main)
    .removeDuplicates()
    .flatMap { username -> AnyPublisher<Available, Never> in
      self.authenticationService
        .checkUserNameAvailablePublisher(userName: username)
        .asResult()
    }
    .receive(on: DispatchQueue.main)
    .share()
    .eraseToAnyPublisher()
}()
```

기초적인 부분은 이제 준비가 됐다. 앞서 설명한 다양한 오류 시나리오를 처리하는 방법을 살펴보자.

장치/네트워크 오프라인 오류 처리

모바일 기기에서는 연결 상태가 불규칙한 경우가 매우 흔하다. 특히 이동 중일 때 해당 지역에서 연결 상태가 좋지 않거나 연결이 끊길 수 있다.

오류 문구를 표시할지 여부는 상황에 따라 다르다.

이 사용 사례에서는 사용자가 최소한 간헐적으로 연결됐다고 가정할 수 있다. 사용자에게 서버에 연결할 수 없다고 알려주면 사용자가 양식을 작성하는 동안 오히려 방해가 될 수 있다. 대신 양식 유효성 검사를 위해 연결 오류를 무시하고 로컬 양식 유효성 검사 로직을 실행해야 한다.

사용자가 모든 세부 정보를 입력하고 양식을 제출한 후에도 기기가 여전히 오프라인 상태인 경우 오류 메시지를 표시해야 한다.

이러한 유형의 오류를 잡으려면 두 곳에서 변경해야 한다. 먼저 checkUserNameAvailablePublisher에서 mapError를 사용해 업스트림 오류를 포착하고 이를 APIError로 전환한다.

```swift
enum APIError: LocalizedError {
    /// 잘못된 요청(예: 잘못된 URL)
    case invalidRequestError(String)

    /// 전송 계층(transport layer)에 오류가 있음을 나타냄
    /// 예: 서버에 연결할 수 없음
    case transportError(Error)
}

struct AuthenticationService {

    func checkUserNameAvailablePublisher(userName: String)
        -> AnyPublisher<Bool, Error>
    {
        guard let url = URL(string: "http://127.0.0.1:8080/
        isUserNameAvailable?userName=\(userName)") else {
            return Fail(error:
                APIError.invalidRequestError("URL invalid")
            )
            .eraseToAnyPublisher()
        }

        return URLSession.shared.dataTaskPublisher(for: url)
            .mapError { error -> Error in
                return APIError.transportError(error)
            }
            .map(\.data)
            .decode(type: UserNameAvailableMessage.self,
                    decoder: JSONDecoder())
```

```
        .map(\.isAvailable)
        .eraseToAnyPublisher()
    }
  }
```

그런 다음 뷰 모델에서 결과를 매핑해 **failure**인지 감지한다(1, 2). 그렇다면 오류를 추출해 네트워크 전송 오류^{network transport error}인지 확인한다. 해당 오류인 경우 빈 문자열(3)을 반환해 오류 메시지를 표시하지 않는다.

```
class SignUpScreenViewModel: ObservableObject {

  // ...

  init() {
    isUsernameAvailablePublisher
      .map { result in
        switch result {
          case .failure(let error): // (1)
            if case APIError.transportError(_) = error {
              return "" // (3)
            }
            else {
              return error.localizedDescription
            }
          case .success(let isAvailable):
            return isAvailable ? ""
              : "This username is not available"
        }
      }
      .assign(to: &$usernameMessage) // (4)

    isUsernameAvailablePublisher
      .map { result in
        if case .failure(let error) = result { // (2)
          if case APIError.transportError(_) = error {
```

```
            return true
        }
        return false
    }

    if case .success(let isAvailable) = result {
        return isAvailable
    }
    return true
}
.assign(to: &$isValid) // (5)
    }
}
```

isUsernameAvailablePublisher가 성공을 반환한 경우 원하는 사용자 이름을 사용할 수 있는지 여부를 알려주는 Bool을 추출하고 이를 적절한 메시지에 매핑한다.

마지막으로 파이프라인의 결과를 뷰의 UI를 구동하는 usernameMessage(4) 및 isValid(5) 게시된 프로퍼티에 할당한다.

네트워크 오류를 무시하는 것은 이러한 종류의 UI에서 실행 가능한 옵션이지만, 사용 사례에 따라 완전히 다른 이야기가 될 수 있으므로 이 기술을 적용할 때는 스스로 판단해야 한다.

지금까지는 사용자에게 오류를 노출하지 않았으므로 실제로 사용자에게 알리고 싶은 오류 범주로 넘어가겠다.

유효성 검사 오류 처리

대부분의 유효성 검사 오류^{validation error}는 클라이언트에서, 즉 로컬 영역에서 처리해야 하지만 반드시 서버 측에서 추가로 유효성 검사를 실시해야만 할 때도 있다. 이상적으로는 서버가 4xx 범위의 HTTP 상태 코드를 반환하고, 선택적으로 자세한 내용을 제공하는 페이로드를 반환해야 한다.

예제 앱에서 서버는 최소 4자의 사용자 이름 길이를 요구하며, 금지된 사용자 이름 목록(예: 'admin' 또는 'superuser')을 갖고 있다.

이러한 경우 경고 메시지를 표시하고 **제출** 버튼을 비활성화하려고 한다.

백엔드 구현은 Vapor를 기반으로 하며 유효성 검사 오류에 대해 HTTP 상태 **400**과 오류 페이로드로 응답한다. 구현이 궁금하다면 `routes.swift` 코드를 확인하면 된다.

이 오류 시나리오를 처리하려면 서비스 구현과 뷰 모델 두 곳에서 변경해야 한다. 먼저 서비스 구현을 살펴보자.

응답에서 페이로드를 추출하기 전에 모든 오류를 처리해야 하므로 서버 오류를 처리하는 코드는 `URLError`를 확인한 후 데이터를 매핑하기 전에 실행해야 한다.

```swift
struct APIErrorMessage: Decodable {
  var error: Bool
  var reason: String
}

...

struct AuthenticationService {

  func checkUserNameAvailablePublisher(userName: String) ->
  AnyPublisher<Bool, Error> {
    guard let url = URL(string: "http://127.0.0.1:8080/
    isUserNameAvailable?userName=\(userName)") else {
```

```
      return Fail(error: APIError.invalidRequestError("URL invalid"))
        .eraseToAnyPublisher()
  }

  return URLSession.shared.dataTaskPublisher(for: url)
    // handle URL errors (most likely not able to connect to the server)
    .mapError { error -> Error in
      return APIError.transportError(error)
    }

    // handle all other errors
    .tryMap { (data, response) -> (data: Data, response: URLResponse) in
      print("Received response from server, now checking status code")

      guard let urlResponse = response as?
      HTTPURLResponse else {
        throw APIError.invalidResponse // (1)
      }

      if (200..<300) ~= urlResponse.statusCode { // (2)
      }
      else {
        let decoder = JSONDecoder()
        let apiError = try decoder.decode(APIErrorMessage.self,
             from: data) // (3)

        if urlResponse.statusCode == 400 { // (4)
          throw APIError.validationError(apiError.reason)
        }
      }
      return (data, response)
    }

    .map(\.data)
    .decode(type: UserNameAvailableMessage.self,
         decoder: JSONDecoder())
    .map(\.isAvailable)
```

```
//         .replaceError(with: false)
         .eraseToAnyPublisher()
  }
}
```

이 코드 조각이 수행하는 작업을 자세히 살펴보자.

1. 응답이 `HTTPURLResponse`가 아닌 경우 `APIError.invalidResponse`를 반환한다.
2. 스위프트의 패턴 매칭을 사용해 요청이 성공적으로 실행됐는지, 즉 200에서 299 범위의 HTTP 상태 코드가 있는지 감지한다.
3. 그렇지 않으면 서버에 오류가 발생한 것이다. Vapor를 사용하기 때문에 서버는 오류에 대한 세부 정보를 JSON 페이로드(https://docs.vapor.codes/4.0/errors/)로 반환하므로, 이제 이 정보를 `APIErrorMessage` 구조체에 매핑해 다음 코드에서 좀 더 의미 있는 오류 메시지를 생성할 수 있다.
4. 서버가 HTTP 상태 `400`을 반환하면 유효성 검사 오류임을 알 수 있으므로(자세한 내용은 서버 구현 참고) 서버에서 받은 자세한 오류 메시지를 포함한 `APIError.validationError`를 반환한다.

이제 뷰 모델에서 이 정보를 사용해 사용자가 선택한 사용자 이름이 요구 사항을 충족하지 않는다는 것을 사용자에게 알릴 수 있다.

```
init() {
  isUsernameAvailablePublisher
    .map { result in
      switch result {
        case .failure(let error):
          if case APIError.transportError(_) = error {
            return ""
          }
          else if case APIError.validationError(let reason) = error {
```

```
            return reason
        }
        else {
            return error.localizedDescription
        }
    case .success(let isAvailable):
        return isAvailable ? "" : "This username is not available" }
    }
    .assign(to: &$usernameMessage)
```

해당 코드는 단지 3줄에 불과하다. 힘든 작업은 이제 모두 끝이다, 이제 혜택을 누릴 차례다.

응답 파싱 오류 처리

서버가 전송한 데이터가 클라이언트가 예상한 것과 일치하지 않는 경우는 많다.

- 응답이 추가 데이터를 포함한다거나 일부 필드의 이름이 변경된 경우
- 클라이언트가 캡티브 포털^{captive portal}(예: 호텔)을 통해 연결하는 경우

캡티브 포털인 경우 클라이언트가 데이터를 수신하지만 잘못된 형식이다. 사용자가 상황을 해결하도록 돕고자 응답을 분석한 후 다음과 같이 적절한 안내를 제공해야 한다.

- 최신 버전의 앱을 다운로드해야 함
- 시스템 브라우저를 통해 캡티브 포털에 로그인해야 함

현재 구현은 디코드 연산자를 사용해 응답 페이로드를 디코딩하고 페이로드를 매핑할 수 없는 경우 오류를 던진다. 이는 잘 작동하며 모든 디코딩 오류가 포착돼 UI에 표시된다. 하지만 "데이터가 누락돼 데이터를 읽을 수 없습니다."와 같은 오류 메시지는 사용자 친화적이지 않다. 대신 사용자에게 좀 더 의미 있는 메시지를

표시하고 최신 버전의 앱으로 업그레이드할 것을 제안하는 메시지를 표시해보자(서버가 새 앱에서 활용할 수 있는 추가 데이터를 반환한다고 가정할 때).

디코딩 오류에 대한 좀 더 세분화된 정보를 제공하려면 decode 연산자를 사용하지 말고 대신 데이터를 수동으로 매핑하는 방식을 이용해보자(JSONDecoder와 Swift의 Codable 프로토콜 덕분에 이 작업은 매우 간단하므로 걱정하지 말자).

```
// ...
.map(\.data)
// .decode(type: UserNameAvailableMessage.self,
//         decoder: JSONDecoder())
.tryMap { data -> UserNameAvailableMessage in
  let decoder = JSONDecoder()
  do {
    return try decoder.decode(UserNameAvailableMessage.self,
                              from: data)
  }
  catch {
    throw APIError.decodingError(error)
  }
}
.map(\.isAvailable)
// ...
```

APIError를 LocalizedError로 변경하고 errorDescription 프로퍼티를 구현하면 좀 더 사용자 친화적인 오류 메시지를 제공할 수 있다(다른 오류 조건에 대한 사용자 정의 메시지도 포함했다).

```
enum APIError: LocalizedError {
  /// 잘못된 요청, 예: 잘못된 URL
  case invalidRequestError(String)

  /// 전송 계층에서 오류 발생, 예: 서버에 연결할 수 없음
```

```
  case transportError(Error)

  /// 올바르지 못한 응답을 받음, 예, non-HTTP 결과
  case invalidResponse

  /// 서버 측 유효성 오류
  case validationError(String)

  /// 서버가 보낸 예기치 못한 형식의 데이터
  case decodingError(Error)

  var errorDescription: String? {
    switch self {
      case .invalidRequestError(let message):
        return "Invalid request: \(message)"
      case .transportError(let error):
        return "Transport error: \(error)"
      case .invalidResponse:
        return "Invalid response"
      case .validationError(let reason):
        return "Validation Error: \(reason)"
      case .decodingError:
        return "The server returned data in an unexpected format.
          Try updating the app."
    }
  }
}
```

이제 사용자가 앱을 업데이트해야 한다는 사실을 명확하게 알 수 있도록 알럿^{alert}도 표시하자. 알럿^{alert} 코드는 다음과 같다.

```
struct SignUpScreen: View {
  @StateObject private var viewModel = SignUpScreenViewModel()

  var body: some View {
```

```
Form {
  // ...
}

// 업데이트 대화상자를 표시한다.
.alert("Please update", isPresented: $viewModel.
showUpdateDialog, actions: {
  Button("Upgrade") {
    // 앱에 대한 스토어 목록을 연다.
  }
  Button("Not now", role: .cancel) { }
}, message: {
  Text("It looks like you're using an older version of this
  app. Please update your app.")
})
  }
}
```

뷰 모델의 @published 프로퍼티인 showUpdateDialog가 알림 표시 상태를 구동하는 것을 알 수 있다. 그에 맞게 뷰 모델을 업데이트하고(1) isUsernameAvailablePublisher의 결과를 showUpdateDialog에 매핑하는 컴바인 파이프라인도 추가해보자.

```
class SignUpScreenViewModel: ObservableObject {
  // ...

  @Published var showUpdateDialog: Bool = false // (1)

  // ...

  private lazy var isUsernameAvailablePublisher:
    AnyPublisher<Available, Never> = {
    $username
      .debounce(for: 0.8, scheduler: DispatchQueue.main)
      .removeDuplicates()
```

```
        .flatMap { username -> AnyPublisher<Available, Never> in
          self.authenticationService
            .checkUserNameAvailablePublisher(userName: username)
            .asResult()
        }
        .receive(on: DispatchQueue.main)
        .share() // (3)
        .eraseToAnyPublisher()
    }()

    init() {
      // ...

      // 디코딩 오류: 새 버전 다운로드를 제안하는 오류 메시지를 표시
      isUsernameAvailablePublisher
        .map { result in
          if case .failure(let error) = result {
            if case APIError.decodingError = error // (2) {
              return true
            }
          }
          return false
        }
        .assign(to: &$showUpdateDialog)
    }
  }
```

보시다시피 화려한 코드는 아니다. 기본적으로 "isUsernameAvailablePublisher"
에서 들어오는 모든 이벤트를 가져와 Bool 값으로 변환한다. 해당 Bool 값은
".decodingError"[2]를 수신할 때만 참이 된다.

isUsernameAvailablePublisher는 이제 3가지 다른 컴바인 파이프라인을 구동하고
있다. 여기서 특히 강조하고 싶은 것은 isUsernameAvailablePublisher가 결국 네
트워크 요청을 일으킨다는 사실이다. 여기서 가장 중요한 점을 언급하자면 키 입

력당 최대 하나의 네트워크 요청만 전송한다는 것이다. 9장에서 share() 연산자(③)를 사용해 이러한 작업을 수행하는 방법을 자세히 설명했다.

내부 서버 오류 처리

드물지만 시스템의 일부가 유지 보수 목적의 오프라인 상태로 전환 또는 일부 프로세스가 죽었거나, 서버에 과부하가 걸리는 등 백엔드에 문제가 발생할 수 있다. 일반적으로 서버는 이를 나타내기 위해 5xx 범위의 HTTP 상태 코드를 반환한다.

오류 조건 시뮬레이션

샘플 서버에는 이 문서에서 설명하는 몇 가지 오류 조건을 시뮬레이션하는 코드가 있다. 특정 사용자 이름 값을 전송해 오류 조건을 트리거할 수 있다.

- 사용자 이름이 4자 미만이면 너무 짧은 유효성 검사 오류가 발생하며, 이 오류는 HTTP 400 상태 코드와 자세한 오류 메시지가 포함된 JSON 페이로드를 통해 알린다.
- 사용자 아이디가 비어 있으면 사용자 아이디가 비어 있지 않아야 함을 나타내는 emptyName 오류 메시지가 표시된다.
- 일부 아이디는 사용이 금지돼 있다. "admin" 또는 "superuser"는 illegalName 유효성 검사 오류를 발생시킨다.
- "peterfriese", "johnnyappleseed", "page", "johndoe"와 같은 다른 사용자 이름은 이미 사용 중이므로 서버는 더 이상 사용할 수 없다고 클라이언트에 알린다.
- 사용자 이름으로 "illegalresponse"를 보내면 필드가 너무 적은 JSON 응답이 반환될 것이고, 클라이언트에서는 디코딩 오류가 발생한다.
- "servererror"를 보내면 데이터베이스 문제(databaseCorrupted)가 시뮬레이션되고 재시도 힌트 없이 HTTP 500으로 신호가 전송된다(일시적인 상황이 아니므로 재시도는 무의미할 것으로 가정한다).
- 사용자 이름으로 "maintenance"를 보내면 유지 관리 오류와 함께 클라이언트가 일정 시간이 지난 후 이 호출을 다시 시도할 수 있음을 나타내는 "retry_after" 헤더가 반환된다(여기서 서버가 예정된 유지 관리 중이며 재부팅 후 백업될 것이라는 의미다).

서버 측 오류를 처리하는 데 필요한 코드를 추가해보자. 이전 오류 시나리오에서 했던 것처럼 HTTP 상태 코드를 APIError 열거형에 매핑하는 코드를 추가해야 한다.

```swift
if (200..<300) ~= urlResponse.statusCode {
  // 정상 케이스
}
else {
  let decoder = JSONDecoder()
  let apiError = try decoder.decode(APIErrorMessage.self, from: data)
  if urlResponse.statusCode == 400 {
    throw APIError.validationError(apiError.reason)
  }
  if (500..<600) ~= urlResponse.statusCode {
    let retryAfter = urlResponse.value(
                        forHTTPHeaderField: "Retry-After")
    throw APIError.serverError(
      statusCode: urlResponse.statusCode,
      reason: apiError.reason,
      retryAfter: retryAfter)
  }
}
```

뷰 모델에 몇 줄의 코드를 추가해 UI에 사용자 친화적인 오류 메시지를 표시해 보자.

```swift
isUsernameAvailablePublisher
  .map { result in
    switch result {
      case .failure(let error):
        if case APIError.transportError(_) = error {
          return ""
        }
```

```
        else if case APIError.validationError(let reason) = error {
            return reason
        }
        else if case APIError.serverError(statusCode: _, reason:
        let reason, retryAfter: _) = error {
            return reason ?? "Server error"
        }
        else {
            return error.localizedDescription
        }
    case .success(let isAvailable):
        return isAvailable ? "" : "This username is not available"
    }
}
.assign(to: &$usernameMessage)
```

여기까지는 문제없이 잘 될 것이다.

일부 서버 측 오류 시나리오의 경우 잠시 후 요청을 다시 시도하는 것이 좋다.
예를 들어 서버가 유지 보수 중이라면 몇 초 후 다시 정상화될 수 있다. 컴바인에는
실패한 작업을 자동으로 재시도할 수 있는 **retry** 연산자가 있다. 이 연산자를 코드
에 추가하는 것은 간단히 한 줄이면 된다.

```
return URLSession.shared.dataTaskPublisher(for: url)
    .mapError { ... }
    .tryMap { ... }
    .retry(3)
    .map(\.data)
    .tryMap { ... }
    .map(\.isAvailable)
    .eraseToAnyPublisher()
```

그러나 앱을 실행하면 알 수 있듯 실패한 요청이 3번이나 시도되고 있다. 이는 우리가 원하는 방향이 아니다. 이를테면 모든 검증 오류가 뷰 모델로 전달되기를 원하고 있지만 그 대신 오류 역시 retry 연산자가 캡처하고 있다.

더더욱 재시도 사이에 일시 중지도 없다. 이미 과부하가 걸린 서버의 부담을 줄이는 것이 목표였다면 요청을 1번이 아니라 4번(원래 요청 + 재시도 3번)이나 보내서 상황을 더욱 악화시키고 있다.

그렇다면 어떻게 해야 다음 조건을 만족할 수 있을까?

1. 특정 유형의 실패만 재시도한다?
2. 실패한 요청을 재시도하기 전에 일시 정지한다?

모든 업스트림 오류가 포착되면 파이프라인을 따라 다음 연산자로 전파할 수 있게 구현해야 한다. 다만 serverError가 잡히면 잠시 멈추고 URL 요청을 재시도할 수 있도록 전체 파이프라인을 다시 시작해야 할 것이다.

우선 (1) 모든 오류를 포착하고, (2) serverError를 필터링하고, (3) 파이프라인을 따라 다른 모든 오류를 전파할 수 있는지 확인해보자. tryCatch 연산자 정의를 보면 '업스트림 퍼블리셔의 오류를 다른 퍼블리셔로 대체하거나 새 오류를 던지게 ^{throw} 처리함'이라 돼 있다. 정확히 지금 필요한 연산자다.

```
return URLSession.shared.dataTaskPublisher(for: url)
  .mapError { ... }
  .tryMap { ... }
  .tryCatch { error -> AnyPublisher<(data: Data, response:
  URLResponse), Error> in // (1) 모든 오류를 포착
    if case APIError.serverError(_, _, let retryAfter) = error
    { // (2) serverError를 필터링
      // ...
    }
    throw error // (3) 모든 오류를 전파
```

```
    }
    .map(\.data)
    .tryMap { ... }
    .map(\.isAvailable)
    .eraseToAnyPublisher()
```

serverError가 잡히면 잠시 기다린 다음 파이프라인을 다시 시작하고 싶을 것이다.

이를 위해 Just 퍼블리셔를 사용해 새 이벤트를 시작해보자. 몇 초간의 지연 이후 flatMap을 사용해 새 dataTaskPublisher를 시작하면 된다. 파이프라인에 대한 전체 코드를 if 문의 안에 복사 및 붙여넣기 하는 대신, dataTaskPublisher를 로컬 변수에 할당한다.

```
let dataTaskPublisher = URLSession.shared.
dataTaskPublisher(for: url)
  .mapError { ... }
  .tryMap { ... }

return dataTaskPublisher
  .tryCatch { error -> AnyPublisher<(data: Data, response:
  URLResponse), Error> in
    if case APIError.serverError = error {
      return Just(()) // (1)
        .delay(for: 3, scheduler: DispatchQueue.global())
        .flatMap { _ in
          return dataTaskPublisher
        }
        .retry(10) // (2)
        .eraseToAnyPublisher()
    }
    throw error
  }
  .map(\.data)
```

```
.tryMap { ... }
.map(\.isAvailable)
.eraseToAnyPublisher()
```

이 코드에 대한 몇 가지 참고 사항을 보자.

1. Just 퍼블리셔는 게시할 수 있는 값을 기대한다. 어떤 값을 사용하든 상관
   없으므로 원하는 값이면 무엇이든 보낼 수 있다. 예제에서는 빈 튜플을 보
   내고 있는데, 이는 '아무것도 없음'을 의미하는 상황에서 자주 사용된다.
2. 요청을 10번 다시 보내므로 총 11번(원래 호출 + 10번의 재시도 횟수)까지 전송된다.

이 숫자를 높게 잡은 유일한 이유는 서버가 성공적인 결과를 반환하는 즉시 파이프
라인이 종료되는 것을 쉽게 알 수 있게 하기 위해서다. 데모 서버는 username으로
maintenance를 보낼 때 예약된 유지 관리에서 복구하는 것을 시뮬레이션할 수 있
다. 첫 번째 및 두 번째 요청마다 InternalServerError.maintenance(HTTP 500에 매핑됨)
를 던진다. 세 번째 요청마다 성공(즉, HTTP 200)을 반환한다. 이를 실제로 확인하는
가장 좋은 방법은 Xcode 내부에서 서버를 실행하는 것이다(서버 프로젝트를 열고 Run 버튼을
누른다). 그런 다음 throw InternalServerError.maintenance가 포함된 줄에 사운드
중단점sound breakpoint을 생성한다.

서버가 username=maintenance에 대한 요청을 받을 때마다 소리를 들을 수 있다.
이제 샘플 앱을 실행하고 maintenance를 사용자 이름으로 입력한다. 서버가 성공
으로 반환하기 전에 오류로 응답하는 소리가 2번 들릴 것이다.

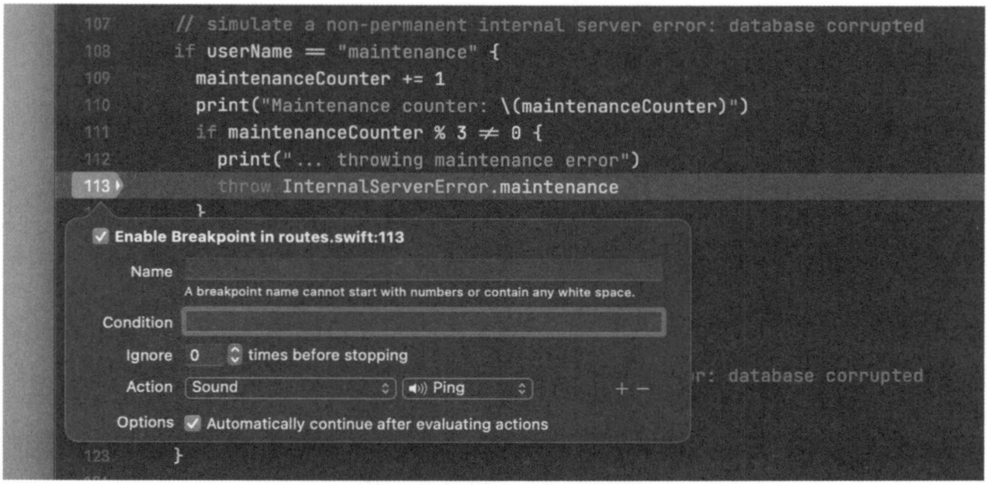

```
107     // simulate a non-permanent internal server error: database corrupted
108     if userName == "maintenance" {
109         maintenanceCounter += 1
110         print("Maintenance counter: \(maintenanceCounter)")
111         if maintenanceCounter % 3 ≠ 0 {
112             print("... throwing maintenance error")
113             throw InternalServerError.maintenance
        }
```

☑ Enable Breakpoint in routes.swift:113

Name	
	A breakpoint name cannot start with numbers or contain any white space.
Condition	
Ignore	0 ⬍ times before stopping
Action	Sound ⬍ ⏺ Ping ⬍ + −
Options	☑ Automatically continue after evaluating actions

그림 10-3 사운드 중단점 설정하기

정리

다소 느슨한 오류 처리 접근 방식을 사용했던 9장과 달리 10장에서는 훨씬 더 진지하게 다뤘다.

10장에서는 오류를 처리하고 UI에 노출하기 위해 몇 가지 전략을 사용했다. 오류 처리는 개발자 품질 소프트웨어의 중요한 측면이며, 관련 자료는 많다. 하지만 사용자에게 오류를 노출하는 방법은 자주 논의되지 않는데, 이 글을 통해 이를 달성하는 방법을 더 잘 이해할 수 있었기를 바란다.

원래 코드와 비교하면 코드가 좀 더 복잡해졌는데, 이 부분은 11장에서 커스텀 컴바인 연산자를 구현하는 방법을 살펴볼 때 다룬다. 어떻게 작동하는지 보여주기 위해 컴바인 파이프라인에 한 줄을 추가하는 것만큼이나 쉽게 증분 백오프incremental backoff를 처리할 수 있는 연산자를 구현해본다.

컴바인 커스텀 연산자 구현

10장에서는 컴바인으로 네트워크 접근, 오류 처리, 사용자에게 의미 있는 방식으로 오류를 노출하는 방법 등을 살펴봤다.

완성한 코드는 생각했던 것보다 다소 복잡해졌다. 결국에 제대로 된 오류 처리를 위해선 추가 코드가 필요하다(오류 처리를 하지 않거나 무시하지 않는다면 말이다).

11장에서는 컴바인의 가장 강력한 도구인 연산자를 사용해 이러한 상황을 개선해 본다. 10장에서 이미 연산자를 사용해봤는데, 11장에서는 컴바인 연산자가 정확히 무엇인지, 어떻게 작동하는지, 그리고 무엇보다 중요한 것은 이전 코드를 어떻게 해서 추론하기 쉽고 동시에 재사용 가능한 사용자 정의 연산자로 만드는지를 좀 더 자세히 살펴본다.

컴바인 연산자란?

컴바인은 반응형 프로그래밍^{reactive programming} 아이디어를 구현하기 위해 3가지 주요 개념을 정의한다.

1. 퍼블리셔^{Publisher}
2. 서브스크라이버^{Subscriber}

3. 연산자^{Operator}

퍼블리셔는 시간이 지남에 따라 값을 전달하고 서브스크라이버는 받은 값에 따라 작동한다. 연산자는 퍼블리셔와 서브스크라이버의 중간에 위치하며, 값의 흐름을 조작할 때 사용한다.

연산자가 필요한 몇 가지 이유는 다음과 같다.

- 퍼블리셔가 항상 서브스크라이버가 요구하는 형식으로 이벤트를 생성하는 것은 아니다. 예를 들어 퍼블리셔는 HTTP 네트워크 요청의 결과를 방출하지만 서브스크라이버가 필요한 것은 특정 사용자 정의 데이터 구조일 수도 있다. 이 경우 map이나 decode와 같은 연산자를 사용해 퍼블리셔의 출력을 서브스크라이버가 기대하는 데이터 구조로 바꿀 수 있다.
- 퍼블리셔는 서브스크라이버가 관심 있는 것보다 더 많은 이벤트를 생성할 수 있다. 예를 들어 검색어 이력 시 매번 누를 때마다 이벤트를 원하는 것이 아닌 최종 검색어에만 관심이 있을 수 있다. 이 경우 debounce 또는 throttle과 같은 연산자를 사용해 서브스크라이버가 처리해야 하는 이벤트의 수를 줄일 수 있다.

연산자를 이용하면 퍼블리셔가 생성한 결과물을 서브스크라이버가 소비할 수 있는 형태로 바꾸는 데 도움을 줄 수 있다. 예를 들어 10장에서 이미 여러 내장 연산자를 사용해봤다.

- map(그리고 조금 색다른지만 비슷한 tryMap)을 사용해 요소를 변환하고
- 두 이벤트 사이에 일시 정지한 후에만 요소를 게시하는 debounce
- 중복 이벤트를 제거하는 removeDuplicates
- 요소를 새로운 퍼블리셔로 변환하는 flatMap

사용자 정의 연산자 구현

보통 컴바인 파이프라인을 만들 때는 퍼블리셔에서 시작하는데, 퍼블리셔가 이벤트를 보내고 이를 여러 컴바인 연산자와 연결한 이후 처리한다. 모든 컴바인 파이프라인의 마지막에는 이벤트를 수신하는 서브스크라이버가 있다. 10장에서도 봤지만 개발하면서 파이프라인은 매우 빠른 속도로 복잡해질 수 있다.

엄밀히 말해 연산자는 또 다른 퍼블리셔를 만들어내는 일종의 함수이기도 하고 업스트림에서 받은 이벤트를 처리하는 서브스크라이버이기도 하다.

즉, 사용하는 퍼블리셔에서 수신하는 이벤트에 대해 작동하는 퍼블리셔(또는 서브스크라이버)를 반환하는 함수로 Publisher를 확장해 자신만의 커스텀 연산자를 만들 수 있다.

이것이 실제로 어떤 의미인지 구현해보면서 알아보자. 이어지는 구현체는 스위프트의 dump() 함수를 사용하는 간단한 연산자인데, 컴바인 파이프라인으로 내려오는 이벤트를 검사할 수 있다. dump 함수는 변수의 내용을 콘솔에 출력해 변수의 구조를 중첩된 트리로 표시하며, 이는 Xcode의 디버그 인스펙터와 유사하다.

비슷하게 동작하는 컴바인의 print() 연산자를 알고 있을 것이다. 그런데 print 연산자는 세부 정보를 많이 보여주지 않고 더 중요한 것은 결과를 중첩된 구조로는 표시하지 않는다는 점이다.

연산자를 추가하려면 먼저 Publisher 유형에 extension을 추가해야 한다. 이 연산자가 받는 이벤트를 조작할 것은 아니므로, 업스트림 퍼블리셔의 유형을 result 유형으로 사용할 수 있으며 result 유형으로 Anypublisher<Self.Output, Self.Failure>를 반환할 수 있다.

```
extension Publisher {
  func dump() -> AnyPublisher<Self.Output, Self.Failure> {
  }
}
```

함수 내부에서 handleEvents 연산자를 사용해 해당 파이프라인이 처리하는 모든 이벤트를 검사할 수 있다. handleEvents는 여러 개의 옵셔널 클로저를 인자로 가지는데, 퍼블리셔가 새 구독이나 새 출력값, 취소 이벤트를 받을 때 호출되며, 이벤트가 종료될 때 또는 서브스크라이버가 더 많은 요소를 요청할 때도 호출된다. 보통 새로운 Output 값에만 관심이 있으므로 대부분의 클로저는 무시하고 receive Output 클로저만 구현하면 된다.

값을 받을 때마다 스위프트의 dump() 함수를 사용해 값의 내용을 콘솔에 인쇄할 것이다.

```
extension Publisher {
  func dump() -> AnyPublisher<Self.Output, Self.Failure> {
    handleEvents(receiveOutput: { value in
      Swift.dump(value)
    })
    .eraseToAnyPublisher()
  }
}
```

이제 dump 연산자를 컴바인 기본 제공[built-in] 연산자처럼 사용할 수 있다. 다음 예제에서 현재 날짜를 방출하는 간단한 퍼블리셔에 dump 연산자를 연결해보자.

```
Just(Date())
  .dump()

// 결과:

▽ 2022-03-02 09:38:49 +0000
  - timeIntervalSinceReferenceDate: 667906729.659255
```

Delay를 이용한 Retry 연산자 구현

이제 간단한 연산자 구현 방법의 기본을 이해했다. 이전 에피소드의 코드를 리팩터링해보자. 관련 코드는 다음과 같다.

```
return dataTaskPublisher
  .tryCatch { error -> AnyPublisher<(data: Data, response:
  URLResponse), Error> in
    if case APIError.serverError = error {
      return Just(Void())
        .delay(for: 3, scheduler: DispatchQueue.global())
        .flatMap { _ in
          return dataTaskPublisher
        }
        .print("before retry")
        .retry(10)
        .eraseToAnyPublisher()
    }
    throw error
}
.map(\.data)
```

먼저 Publisher의 retry 연산자에 대한 오버로드된 extension을 만들어보자.

```
extension Publisher {
  func retry<T, E>(_ retries: Int, withDelay delay: Int)
    -> Publishers.TryCatch<Self, AnyPublisher<T, E>>
      where T == Self.Output, E == Self.Failure
  {
  }
}
```

retries와 withDelay라는 입력 매개변수를 정의했는데, retries는 업스트림 퍼블리셔를 재시도할 횟수, withDelay는 각 재시도 사이에 남겨야 하는 시간(초)이다.

새 연산자 내부에서 tryCatch 연산자를 사용할 것이므로 해당 퍼블리셔 유형인 Publishers.TryCatch를 반환 유형으로 사용해야 한다.

이제 기존 구현체를 해당 연산자의 본문에 붙여 넣어 구현할 수 있다.

```swift
extension Publisher {
  func retry<T, E>(_ retries: Int, withDelay delay: Int)
    -> Publishers.TryCatch<Self, AnyPublisher<T, E>>
      where T == Self.Output, E == Self.Failure
  {
    return self.tryCatch { error -> AnyPublisher<T, E> in
      return Just(Void())
        .delay(for: .init(integerLiteral: delay),
              scheduler: DispatchQueue.global())
        .flatMap { _ in
          return self
        }
        .retry(retries)
        .eraseToAnyPublisher()
    }
  }
}
```

자세히 보면 이번 코드에는 오류 검사 부분[1]이 빠진 것을 알 수 있다. APIError는 현재 애플리케이션에서만 사용하는 특별한 오류 유형이기 때문이다. 다른 앱에서도 이런 오류 체크 코드를 사용할 수 있게 만들면 좋을 것 같다. 그럼 어떻게 하면 좀 더 유연하게 개발할 수 있는지 살펴보자.

---

1. 조금 뒤에 나오지만 if case APIError.serverError = error와 같은 코드를 말한다. – 옮긴이

조건부 재시도

다른 콘텍스트에서 재사용할 목적으로 후행 클로저 파라미터를 추가한다. 해당 클로저를 이용해 사용자가 연산자의 재시도 여부를 조정할 수 있게 해보자.

```
func retry<T, E>(_ retries: Int, withDelay delay: Int,
condition: ((E) -> Bool)? = nil) -> Publishers.TryCatch<Self,
AnyPublisher<T, E>> where T == Self.Output, E == Self.Failure {
  return self.tryCatch { error -> AnyPublisher<T, E> in
    if condition?(error) == true {
      return Just(Void())
        .delay(for: .init(integerLiteral: delay),
               scheduler: DispatchQueue.global())
        .flatMap { _ in
          return self
        }
        .retry(retries)
        .eraseToAnyPublisher()
    }
    else
    {
      throw error
    }
  }
}
```

호출자가 클로저를 사용하지 않으면 연산자는 **retries** 및 **delay** 매개변수를 사용해 재시도한다.

이런 방법으로 기본 호출을 단순화시킬 수 있다.

```
// ...
return dataTaskPublisher
  .retry(10, withDelay: 3) { error in
```

```
    if case APIError.serverError = error {
      return true
    }
    return false
  }
  .map(\.data)
  // ...
```

지수 백오프를 위한 Retry 연산자 구현

좀 더 발전시켜 이번에는 retry 연산자에 지수 백오프[Exponential Backoff] 기능을 추가해 보자.

> 지수 백오프는 일반적으로 웹 서비스[2]와 같은 컴퓨터 시스템에서 속도 제한 메커니즘[3]의 일부로써 활용된다. 지수 백오프를 이용하면 리소스 접근에 대해 공평한 분배를 도와주며 네트워크 정체를 막아준다.[4] (위키백과[5])

두 요청 사이의 지연을 늘리기 위해 현재 간격을 유지하는 로컬 변수를 만들고 각 요청 후 그 값에 2를 곱한다. 이를 위해 먼저 내부 파이프라인을 감싸야 하는데, 내부 파이프라인은 원래 파이프라인을 시작하는 파이프라인 속의 backoff 변수를 증가시키는 파이프라인을 만든다.

```
func retry<T, E>(_ retries: Int,
                 withBackoff initialBackoff: Int,
                 condition: ((E) -> Bool)? = nil)
  -> Publishers.TryCatch<Self, AnyPublisher<T, E>>
```

---

2. https://en.wikipedia.org/wiki/Web_service
3. https://en.wikipedia.org/wiki/Ratelimiting
4. https://en.wikipedia.org/wiki/Networkcongestion
5. https://en.wikipedia.org/wiki/Exponential_backoff

```
      where T == Self.Output, E == Self.Failure
{
    return self.tryCatch { error -> AnyPublisher<T, E> in
      if condition?(error) ?? true {
        var backOff = initialBackoff
        return Just(Void())
          .flatMap { _ -> AnyPublisher<T, E> in
            let result = Just(Void())
              .delay(for: .init(integerLiteral: backOff),
                    scheduler: DispatchQueue.global())
              .flatMap { _ in
                return self
              }
            backOff = backOff * 2
            return result.eraseToAnyPublisher()
          }
          .retry(retries - 1)
          .eraseToAnyPublisher()
      }else {
        throw error
      }
    }
}
```

특정 종류의 오류에 대해서만 지수 백오프를 사용하려면 이전처럼 클로저를 구현해 오류 검사를 할 수 있다. 다음은 APIError.serverError에 대해 초기 간격이 3초인 증분 백오프^{incremental backoff}를 사용하는 방법을 보여주는 코드 조각이다.

```
return dataTaskPublisher
  .retry(2, withBackoff: 3) { error in
    if case APIError.serverError(_, _, _) = error {
      return true
    }else {
      return false
```

```
        }
    }
    // ...
```

오류에 관계없이 지수 백오프 연산자를 사용하면 코드가 상당히 간결해진다.

```
return dataTaskPublisher
    .retry(2, withIncrementalBackoff: 3)
    // ...
```

정리

컴바인은 데이터와 이벤트 처리 파이프라인을 효율적으로 조합할 수 있는 매우 강력한 프레임워크다.

11장에서는 기존 컴바인 파이프라인을 재사용 가능한 컴바인 연산자로 리팩터링해 보면서 더욱 읽기 쉬운 코드 작성법을 살펴봤다.

기존 API를 컴바인으로 래핑

수많은 애플 API는 이미 컴바인 퍼블리셔를 제공하는데, 이를 통해 각 API를 컴바인 파이프라인과 쉽게 통합할 수 있다. 다만 시간 흐름에 따른 이벤트가 발생함에도 대다수의 API는 아직 컴바인을 지원하지 않는다. 다행히 애플은 API를 컴바인 퍼블리셔로 래핑하고 컴바인 파이프라인에서 접근할 수 있는 도구를 제공한다.

12장에서는 컴바인을 사용해 기존 API를 래핑하는 방법을 살펴본다.

사례 연구

이번 사례 연구에서는 파이어베이스^Firebase API를 사용해본다. 파이어베이스는 앱을 더 쉽게 개발할 수 있도록 다양한 서비스를 제공하는 서비스형 백엔드^BaaS, Backend as a Service다. 예를 들면 인증 서비스(Firebase Authentication), 문서 기반 NoSQL 데이터베이스(Cloud Firestore), 대용량 파일을 클라우드에 저장하는 서비스(Cloud Storage), 크래시 보고 서비스(Crashlytics) 등을 제공한다.[1]

---

1. https://firebase.google.com/

대부분의 파이어베이스 API는 비동기 방식이라서 호출할 때마다 파이어베이스 백엔드 서비스 중 한 곳으로 전송돼 처리된다. 결과가 준비되면 클라이언트 SDK로 반환되고 코드가 다시 호출된다. 완료 핸들러, 컴바인, async/await 등 여러 방법으로 파이어베이스 서비스를 비동기 호출할 수 있다. 이에 대해서는 <스위프트에서 비동기 파이어베이스 API 호출 – 콜백, 컴바인 및 async/await[2]>에서 설명하며, 이 주제에 대한 동영상[3]도 게시했다.

12장에서는 클라우드 파이어스토어Cloud Firestore에서 2가지 방법을 이용해 컴바인 퍼블리셔로 바꾼다. 클라우드 파이어스토어는 클라우드에서 수평으로 확장 가능한 문서 기반 NoSQL 데이터베이스다. CloudKit[4]과 유사하지만 진정한 크로스플랫폼 솔루션으로서 iOS, 안드로이드, 웹, REST API[5]를 통해 클라우드 파이어스토어에 접근할 수 있다. 클라우드 파이어스토어에 저장된 데이터는 문서로 구성되며, 문서는 스위프트 구조체와 같다. 파이어스토어는 다양한 데이터 유형의 필드를 얼마든 포함할 수 있다. 문서는 컬렉션으로 구성되며, 문서는 하위 컬렉션을 포함할 수 있으므로 중첩된 데이터 구조를 만들 수 있다.

파이어스토어 SDK는 단일 문서 및 컬렉션의 데이터에 액세스할 수 있는 메서드를 제공한다. 예를 들어 다음은 파이어스토어 문서 컬렉션에서 데이터를 가져와 스위프트의 Codable API를 사용해 스위프트 구조체 배열에 매핑하는 방법을 보여주는 코드 조각이다.

```
db.collection("books").getDocuments { querySnapshot, error in
  guard let documents = querySnapshot?.documents else {
    return
  }

  let books = documents.compactMap { [weak self]
```

---

2. https://peterfriese.dev/posts/firebase-async-calls-swift/
3. https://youtu.be/j5htlyxmmzA
4. https://developer.apple.com/icloud/cloudkit/
5. https://firebase.google.com/docs/firestore/use-rest-api

```
    queryDocumentSnapshot in
      let result = Result {
        try queryDocumentSnapshot.data(as: Book.self)
      }
      switch result {
        case .success(let book):
          return book
        case .failure(let error):
          return nil
      }
    }
  print(books.count)
}
```

파이어스토어를 이용하면 요청할 때마다 데이터를 가져오는 것은 물론이거니와 실시간 라이브 동기화도 지원한다. 즉, 앱이 구독하는 모든 문서 또는 문서 모음에 대한 업데이트를 실시간으로 받을 수 있다. 이는 다른 사람 또는 사용자의 다른 기기의 데이터를 공유하는 모든 앱에서 매우 유용한 기능이다. 간단한 예시로 채팅 앱 및 아이폰과 아이패드, 맥, 웹 애플리케이션 등에서 사용되는 to-do 앱이 있다.

업데이트를 받으려면 특정 문서 또는 문서 컬렉션에 대한 스냅숏 리스너[snapshot listener]를 등록해야 한다. 문서 또는 컬렉션의 문서 중 하나가 업데이트 또는 삭제되거나 컬렉션에 문서가 삽입될 때마다 파이어스토어는 스냅숏 리스너를 트리거하고 리스너가 닫힐 때 업데이트를 받게 된다. 다음 코드 조각은 books 컬렉션의 변경 사항에 대한 업데이트를 받는 방법을 보여준다.

```
db.collection("books")
  .addSnapshotListener { [weak self] (querySnapshot, error) in
    guard let documents = querySnapshot?.documents else {
      return
    }
```

```
self?.books = documents.compactMap {
  queryDocumentSnapshot in
    let result = Result {
      try queryDocumentSnapshot.data(as: Book.self)
    }
    switch result {
      case .success(let book):
        return book
      case .failure(let error):
        return nil
    }
  }
}
```

13장의 예제 애플리케이션에서는 12장에서 만들어봤던 클로저 기반 API와 컴바인 기반 버전에 대한 각각의 사용법을 볼 수 있다. 애플 플랫폼용 파이어베이스 SDK 는 컴바인의 실험적 기능이 들어있다는 것을 알아두면 좋다. 따라서 필요한 각 모듈을 임포트^{import}한 이후 여러분의 앱에서 사용할 수 있다. 13장에서는 파이어베이스 팀이 컴바인 지원을 위해 어떤 방법으로 구현했는지 살펴본다.

샘플 애플리케이션을 실행하려면 다음 단계를 따라야 한다.

1. 파이어베이스 콘솔을 통해 새 파이어베이스 프로젝트를 생성한다.[6]
2. Xcode 프로젝트를 파이어베이스 프로젝트에 추가한다.
3. GoogleService-Info.plist 파일을 다운로드해 프로젝트에 추가한다.
4. 로컬 파이어베이스 에뮬레이터 스위트^{Firebase Emulator Suite}를 설치한다.[7]
5. 샘플 프로젝트의 루트에서 start.sh를 실행해 파이어베이스 에뮬레이터 스위트를 실행한다.
6. 시뮬레이터에서 iOS 앱을 실행한다(에뮬레이터에 연결할 수 있게).

---

6. https://console.firebase.google.com
7. https://firebase.google.com/docs/emulator-suite/install_and_configure

start.sh 스크립트를 실행하면 파이어스토어에서 데이터를 패치할 수 있게 하기 위해 몇 가지 기본 데이터로 파이어베이스 에뮬레이터를 채운다.

앱 실행 후 실시간 동기화 테스트를 위해 스냅숏 리스너를 사용하는 메뉴 항목 중 하나로 이동하자. 이후 에뮬레이터 콘솔(http://localhost:4000/firestore)을 열고 파이어스토어 문서를 변경해보자. 에뮬레이터 UI에서 변경 사항을 수행하고 나면 앱의 UI에서 어떤 식으로 데이터가 즉시 업데이트되는지 관찰해보자.

그림 12-1 파이어베이스 에뮬레이터의 UI에서 저장을 클릭하면 바로 앱의 UI에 반영된다.

컴바인으로 파이어스토어에 접근

이제 컴바인을 사용해 파이어스토어에서 받은 데이터에 접근해보자. 이렇게 하는 일반적인 이유는 데이터를 변환하고 이를 다른 컴바인 퍼블리셔에서 받은 이벤트와 결합하기 위함이다. 이를테면 검색/필터 대화상자의 필터 항목을 예로 들 수 있다.

뷰 모델 및 게시된 프로퍼티 사용

데이터를 컴바인 파이프라인에 적용하는 쉬우면서 일반적인 방법은 뷰 모델에 @published 프로퍼티를 만드는 것이다. 내 블로그[8] 또는 파이어베이스 Quick Starts 에 있는 많은 코드 샘플에서 이 방법을 봤을 것이다.[9]

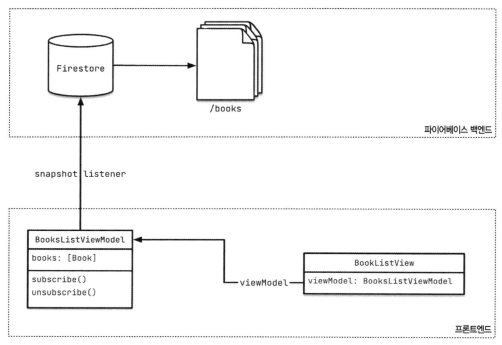

그림 12-2 앱 아키텍처의 전반적인 컨셉

다음 코드를 보자.

```
private class BookListViewModel: ObservableObject {
  @Published var books = [Book]()
  @Published var errorMessage: String?
```

---

8. https://peterfriese.dev/
9. https://github.com/firebase/quickstart-ios/tree/master/firestore

```
private var db = Firestore.firestore()
private var listenerRegistration: ListenerRegistration?

public func unsubscribe() {
  if listenerRegistration != nil {
    listenerRegistration?.remove()
    listenerRegistration = nil
  }
}

func subscribe() {
  if listenerRegistration == nil {
    listenerRegistration = db.collection("books")
      .addSnapshotListener { [weak self] (querySnapshot, error) in
        guard let documents = querySnapshot?.documents else {
          self?.errorMessage =
            "No documents in 'books' collection"
          return
        }

        self?.books = documents.compactMap {
          queryDocumentSnapshot in
            let result = Result {
              try queryDocumentSnapshot.data(as: Book.self)
            }
            switch result {
              case .success(let book):
                // DocumentSnapshot로 부터 값을 성공적으로 초기화함
                self?.errorMessage = nil
                return book
              case .failure(let error):
                // DocumentSnapshot로부터 값 초기화를 실패함
                self?.errorMessage =
                  "\(error.localizedDescription)"
                return nil
            }
```

```
            }
          }
        }
      }
    }
```

먼저 BookListViewModel을 ObservableObject 프로토콜을 따르게 하고 books 프로 퍼티에 @Published 프로퍼티 래퍼를 붙여준다. 이렇게 하면 SwiftUI List 뷰는 프 로퍼티와 연결이 되고 업데이트를 받을 때마다 UI가 갱신됨을 확인할 수 있다.

```
struct LiveBooksListViewWithClosures: View {
  @StateObject private var viewModel = BookListViewModel()

  var body: some View {
    List(viewModel.books) { book in
      Text(book.title)
    }
    .onAppear {
      viewModel.subscribe()
    }
    .onDisappear {
      viewModel.unsubscribe()
    }
  }
}
```

프론트엔드나 백엔드 할 것 없이 이 간단한 몇 줄의 코드 로직이면 데이터를 변경 할 때마다 자동으로 화면이 갱신된다.

좀 더 개선해보자. 이를테면 책이 몇 권인지 표시하고 싶다고 가정해보자. 사람들 이 클라우드 파이어스토어의 books 컬렉션에 새 책을 추가할 때마다 몇 권인지 알 수 있게 화면을 갱신하고 싶다.

게시된 프로퍼티는 컴바인 퍼블리셔를 노출한다는 것을 기억하자. 프로퍼티의

projected 값(이 경우 $books)을 통해 이 퍼블리셔에 액세스할 수 있다. 이를 통해 컴바인 파이프라인을 생성해 책의 수를 결정할 수 있다. 그런 다음 assign(to:) 서브스크라이버를 사용해 결과를 다른 퍼블리셔에 할당하고 UI에 연결해 항상 최신의 숫자를 표시할 수 있다. 이와 같은 컴바인 파이프라인을 설정하기 좋은 위치는 뷰 모델의 이니셜라이저 내부다.

```
private class BookListViewModel: ObservableObject {
  @Published var books = [Book]()
  @Published var numberOfBooks = 0

  ...

  init() {
    $books.map { books in
      books.count
    }
    .assign(to: &$numberOfBooks)
  }
  ...
}
```

컴바인으로 API 래핑

이 방법은 컴바인을 사용하는 SwiftUI 앱에서 데이터 소스를 통합하는 데 가장 일반적인 접근 방식이며, 꽤나 잘 작동한다. 하지만 다소 장황하고 많은 보일러플레이트boilerplate 코드가 필요하다.

스냅숏 리스너를 명시적으로 설정하는 대신 코드를 컴바인 퍼블리셔로 감싸서 좀 더 선언적 방식으로 호출해보자.

지금까지 살펴본 코드를 보면 두 종류의 호출이 있음을 알 수 있다.

- **단일 문서, 컬렉션의 모든 문서 또는 쿼리 결과를 가져오는 소위 단발성 호출:** 문서

(또는 컬렉션/쿼리의 모든 문서)를 가져오는 호출을 수행한 다음 콜백 핸들러를 사용해 호출 결과를 얻는다.

- **단일 문서, 컬렉션 또는 쿼리에 대한 갱신 여부를 모니터링(리스닝)하는 것은 다른 동작:** 일회성 호출로 결과를 받는 대신, 내용 변경이 있을 때마다 새로운 스냅숏을 받는다. 업데이트 스트림을 수신하는 것이다. 이는 컴바인의 정의[10]와 매우 흡사한 것 같다.

컴바인 프레임워크는 시간 경과에 따른 값 처리를 위한 선언적 Swift API를 제공한다.

이러한 스트림 이벤트를 처리하기 위해 자체 퍼블리셔를 구현할 수 있는지 살펴보자.

다만 애플은 개발자가 컴바인의 저수준 프리미티브(예: Publisher, Subscription, Subscriber)를 사용해 자체 퍼블리셔를 구현하는 것을 적극적으로 권장하지는 않는다.

나만의 퍼블리셔 만들기

퍼블리셔[11] 프로토콜을 직접 구현하는 대신, 컴바인 프레임워크에서 제공하는 여러 유형 중 하나를 사용해 자신만의 퍼블리셔를 만들 수 있다.

- Subject[12]의 구현 서브클래스(예: PassthroughSubject[13])를 사용해 send(_:)[14] 메서드를 호출해 필요에 따라 값을 게시한다.
- Subject의 실제 값을 업데이트할 때마다 게시하려면 CurrentValueSubject[15]를 사용한다.
- 자체 유형 중 하나의 프로퍼티에 @Published 어노테이션을 추가한다. 이렇

---

10. https://developer.apple.com/documentation/combine
11. https://developer.apple.com/documentation/combine/published
12. https://developer.apple.com/documentation/combine/subject
13. https://developer.apple.com/documentation/combine/passthroughsubject
14. https://bit.ly/3BMDSC6
15. https://bit.ly/3vDdlOq

게 하면 프로퍼티의 값이 변경될 때마다 이벤트를 발생시키는 퍼블리셔를 얻게 된다. 이 접근 방식의 예는 Published[16] 유형을 참고하자.

따라서 퍼블리셔를 바닥부터 다시 만드는 대신 애플의 조언에 따라 컴바인의 상위 수준 구성 요소인 PassthroughSubject 및 Future를 사용해 사용자 지정 퍼블리셔를 만들어보자.

PassthroughSubject를 이용한 스냅숏 리스너 래핑

컴바인에는 Subject 프로토콜이 있어 기존 코드와 쉽게 통합할 수 있다. Subject 는 외부 호출자가 이벤트를 컴바인 파이프라인에 주입할 수 있게 하는 특별한 종류의 퍼블리셔다. Subject는 send(_:) 메서드 정의가 있어 특별한 값을 파이프라인으로 보낼 수 있다.

컴파인에는 두 종류의 내장 Subject가 있다. CurrentValueSubject와 Passthrough Subject다. CurrentValueSubject는 가장 최근에 게시된 요소를 기억하는 반면, PassthroughSubject는 지나간 값을 추적하지 않는다는 큰 차이점이 있다.

Subjects는 기존 명령형 코드를 컴바인으로 변환할 때 특히 유용하다. 예제의 경우 가장 최근에 전송된 이벤트를 추적할 필요가 없으므로 PassthroughSubject를 사용해 파이어베이스 API에 대한 사용자 정의 퍼블리셔를 만들 수 있다. 해당 퍼블리셔로 파이어스토어 스냅숏 리스너와 같은 연속적인 이벤트 스트림을 보낼 수 있다.

Firestore 컬렉션 또는 Firestore 쿼리에서 스냅숏 리스너를 위한 맞춤형 컴바인 퍼블리셔를 구현하는 데 필요한 단계를 살펴보자.

여기서는 Query를 확장해 구현하려 한다. CollectionReference는 Query 인터페이스를 확장하므로, 이 퍼블리셔는 Firestore 컬렉션과 쿼리 모두에서 작동한다.

---

16. https://eveloper.apple.com/documentation/combine/published

```
public extension Query {
  func snapshotPublisher(includeMetadataChanges: Bool = false)
    -> AnyPublisher<QuerySnapshot, Error>
  {
    ...
    addSnapshotListener(includeMetadataChanges:
    includeMetadataChanges) { snapshot, error in
      ...
    }
    ...
  }
}
```

이 코드 블록을 보면 Query 인터페이스에 메서드를 추가하고, 이 메서드는 QuerySnapshot과 Error 유형에 대한 제네릭 AnyPublisher를 반환하고 있다. 이전에도 언급했듯 이 클로저는 옵져빙하고 있는 컬렉션이나 쿼리가 변경될 때마다 호출된다(예, 문서 추가, 변경 또는 삭제). 클로저의 snapshot 파라미터는 컬렉션이나 쿼리에 존재하는 모든 문서의 스냅숏을 포함하고 있을 것이다. 여기서 오류가 발생한다면 error 매개변수를 통해 전달될 것이다.

클로저 결과를 컴바인 파이프라인에 주입하려면 PassthroughSubject를 준비해야 하고, 이를 snapshotPublisher의 호출자에게 반환해야 한다.

```
public extension Query {
  func snapshotPublisher(includeMetadataChanges: Bool = false)
    -> AnyPublisher<QuerySnapshot, Error>
  {
    let subject = PassthroughSubject<QuerySnapshot, Error>()
    addSnapshotListener(includeMetadataChanges:
    includeMetadataChanges) { snapshot, error in
      ...
    }
```

```
      return subject.eraseToAnyPublisher()
    }
  }
```

eraseToAnyPublisher를 사용해 subject의 타입을 지우면 snapshotPublisher 메서드의 반환 유형을 깨끗하게 만들 수 있다.

마지막으로 클로저 내부에서 PassthroughSubject를 사용해 서브스크라이버에게 이벤트를 보낸다. 2가지 경우를 고려해야 한다. 스냅숏을 수신할 때 이를 서브스크라이버에게 보낼 수 있다. 오류가 발생한다면 대상에게 failure를 전송해 파이프라인을 취소해야 한다는 신호를 컴바인에 보내야 한다.

```
public extension Query {
  func snapshotPublisher(includeMetadataChanges: Bool = false)
    -> AnyPublisher<QuerySnapshot, Error>
  {
    let subject = PassthroughSubject<QuerySnapshot, Error>()
    addSnapshotListener(includeMetadataChanges:
    includeMetadataChanges) { snapshot, error in
      if let error = error {
        subject.send(completion: .failure(error))
      } else if let snapshot = snapshot {
        subject.send(snapshot)
      }
    }
    return subject.eraseToAnyPublisher()
  }
}
```

여기까지 별 문제 없지만 마지막으로 처리할 세부 사항이 있다.

addSnapshotListener 호출 시 나중에 스냅숏 리스너를 제거할 때 사용할 핸들을 만들자. 쿼리 또는 컬렉션 구독에 더 이상 관심이 없으면 파이어스토어 스냅숏 리스너를 제거해야 한다.

하지만 스냅숏 리스너 핸들을 snapshotPublisher 메서드 안에 어떻게 저장하고 관리할 수 있을까? 여기에 컴바인의 handleEvents 연산자를 사용할 수 있다. 이 연산자를 사용하면 파이프라인이 취소될 때와 같이 컴바인 파이프라인의 수명주기 이벤트를 수신할 수 있다. 따라서 스냅숏 리스너 핸들을 로컬 변수에 저장하고 나중에 파이프라인이 취소되면 이를 사용해 스냅숏 리스너를 제거할 수 있다.

```swift
public extension Query {
  func snapshotPublisher(includeMetadataChanges: Bool = false)
    -> AnyPublisher<QuerySnapshot, Error>
  {
    let subject = PassthroughSubject<QuerySnapshot, Error>()
    let listenerHandle =
      addSnapshotListener(includeMetadataChanges:
      includeMetadataChanges) { snapshot, error in
        if let error = error {
          subject.send(completion: .failure(error))
        } else if let snapshot = snapshot {
          subject.send(snapshot)
        }
      }
    return
      subject
        .handleEvents(receiveCancel: listenerHandle.remove)
        .eraseToAnyPublisher()
  }
}
```

이것이 바로 기존 API를 컴바인으로 변환하는 방법이다.

새 퍼블리셔를 사용하도록 이전 코드 샘플을 업데이트하자.

```
private class BookListViewModel: ObservableObject {
  @Published var books = [Book]()
  @Published var errorMessage: String?

  private var db = Firestore.firestore()
  private var cancellable: AnyCancellable?

  func subscribe() {
    cancellable = db.collection("books").snapshotPublisher()
      .tryMap { querySnapshot in
        try querySnapshot.documents.compactMap {
          documentSnapshot in
            try documentSnapshot.data(as: Book.self)
        }
      }
      .replaceError(with: [Book]())
      .handleEvents(receiveCancel: {
        print("취소됨")
      })
      .assign(to: \.books, on: self)
  }
  func unsubscribe() {
    cancellable?.cancel()
  }
}
```

Future를 사용해 파이어스토어에서 원타임 패치 구현

손쉬운 실시간 동기화는 파이어스토어의 핵심 기능 중 하나지만 항상 실시간 업데이트가 필요하거나 적절한 것은 아니다. 필요에 따라 데이터를 가져오는 것으로 충분할 때가 많다. 파이어스토어는 데이터 1회 패치를 지원하며(단일 문서, 컬렉션 또는 쿼리), 12장 시작 부분에서 이에 대한 예제를 살펴봤다.

이를 컴바인에서는 어떻게 구현할 수 있을까? 기본적으로 요청을 하고 완료될 때까지 기다린 다음, 그 결과를 컴바인 파이프라인으로 보내고 싶다.

이것이 바로 Future가 존재하는 이유다. Future는 '결국 하나의 값을 생성한 다음 완료되거나 실패하는'[17] 퍼블리셔다.

Future를 사용해 파이어스토어에서 단일 문서를 가져오는 싱글숏 퍼블리셔를 만들어보자. 이번에는 DocumentReference에 대한 확장을 만들어본다.

```
extension DocumentReference {
  func getDocument(source: FirestoreSource = .default)
    -> Future<DocumentSnapshot, Error>
  {
    ...
    self.getDocument(source: source) { snapshot, error in
      ...
    }
    ...
  }
}
```

다른 모든 퍼블리셔와 마찬가지로 Future도 값과 오류 유형에 대한 제네릭이다. 이 경우 값 유형은 DocumentSnapshot이다. 왜 AnyPublisher 대신 Future를 반환하는지 궁금할 것이다. Future에는 다른 퍼블리셔와 차별화되는 몇 가지 특별한 프로퍼티가 있다. 예를 들어 Future는 즉시 실행된다. 일반 퍼블리셔는 서브스크라이버가 있을 때만 발동한다. 호출자에게 이 사실을 투명하게 알리기 위해 AnyPublisher를 타입 삭제하는 대신 Future를 명시적으로 반환한다.

이제 클로저 기반 getDocument 메서드에 대한 호출을 Future 안에 래핑해보자.

```
extension DocumentReference {
  func getDocument(source: FirestoreSource = .default)
```

---

17. https://developer.apple.com/documentation/combine/future

```
      -> Future<DocumentSnapshot, Error>
    {
      Future { promise in
        self.getDocument(source: source) { snapshot, error in
          ...
        }
      }
    }
  }
```

클로저의 코드는 파이어스토어가 오류 또는 문서 스냅숏을 반환할 때 호출된다. Future 클로저의 promise 매개변수는 호출자와 통신하는 데 사용할 수 있다.

```
extension DocumentReference {
  func getDocument(source: FirestoreSource = .default)
    -> Future<DocumentSnapshot, Error>
  {
    Future { promise in
      self.getDocument(source: source) { snapshot, error in
        if let error = error {
          promise(.failure(error))
        } else if let snapshot = snapshot {
          promise(.success(snapshot))
        }
      }
    }
  }
}
```

스냅숏을 받았는지 오류를 받았는지 확인하고 그에 따라 promise를 호출한다. 이 코드는 앞서 스냅숏 퍼블리셔에 대해 작성한 코드와 유사하기 때문에 익숙해 보일 수 있지만, promise는 결과 유형을 기대하므로 .failure와 .success는 결과 유형에 대한 케이스라는 점을 강조하고자 한다.

이를 통해 단일 문서를 Future로 래핑해 컴바인을 위해 단일 문서를 가져오기 위한 클로저 기반 파이어스토어 API를 성공적으로 적용했다.

다음은 새로운 싱글숏 컴바인 퍼블리셔를 사용해 문서를 불러와서 사용자 지정 스위프트 구조체에 매핑하기 위해 호출하는 방법이다.

```swift
private class BookListViewModel: ObservableObject {
  @Published var book = Book.empty

  private var db = Firestore.firestore()

  func fetchBook() {
    db.collection("books").document("hitchhiker").getDocument()
      .tryMap { documentSnapshot in
        try documentSnapshot.data(as: Book.self)
      }
      .replaceError(with: Book.empty)
      .assign(to: &$book)
  }
}
```

정리

애플은 많은 자체 API에 대해 컴바인 퍼블리셔를 훌륭하게 제공해왔지만 타사 API의 경우 이 작업을 직접 수행해야 할 수도 있다.

12장에서는 기존의 명령형 코드를 컴바인에 맞게 조정하기 위해 취할 수 있는 몇 가지 접근 방식을 설명했다.

- 퍼블리셔를 통해 데이터를 노출하고자 @Published 프로퍼티를 사용해 ObservableObject를 구현하는 방법을 살펴봤다. 이렇게 하면 SwiftUI 뷰를 게시된 프로퍼티에 연결할 수 있을 뿐만 아니라 컴바인 파이프라인을 게시

된 프로퍼티에 연결할 수도 있다.

- 또한 컴바인의 하위 수준 프리미티브(예: Publisher, Subscription, Subscriber)를 사용해 사용자 지정 퍼블리셔를 생성할 수도 있다. 그러나 이러한 접근 방식은 개발자가 직접 관리해야 하므로 애플은 이를 명시적으로 권장하지 않는다.
- 대신 애플은 사용자 지정 퍼블리셔를 구현하기 위해 PassthroughSubject 나 Future와 같은 편의 퍼블리셔를 사용할 것을 권장하며, 이 접근 방식을 사용해 기존 클로저 기반 API를 래핑하는 방법을 심도 있게 살펴봤다.

어떤 접근 방식을 사용할지는 사용 사례에 따라 다르며, 대부분의 상황에서는 뷰 모델을 사용하는 것이 가장 실용적이고 효율적인 방법일 수 있다. 그러나 SDK 제공업체라면 API에 대해 퍼블리셔 컴바인을 구현하는 것을 반드시 고려해야 한다. 이것이 바로 파이어베이스에서 내가 수행했던 업무다. 나는 대부분의 비동기식 파이어베이스 API에 대해 PassthroughSubject 및 Future를 사용해 퍼블리셔 컴바인을 구현했다.

13장

스케줄러와 SwiftUI 결합

기본적으로 SwiftUI에서 UI 이벤트에 대한 응답으로 실행하는 모든 코드는 메인 스레드에서 실행된다. 대부분의 코드는 사용자 상호작용에 반응해 다른 UI 요소를 업데이트하는 것을 다루기 때문에 대부분의 경우 괜찮다. 예를 들어 사용자가 여러 단계에 걸친 양식의 모든 필수 필드를 채웠는지 확인하기 위해 사용자 입력의 유효성을 검사하고 싶을 수 있다. 이 프로세스는 메인 스레드에서 문제없이 실행될 수 있을 만큼 빠르게 실행되는 메모리 제한 프로세스다.

그러나 더 복잡한 계산을 수행하거나 로컬 스토리지, 네트워크 또는 로컬 메모리에 액세스하는 것보다 지연시간이 더 긴 API에 액세스해야 하는 경우 이 코드를 메인 스레드에서 실행하면 UI가 멈출 위험이 있다.

UI를 차단하면 애플리케이션의 UI가 응답하지 않거나 애니메이션이 끊어지고 결국 사용자가 불만을 품고 앱 스토어에 부정적인 리뷰를 남기거나 트위터에 불만을 제기하는 등 모든 종류의 문제가 발생한다.

그렇기 때문에 오래 실행되는 코드는 백그라운드 스레드로 넘겨야 한다. 코드가 백그라운드에서 실행되는 동안 메인 스레드는 UI 이벤트를 처리하는 데 사용할 수 있다. 사용자는 백그라운드 프로세스가 완료될 때까지 앱을 계속 사용할 수 있다. 이러한 백그라운드 프로세스 중 일부는 UI에 표시하고 싶은 결과가 있을 수 있다. 그러나 UI 업데이트는 메인 스레드에서 이뤄져야 하므로 백그라운드 스레드에서 받은 결과를 UI에 업데이트하려면 메인 스레드로 다시 전환해야 한다.

컴바인은 파이프라인의 개별 부분이 실행되는 위치를 제어하기 위한 우아하고 선언적인 메커니즘을 제공한다. 이 메커니즘은 스케줄러라는 개념을 기반으로 구축돼 복잡한 스레드를 직접 다루지 않고도 코드가 실행돼야 할 위치를 추론할 수 있게 도와준다.

13장에서는 이 메커니즘을 효과적으로 사용해서 시스템의 리소스를 더 잘 활용하는 앱을 만들어보고, 앱 UI가 반응성을 유지하는 데 도움이 되는 방법을 알아본다.

스케줄러란?

컴바인은 스케줄러scheduler라는 것을 이용해 코드가 언제 어디서 실행될지 추상화시켰다. 따라서 스레드를 직접 다룰 필요가 없다. 애플 문서에 따르면 스케줄러란 클로저의 실행 시기와 방법을 정의하는 프로토콜로 정의하고 있다.[1]

스케줄러 프로토콜 자체는 즉시 또는 미래의 특정 날짜 및 시간에 코드를 실행할 수 있도록 여러 메서드를 정의하고 있다.

```
public protocol Scheduler {

  /// Describes an instant in time for this scheduler.
  associatedtype SchedulerTimeType : Strideable where
    Self.SchedulerTimeType.Stride :
      SchedulerTimeIntervalConvertible

  /// A type that defines options accepted by the scheduler.
  ///
  /// This type is freely definable by each `Scheduler`.
```

---

1. https://developer.apple.com/documentation/combine/scheduler

```
    /// Typically, operations that take a `Scheduler` parameter
    /// will also take `SchedulerOptions`.
    associatedtype SchedulerOptions

    /// This scheduler's definition of the current
    /// moment in time.
    var now: Self.SchedulerTimeType { get }

    /// The minimum tolerance allowed by the scheduler.
    var minimumTolerance: Self.SchedulerTimeType.Stride { get }

    /// Performs the action at the next possible opportunity.
    func schedule(options: Self.SchedulerOptions?,
              _ action: @escaping () -> Void)

    /// Performs the action at some time after the specified date.
    func schedule(after date: Self.SchedulerTimeType,
              tolerance: Self.SchedulerTimeType.Stride,
              options: Self.SchedulerOptions?,
              _ action: @escaping () -> Void)

    /// Performs the action at some time after the specified
    /// date, at the specified frequency, optionally taking into
    /// account tolerance if possible.
    func schedule(after date: Self.SchedulerTimeType,
              interval: Self.SchedulerTimeType.Stride,
              tolerance: Self.SchedulerTimeType.Stride,
              options: Self.SchedulerOptions?,
              _ action: @escaping () -> Void) -> Cancellable
}
```

SchedulerTimeType 연관 유형associated type을 사용해서 각 스케줄러는 나름의 방법으로 시간 유지를 각각 다른 방식으로 구현한다. 이 연관 유형은 상대적인 시간을 표현하는 수단인 SchedulerTimeIntervalConvertible을 준수해야 한다.

컴바인을 사용할 때 만나볼 몇 가지 스케줄러를 살펴보고 언제 사용해야 하는지 살펴보자.

스케줄러의 종류

SwiftUI로 개발할 때 자주 사용하는 스케줄러는 다음과 같다.

- 아무런 지시를 하지 않았을 때 사용되는 기본 스케줄러는 `ImmediateScheduler`다. 이 스케줄러는 파이프라인을 트리거했던 동일한 스레드 위에서 코드를 즉시 실행할 것이다. 이 스케줄러는 다음 절에서 더 자세히 살펴본다.
- `RunLoop`는 상당히 자주 사용되는 스케줄러다. `RunLoop`는 특정 실행 루프에서 작업을 수행한다.
- `DispatchQueue`를 사용하면 특정 디스패치 대기열에서 코드를 실행한다. 가장 일반적인 예시로는 메인 디스패치 큐와 백그라운드 디스패치 큐가 있다(background부터 상호작용에 이르기까지 다양한 서비스 품질 클래스를 지정할 수 있다.). 또한 필요에 따라 커스텀 디스패치 큐를 생성하고 구성할 수도 있다.

그렇다면 어떤 스케줄러를 사용해야 할까?

SwiftUI의 콘텍스트에서 가장 일반적으로 사용되는 스케줄러는 `RunLoop`와 `DispatchQueue`다. 이 둘은 매우 비슷해 보이지만(스위프트 포럼에서 Philippe Hausler의 답변[2] 참고) UI를 다루는 메인 스레드 동작에서 하나의 차이점을 보인다. 즉, 특정 컴바인 파이프라인이 UI에 접근하는 메인 스레드에서 실행되는 코드를 스케줄링한다고 가정했을 때 이 두 스케줄러의 큰 차이점이 나타난다.

스택오버플로 답변[3]에서 설명한 것처럼 `RunLoop`를 사용하면 사용자가 UI를 드래그하거나 터치하는 동안 컴바인 파이프라인은 이벤트를 전달하지 않는다. 그러나

---

2. https://forums.swift.org/t/runloop-main-or-dispatchqueue-main-when-using-combine-scheduler/26635/2
3. https://stackoverflow.com/a/61107764/281221

DispatchQueue를 스케줄러로 사용하는 경우 파이프라인은 이벤트를 전달한다.

따라서 사용자가 앱을 조작하는 동안에도 계속해서 컴바인 파이프라인이 이벤트를 전달하게 만들려면 DispatchQueue를 사용해야 한다. 이러한 조작에는 리스트 스크롤이나 버튼 탭, 화면 위 요소를 드래깅하는 동작 등이 있다.

스케줄러 기본 동작 방식

컴바인을 사용할 때 특정 스케줄러를 명시하지 않으면 기본적으로 파이프라인을 트리거한 이벤트와 동일한 스레드에서 코드가 실행된다. SwiftUI에서 컴바인을 사용할 때 대부분의 파이프라인은 뷰 모델에 있는 특정 게시된 프로퍼티를 구독한다. SwiftUI는 메인 스레드에서 실행되므로 UI에서 발생하는 모든 이벤트는 메인 스레드에서 전송된다.

다음 예제에서는 버튼 클릭에 따른 응답으로 게시된 프로퍼티 값을 변경하고 있다. 버튼 클릭을 처리하는 클로저는 메인 스레드에서 실행되므로 뷰 모델의 컴바인 파이프라인도 메인 스레드에서 실행된다.

```swift
class ViewModel: ObservableObject {
  @Published var demo = false

  private var cancellables = Set<AnyCancellable>()

  init() {
    $demo
      .sink { value in
        print("메인 스레드: \(Thread.isMainThread)")
      }
      .store(in: &cancellables)
  }
}
```

```
struct DemoView: View {
    @StateObject var viewModel = ViewModel()

    var body: some View {
        Button("Toggle from main thread") {
            viewModel.demo.toggle()
        }
        .buttonStyle(.action)
    }
}
```

이 코드[4]를 실행하고 버튼을 클릭하면 다음과 같은 출력이 표시되며, 이는 SwiftUI 가 메인 스레드에서 이벤트 전송하는 것을 확인할 수 있다.

```
Main thread: true
```

기본 스케줄러인 컴바인 ImmediateScheduler가 작동되는 것이다. 이 스케줄러는 현재 스레드에서 코드를 즉시 실행한다. 따라서 백그라운드 스레드에서 이벤트를 보내면 파이프라인은 해당 특정 백그라운드 스레드에서도 실행될 것이다.

예제를 약간 변경해 DispatchQueue.global().async { } 내부에서 게시된 프로퍼티 를 변경하는 코드를 만들어보자. 결론부터 말하자면 컴바인 파이프라인은 동일한 백그라운드 스레드에서 실행된다.

```
class ViewModel: ObservableObject {
    @Published var demo = false

    private var cancellables = Set<AnyCancellable>()

    init() {
```

---

4. 이 코드(약간 개선된 형태)는 이 책 소스코드 리포지토리에 있는 13장에 첨부된 소스코드 샘플의 UpdatePublished PropertyView.swift에서 확인할 수 있다.

```
    $demo
      .sink { value in
        print("Main thread: \(Thread.isMainThread)")
      }
      .store(in: &cancellables)
  }
}

struct DemoView: View {
  @StateObject var viewModel = ViewModel()

  var body: some View {
    Button("Toggle from main thread") {
      DispatchQueue.global().async {
        viewModel.demo.toggle()
      }
    }
    .buttonStyle(.action)
  }
}
```

코드 실행 후 버튼을 클릭하면 다음과 같은 출력을 볼 수 있다.

```
2022-05-14 12:19:32.093826+0200
SwiftUICombineSchedulers[41912:2513626] [SwiftUI] Publishing
changes from background threads is not allowed; make sure
to publish values from the main thread (via operators like
receive(on:)) on model updates.
Main thread: false
```

대부분의 경우 기본 스케줄러만으로 잘 작동한다. 예를 들어 사용자 입력 유효성
을 검사하려는 경우 일부 UI 상태를 결합해 입력 폼의 isValid 상태와 함께 결합시
켜야 할 것이다.

따라서 보통은 메인 스레드에서 실행될 것이다. 그러나 네트워크(또는 다른 비동기 데이터 소스)에 접근해야 하는 경우 상황은 좀 더 복잡해지며, 메인 스레드로 돌아와 UI를 업데이트하기 전에 백그라운드 스레드에서 파이프라인의 일부를 실행하고 싶을 것이다.

스레드 전환을 위한 한 가지 접근 방식은 명시적으로 `DispatchQueue`와 그 메서드를 사용해 메인 큐(`DispatchQueue.main`)와 전역 백그라운드 큐(`DispatchQueue.global()`) 중 하나 또는 직접 만들고 관리하는 커스텀 큐 사이를 전환하는 것이다.

스케줄러 전환

명시적 호출을 사용해 가장 적절한 `DispatchQueue`로 전환하는 것은 확실히 효과가 있지만, 이 접근 방식은 다소 장황한 코드가 필요하다.

파이프라인의 각 부분이 적절한 스레드에서 실행되게 하는 선언적 방법이 있다면 훨씬 더 좋지 않을까?

컴바인은 사용할 스케줄러를 선언해 스레드 간에 전환할 수 있는 여러 연산자를 제공한다.

네트워크에 접속할 때 많이 사용하는 `receive(on:)`은 상당히 중요한 연산자 중 하나인데, 컴바인에서 `sink` 또는 `assign`과 같은 서브스크라이버가 이벤트를 받을 때 어떤 스케줄러를 사용할지 알려준다.

스케줄링의 또 다른 핵심 연산자는 `subscribe(on:)`이다. 이 연산자는 업스트림 퍼블리셔를 구독할 때 컴바인이 어떤 스케줄러를 사용할지 지정할 수 있다.

파이프라인에서 사용되는 스케줄러에 영향을 미치는 다른 연산자로는 `debounce`, `throttle`, `delay` 등이 있다.

다음 절에서는 이러한 연산자가 SwiftUI 이벤트 핸들러에서 이벤트를 수신하는 컴바인 파이프라인의 진행에 어떤 영향을 미치는지 살펴본다. 다음 퍼블리셔를 사용

해 장기간 실행되는 계산 수행 코드를 시뮬레이션해보자.[5]

```
func performWork() -> AnyPublisher<Bool, Never> {
    print("[performWork:start] isMainThread: \(Thread.
    isMainThread)")
    return Deferred {
        Future { promise in
            print("[performWork:Future:start] isMainThread:
            \(Thread.isMainThread)")
            sleep(5)
            print("[performWork:Future:finished] isMainThread:
            \(Thread.isMainThread)")
            promise(.success(true))
        }
    }
    .eraseToAnyPublisher()
}
```

Future는 서브스크라이버가 연결될 때까지 기다리지 않고 즉시 클로저를 실행하므로, 이를 Deferred 퍼블리셔 안에 래핑해야 한다. 이렇게 하면 서브스크라이버를 연결할 때만 클로저의 코드가 실행되므로 이 퍼블리셔가 사용할 스케줄러에 영향을 줄 수 있다.

subscribe(on:)로 업스트림 퍼블리셔 제어

subscribe(on:) 연산자를 사용하면 업스트림 퍼블리셔가 실행되는 디스패치 큐를 제어할 수 있다.

이 기능은 퍼블리셔가 백그라운드 스레드에서 실행되게 하려는 경우에 유용하다. DispatchQueue.global().async { } 호출로 코드를 래핑하는 대신 receive(on:)에 대한 호출을 추가할 수 있다. 이 선언적 접근 방식을 사용하면 코드를 더 쉽게

---

5. 13장의 샘플 프로젝트에서 SchedulerDemoViewModel.swift를 참고한다.

읽고 추론할 수 있다.

subscribe(on:) 연산자는 업스트림 퍼블리셔의 구독, 취소 및 요청 작업을 수행하는 데 사용되는 스케줄러를 지정한다.

다음 코드 조각[6]에서는 subscribe(on:) 호출을 추가해 performWork()의 퍼블리셔가 백그라운드 스레드에서 실행되게 한다. DispatchQueue.global(qos: .background)에 대한 호출을 파이프라인에 추가했다.

```swift
func start() {
  print("[start:at beginning] isMainThread: \(Thread.
  isMainThread)")

  self.performWork()
    .handleEvents(receiveSubscription: { sub in
      print("[receiveSubscription] isMainThread: \(Thread.
        isMainThread)")
    }, receiveOutput: { value in
      print("[receiveOutput] isMainThread: \(Thread.
      isMainThread)")
    }, receiveCompletion: { completion in
      print("[receiveCompletion] isMainThread: \(Thread.
      isMainThread)")
    }, receiveCancel: {
      print("[receiveCancel] isMainThread: \(Thread.
      isMainThread)")
    }, receiveRequest: { demand in
      print("[receiveRequest] isMainThread: \(Thread.
      isMainThread)")
    })
    .map { value -> Bool in
      print("[map 1] isMainThread: \(Thread.isMainThread)")
      return value
```

---

6. 13장의 샘플 프로젝트에서 LaunchOnBackgroundViewModels.swift를 참고한다.

```
    }
    .subscribe(on: DispatchQueue.global(qos: .background))
    .map { value -> Int in
      print("[map 2] isMainThread: \(Thread.isMainThread)")
      return self.times + 1
    }
    .sink { value in
      print("[sink] isMainThread: \(Thread.isMainThread)")
      self.times = value
    }
    .store(in: &self.cancellables)

  print("[start:at end] isMainThread: \(Thread.isMainThread)")
}
```

메인 스레드에서 이 코드를 호출할 때(예: 버튼의 액션 핸들러 내부에서) 콘솔에 다음과 같은 출력을 볼 수 있다.

```
[start:at beginning] isMainThread: true
[performWork:start] isMainThread: true
[start:at end] isMainThread: true
[performWork:Future:start] isMainThread: false
---
[performWork:Future:finished] isMainThread: false
[receiveSubscription] isMainThread: false
[receiveRequest] isMainThread: false
[receiveOutput] isMainThread: false
[map 1] isMainThread: false
[map 2] isMainThread: false
[sink] isMainThread: false
2022-05-10 09:59:07.514607+0200
SwiftUICombineSchedulers[80945:27603444] [SwiftUI] Publishing
changes from background threads is not allowed; make sure
to publish values from the main thread (via operators like
```

```
receive(on:)) on model updates.
[receiveCompletion] isMainThread: false
```

보다시피 메인 스레드에서 호출했지만 코드는 백그라운드에서 실행된다. 결과만 보면 퍼블리셔는 백그라운드 위에서 실행될 것이고, 메인 스레드에서는 다른 UI 관련 작업을 수행할 수 있다.

앞서 언급했듯 subscribe(on:) 호출은 업스트림 퍼블리셔에 영향을 준다. 하지만 나머지 파이프라인 역시 지정한 스케줄러를 사용해서 실행되기 때문에 SwiftUI가 백그라운드 스레드에서 UI를 업데이트해서는 안 된다는 런타임 경고를 표시한다. 모든 UI 업데이트는 메인 스레드에서 수행해야 한다는 점을 기억하자.

receive(on:)으로 다운스트림 서브스크라이버 제어

receive(on:) 연산자를 사용하면 모든 다운스트림 연산자와 서브스크라이버에 적용되는 컴바인 스케줄러를 정할 수 있다.

이는 컴바인 파이프라인의 서브스크라이버가 메인 스레드상에서 실행되도록 강제할 때 유용하다(예를 들면 SwiftUI 뷰에 연결된 게시된 프로퍼티에 값을 할당할 때). 이 속성에 변경될 때마다 UI가 갱신되고 또한 이 동작은 메인 스레드 위에서 수행된다.

이전 코드 조각에 .receive(on: DispatchQueue.main)을 추가해서 호출해보자. 위치는 sink 연산자 바로 앞이다.

```
override func start() {
  print("[start:at beginning] isMainThread: \(Thread.
  isMainThread)")

  self.performWork()
    .handleEvents(receiveSubscription: { sub in
      print("[receiveSubscription] isMainThread: \(Thread.
      isMainThread)")
```

```
    }, receiveOutput: { value in
      print("[receiveOutput] isMainThread: \(Thread.
      isMainThread)")
    }, receiveCompletion: { completion in
      print("[receiveCompletion] isMainThread: \(Thread.
      isMainThread)")
    }, receiveCancel: {
      print("[receiveCancel] isMainThread: \(Thread.
      isMainThread)")
    }, receiveRequest: { demand in
      print("[receiveRequest] isMainThread: \(Thread.
      isMainThread)")
    })
    .map { value -> Bool in
      print("[map 1] isMainThread: \(Thread.isMainThread)")
      return value
    }
    .subscribe(on: DispatchQueue.global(qos: .background))
    .map { value -> Int in
      print("[map 2] isMainThread: \(Thread.isMainThread)")
      return self.times + 1
    }
    .receive(on: DispatchQueue.main)
    .sink { value in
      print("[sink] isMainThread: \(Thread.isMainThread)")
      self.times = value
    }
    .store(in: &self.cancellables)

  print("[start:at end] isMainThread: \(Thread.isMainThread)")
}
```

이 코드는 모든 다운스트림 연산자와 구독이 메인 디스패치 큐에서 실행될 수 있도
록 컴바인에게 전달한다. 이 경우 결과 콘솔 출력에서 볼 수 있듯 sink 서브스크라
이버가 메인 스레드에서 실행된다는 의미다. 또한 더 이상 SwiftUI가 백그라운드에

서 모델 변경 게시에 관한 경고를 표시하지 않는다는 것을 볼 수 있다.

```
[start:at beginning] isMainThread: true
[performWork:start] isMainThread: true
[start:at end] isMainThread: true
[performWork:Future:start] isMainThread: false
---
[performWork:Future:finished] isMainThread: false
[receiveSubscription] isMainThread: false
[receiveRequest] isMainThread: false
[receiveOutput] isMainThread: false
[map 1] isMainThread: false
[map 2] isMainThread: false
[receiveCompletion] isMainThread: false
[sink] isMainThread: true
```

스케줄링에 영향을 미치는 기타 연산자

이벤트가 다운스트림 파이프라인으로 전달되는 타이밍에 영향을 주는 다음과 같은 여러 가지 컴바인 연산자를 살펴보자.

- debounce는 이벤트 사이에 지정된 시간 간격이 경과한 후에만 요소를 게시한다.
- throttle은 지정한 시간 간격으로 업스트림 퍼블리셔가 게시한 가장 최근 또는 첫 번째 요소를 게시한다.
- delay는 특정 스케줄러에서 지정된 시간만큼 모든 출력을 다운스트림 수신 측으로 지연해 전달한다.

이 모든 것에는 연산자가 출력 요소를 전달하는 시간 간격과 스케줄러가 필요하다. 이해를 돕기 위해 간단한 예를 살펴보자.

SwiftUI에서 일반적으로 사용되는 타이밍 연산자는 debounce며, 이를 통해 연산자가 다운스트림 서브스크라이버에게 보낼 두 이벤트 사이에 경과해야 하는 시간 간격을 지정할 수 있다. 이는 사용자의 입력에 따라 검색을 수행하기 위해 원격 API를 호출하는 검색 대화상자에 특히 유용하다. 너무 많은 요청으로 원격 API에 과부하가 걸리지 않도록 일반적으로 검색어가 포함된 게시된 프로퍼티에 debounce 연산자를 설치한다.

12장에서 다뤘던 네트워크 레이어 최적화 코드를 다시 살펴보자.

```
$input
  .debounce(for: 0.8, scheduler: DispatchQueue.main)
  .handleEvents { subscription in
    self.logEvent(tag: "handleEvents")
  } receiveOutput: { value in
    self.logEvent(tag: "receiveOutput - {\(value)}")
  } receiveCompletion: { completion in
    self.logEvent(tag: "receiveCompletion")
  } receiveCancel: {
    self.logEvent(tag: "receiveCancel")
  } receiveRequest: { demand in
    self.logEvent(tag: "receiveRequest")
  }
  .sink { value in
    self.logEvent(tag: "sink - {\(value)}")
    print("Value: \(value)")
    self.output = value
  }
  .store(in: &cancellables)
```

코드를 보자. 사용자가 텍스트 입력 필드에 입력을 받은 후 debounce 연산자를 사용해 다운스트림 서브스크라이버에게 전달되는 이벤트의 수를 줄인다. 즉, 사용자가 0.8초 동안 타이핑을 멈추는 시점이 되면 다운스트림은 비로소 현재 값만을 받을 것이다.

대신 DispatchQueue.global(qos: .background)를 사용하면 모든 이벤트가 백그라운드 스레드에 도착한다.

스케줄링 연산자(여기서는 debounce 연산자) 중 하나에 스케줄러 옵션을 주면 subscribe (on:) 호출을 추가하는 것과 동일하다.

비동기 작업 수행

이전 예제에서 살펴봤지만 메인 스레드에서 복잡한 계산 작업을 수행하는 것은 좋은 생각이 아니다. 메인 스레드에서의 복잡 연산은 UI가 버벅 대거나 완전히 먹통이 되게 할 수도 있다.

비동기 API(예: 네트워크, 파이어베이스와 같은 클라우드 서비스 또는 이벤트를 비동기적으로 처리하는 로컬 API)에 액세스할 때와 마찬가지로 백그라운드 스케줄러에서 해당 퍼블리셔(또는 운영자)를 구독해 이러한 코드를 백그라운드 스레드로 넘겨줘야 한다. 백그라운드 프로세스가 완료되고 퍼블리셔가 이벤트를 내보내면 결국 메인 스레드로 전환해 UI를 업데이트하고 싶을 것이다.

일반적인 사용 패턴은 다음과 같다.

```
publisher
  .subscribe(on: DispatchQueue.global())
  .receive(on: DispatchQueue.main)
  .sink { }
```

백그라운드에서 실행할 코드에 사용할 서비스 품질[QoS]을 표시하기 위해 오버로딩 버전의 DispatchQueue.global(qos:)을 사용할 수 있다.

- **background:** 백그라운드 작업은 모든 작업 중 우선순위가 가장 낮다. 앱이 백그라운드에서 실행되는 동안 작업을 수행하는 데 사용하는 작업 또는 디

스패치 대기열에 이 클래스를 할당한다.

- **utility**: 유틸리티 작업은 default, userInitiated 작업, userInteractive 작업보다 우선순위가 낮지만 background 작업보다는 우선순위가 높다. 사용자가 앱을 계속 사용하는 데 방해가 되지 않는 작업에 이 서비스 품질 클래스를 할당하자. 예를 들어 사용자가 진행 상황을 적극적으로 추적하지 않는 장기 실행 작업에 이 클래스를 할당할 수 있다.

- **default**: default 작업은 user-initiated 작업 및 user-interactive 작업보다 우선순위가 낮지만 utility 및 background 작업보다 우선순위가 높다. 앱을 초기화하는 동작 또는 사용자 대신 활동적인 작업을 수행해야 한다면 이러한 작업이나 대기열에 이 클래스를 할당하자.

- **userInitiated**: 시스템상에서 userInitiated 작업은 userInteractive 작업 다음으로 우선순위가 높다. 사용자가 수행 중인 작업에 대해 즉각적인 결과를 제공하거나 사용자가 앱을 사용하지 못하게 하는 작업에 이 클래스를 할당한다. 예를 들어 이 QoS 클래스를 사용해 이메일 콘텐츠를 로드해 사용자에게 보여줄 수 있다.

- **userInteractive**: userInteractive 작업은 시스템에서 우선순위가 가장 높다. 사용자와 상호작용하거나 앱의 사용자 인터페이스를 능동적으로 업데이트하는 작업 또는 대기열에 이 클래스를 사용하자. 예를 들어 애니메이션 클래스나 이벤트를 대화형으로 추적하고 싶을 때 이 클래스를 사용한다.

샘플 프로젝트의 SchedulerDemoView.swift를 참고해 실제 작동을 확인해보자.

다른 API와 통합

일반적으로 개발자가 직접 작성한 코드는 완전히 제어할 수 있으니 앞서 설명한 기술을 적용해 파이프라인 스케줄링을 제어할 수 있다. 다만 다른 사람의 코드에도 이런 부분을 매번 제어하기는 힘들 것이다. 이번에는 업스트림 퍼블리셔가 스케줄링을 제어하는 부분과 나머지 파이프라인의 스케줄링에 어떤 영향을 줄지 여러 예제를 살펴본다. 특히 중요한 점은 파이프라인 결과를 UI와 연결된 게시된 프로퍼티에 할당하는 시점이다.

URLSession

먼저 네트워크 액세스 코드를 살펴보자. 9장에서 URLSession의 사용을 자세히 설명했으며, 몇 가지 스케줄링 문제가 발생했던 것을 기억할 것이다. 다음은 URL에서 데이터를 가져온 다음 SwiftUI 뷰에 연결된 게시된 프로퍼티에 할당하는 일반적인 코드 조각이다.

```
URLSession.shared.dataTaskPublisher(for: url)
    .map(\.data)
    .decode(type: UserNameAvailableMessage.self,
            decoder: JSONDecoder())
    .map(\.isAvailable)
    .replaceError(with: false)
    .assign(to: &$isUsernameAvailable)
```

코드 실행 결과는 다음과 같다.

```
[SwiftUI] Publishing changes from background threads is not
allowed; make sure to publish values from the main thread (via
operators like receive(on:)) on model updates.
```

이는 백그라운드 스레드에서 URLSession을 실행했기 때문에 발생하는 경고다. 연쇄적으로 assign 연산자와 나머지 파이프라인도 모두 동일한 백그라운드 스레드에서 실행될 것이다. 즉, UI 갱신이 백그라운드 스레드에서 발생했고 이로 인해 경고가 발생했다는 것이다.

이를 피하려면 메인 스레드로부터 UI에 접근함을 보장해줘야 하므로 assign 연산자 전에 receive(on:) 연산자를 추가하면 된다.

```
URLSession.shared.dataTaskPublisher(for: url)
    .map(\.data)
    .decode(type: UserNameAvailableMessage.self,
            decoder: JSONDecoder())
    .map(\.isAvailable)
    .replaceError(with: false)
    .receive(on: DispatchQueue.main)
    .assign(to: &$isUsernameAvailable)
```

파이어베이스

자체적으로 스케줄링을 관리하는 API의 또 다른 예로는 구글의 앱 개발 플랫폼인 파이어베이스가 있다. 파이어베이스의 대부분 서비스(예: Cloud Firestore, Cloud Storage, Firebase Authentication 등)는 비동기식이며, 이는 파이어베이스에 대한 모든 호출이 백그라운드 스레드에서 실행돼야 함을 의미한다. 예제를 통해 파이어스토어가 이를 어떻게 관리하는지 살펴보자.

다음 코드 조각은 파이어스토어에서 문서 하나를 가져오는 방법을 보여준다.

```
let docRef = Firestore.firestore()
    .collection("books")
    .document(documentId)

docRef.getDocument(as: Book.self) { result in
    switch result {
      case .success(let book):
        self.book = book
        self.errorMessage = nil
      case .failure(let error):
```

```
            self.errorMessage = "\(error.localizedDescription)
    }
  }
```

Firestore는 시리얼 디스패치 큐를 생성하고(executor_libdispatch.mm, 362줄[7] 참고) 이를 사용해 클라우드 파이어스토어Cloud Firestore 백엔드에 원격 호출을 하는 모든 작업을 수행한다.

```
std::unique_ptr<Executor> Executor::CreateSerial(const char*
label) {
  dispatch_queue_t queue =
    dispatch_queue_create(label,
                          DISPATCH_QUEUE_SERIAL);
  return absl::make_unique<ExecutorLibdispatch>(queue);
}
```

이 호출이 완료되면 파이어스토어는 완료 핸들러 호출에 메인 디스패치 큐를 사용한다. 결과를 반환하는 데 다른 디스패치 큐를 사용하려면 FirestoreSettings.dispatchQueue[8]를 사용해 사용자 지정 디스패치 큐를 설정할 수 있다.

```
let settings = Firestore.firestore().settings
settings.dispatchQueue = DispatchQueue.global(qos: .background) // 이 부분을 잘 보자.
Firestore.firestore().settings = settings
```

이는 UI 업데이트를 수행하기 전에 백그라운드 스레드에서 여러 가지 종속 작업을 수행할 때 유용할 것이다.

이전 코드 조각에서는 완료 핸들러를 사용해 getDocument 호출 결과를 처리했다. 파이어베이스는 컴바인도 지원한다. 이전 코드에 컴바인을 적용하면 다음과 같다.

---

7. https://bit.ly/3uVR5Vn
8. https://bit.ly/3W9FFZS의 문서를 참고한다.

```
db.collection("books").document("hitchhiker").getDocument()
  .tryMap { documentSnapshot in
    try documentSnapshot.data(as: Book.self)
  }
  .replaceError(with: Book.empty)
  .assign(to: &$book)
```

파이어스토어는 가장 적절한 디스패치 큐(데이터 패치용 시리얼 백그라운드 큐와 결과 반환용 메인 디스패치 큐)에서 모든 작업을 디스패치하기 때문에 일반적으로는 디스패치 큐 전환이 불필요하다.

정리

기존에는 개발자가 멀티스레딩을 수동으로 처리해야 했기 때문에 DispatchQueue 또는 기타 유사한 메커니즘을 사용해 스레드를 전환하는 경우가 많았다. 이 경우 스레드에 대한 매우 깊은 이해는 기본이며, 필연적으로 코드가 더 장황해져 읽기 어렵고 유지 관리가 어려워진다.

컴바인 스케줄러의 도움으로 개발자는 코드를 DispatchQueue.main.async { } 등으로 하나하나 감싸는 대신에 선언적 방식으로 코딩할 수 있다. 대신 컴바인에서는 subscribe(on:) 또는 receive(on:)과 같은 연산자를 사용해 필요한 스케줄 전략을 선언할 수 있다.

13장의 핵심 내용은 다음과 같다.

1. 스케줄러를 지정하지 않으면 컴바인은 호출하는 스레드와 동일한 스레드에서 코드를 실행한다.
2. SwiftUI의 경우 이 스레드가 메인 스레드가 될 가능성이 높다.
3. 그러나 URLSession과 같은 비동기 API는 백그라운드 스레드로 전환될 수 있다.

4. 이 경우 UI를 업데이트하기 전에 receive(on:)을 사용해 메인 스레드로 다시 전환해야 한다.

5. 반면 일부 API(예: 파이어베이스)는 결과를 반환하기 전에 메인 스레드로 다시 전환할 수 있다. 과도한 스레드 점핑을 피하려면 이 점을 알고 있어야 한다.

6. 매우 긴 실행 프로세스를 백그라운드에 위임하려면 subscribe(on:) 연산자를 사용하면 된다.

전반적으로 컴바인의 스케줄러를 사용하면 비동기 코드 작업이 더 쉽고 오류가 덜 발생한다. 특히 Xcode의 보라색 경고 메시지는 SwiftUI용 코드를 작성할 때 유용하다.

3부

async/await 시작

인류는 모두 비동기로 돌아가는 세상에서 살고 있다. 모바일 사용자들은 대부분 기기 및 앱과의 상호작용이 거의 즉각적인 결과를 가져올 것을 기대한다. 하지만 트윗이나 인스타그램 스토리에 '좋아요'를 누르고, 이메일을 보관하고, 장바구니에 상품을 담는 등 상호작용하는 시스템이 모두 분산 시스템인 경우가 많다는 사실은 간과하고 있다. 이런 모든 작업은 결국 네트워크 호출, 데이터베이스 테이블의 업데이트, 때로는 서버에서 비즈니스 로직을 실행하는 결과를 초래한다.

분산돼 독립적으로 실행되는 시스템을 다룰 때 비동기 동작은 예외적인 것이 아니라 일반적인 것이다. 디스크 또는 네트워크 바인딩 등 I/O와 관련된 모든 작업과 로컬 시스템의 다른 프로세스와 통신하는 작업도 비동기적으로 이뤄진다.

캠브리지 사전에서는 비동기를 같은 시간이나 속도로 일어나지 않거나 수행되지 않는 것으로 정의하고 있으며[1], 이러한 동작은 많은 상황에서 관찰할 수 있다.

- 서버는 동시에 많은 클라이언트를 처리해야 하지만 동시에 처리해야 하는 클라이언트 수에 비해 프로세서 또는 프로세서 코어 수가 적을 수 있다.
- 멀티코어 시스템은 독립적으로 실행되는 여러 작업을 병렬로 실행한다.
- 클라이언트 앱은 이전에 수행한 네트워크 호출의 결과를 수신한다.

---

1. https://dictionary.cambridge.org/dictionary/english/asynchronous 참고

- 로컬 앱은 사용자의 입력을 처리하는 동시에 UI 업데이트를 렌더링해야 한다.

개발자들은 대부분 즉시 실행하고 반환하는 대다수 메서드 및 함수 호출에 익숙하기 때문에 스위프트 프로그래밍 언어 가이드[2]에서 가져온 이 예제처럼 선형적이고 직선적인 형태의 코드를 작성할 수 있다.

```swift
func greet(person: String) -> String {
  let greeting = "안녕, " + person + "!"
  return greeting
}

print(greet(person: "안나"))
// Prints "안녕, 안나!"
print(greet(person: "브라이언"))
// Prints "안녕, 브라이언!"
```

greet 함수에 대한 호출이 즉시 반환되고 안나와 브라이언에 대한 인사말이 연속으로 출력된다. 항상 '안녕 안나' 이후에 '안녕 브라이언'의 순서로 출력된다.

예제의 **greet** 함수는 동기적으로 실행된다. 이는 다른 복잡한 작업을 수행하지 않고 다른 (원격) 하위 시스템에 의존하지 않기 때문에 가능하다.

하지만 비동기 실행 함수도 있다. 함수가 비동기적으로 실행되는 가장 일반적인 이유는 느린 리소스(예: 네트워크를 통해 액세스해야 하는 서버 또는 로컬 파일 시스템의 파일)의 응답이 필요하거나 비용이 많이 드는 작업(예: 장기간 실행되는 계산)을 수행하기 때문이다.

이미지 썸네일을 계산하는 작업은 원본 이미지의 크기에 따라 좀 더 오랜 시간이 걸리는 작업이다. 이 작업을 수행하는 2가지 메서드가 있는데, 동기식 버전 (preparingThumbnail(of:)[3])은 메서드가 반환될 때까지 호출 스레드를 차단한다. 컬렉션

---

2. https://docs.swift.org/swift-book/LanguageGuide/Functions.html 참고

3. https://developer.apple.com/documentation/uikit/uiimage/3750835-preparingthumbnail 참고

뷰와 같이 썸네일이 많은 UI에서 이 메서드를 사용하면 사용자가 빠르게 스크롤할 때 거의 100% 버벅거림이 발생할 수 있다. 이를 방지하기 위해 개발자가 이 API를 비동기적으로 호출할 수 있는 두 번째 버전의 메서드인 prepareThumbnail(of :completionHandler:)[4]가 있다. 이 메서드는 메인 스레드를 차단하지 않고 비동기적으로 실행되므로 백그라운드에서 많은 썸네일이 계산되는 경우에도 스크롤이 부드럽게 작동할 것이다.

느린 리소스에서 함수를 호출할 때 호출자를 차단하는 것은 대부분의 경우 선택 사항이 아니다. 대부분의 운영체제에서 UI는 메인 스레드에서 실행되므로 호출을 차단하면 UI가 응답하지 않거나 멈출 수 있다. iOS에서는 일정 시간 내에 응답하지 않으면 앱을 종료시킬 것이다.[5] 사용자들은 모두 이런 경험을 해봤으며, 사실 이는 좋은 사용자 경험이 아니다. 서버에서 호출을 차단하면 들어오는 다른 요청을 처리하고자 더 많은 스레드가 가동돼 스레드가 폭발적으로 증가하게 되고[6] 서버의 리소스가 빠르게 소진된다. 마찬가지로 서버가 더 많은 스레드를 스핀업할 수 없으면 들어오는 요청을 처리할 수 없게 돼 HTTP 503(서비스를 사용할 수 없음) 오류 메시지가 표시된다.

이런 이유로 앱에서 비동기적 방식으로 처리할 방법이 필요하다. 지금부터 다양한 기법을 사용해 비동기 코드를 구현하는 방법을 살펴보자. 수제 샌드위치를 생산하는 간단한 샌드위치 가게에 대한 예제를 보자.[7]

일반적인 알고리듬은 다음과 같다.

- 빵을 굽는다.
- 다른 재료(오이, 양파, 토마토)를 자른다.

---

4. https://developer.apple.com/documentation/uikit/uiimage/3750845-preparethumbnail 참고
5. 더 상세한 정보를 알고 싶으면 애플의 와치도그 터미네이션 문서(https://developer.apple.com/documentation/xcode/addressing-watchdog-terminations)를 참고한다.
6. 이는 WWDC 2021 세션인 '스위프트 동시성: Behind the scenes'에서 다룬다. https://developer.apple.com/videos/play/wwd-c2021/10254?time=500를 참고한다.
7. 14장의 코드 샘플은 이 책의 코드 저장소인 깃허브의 14장 폴더에 있는 스위프트 플레이그라운드(Swift Playground)에서 찾을 수 있다(https://github.com/peterfriese/SwiftUI-Combine-Book).

- 빵이 구워지면
  - 빵에 양념을 뿌린다.
  - 빵 한 조각 위에 재료를 층층이 쌓는다.
  - 양상추를 위에 얹는다.
  - 두 번째 빵 조각을 위에 올린다.
  - 모든 것을 싸서 고객에게 건네준다.

그중에서 일부는 순차적으로 수행해야 하는 반면 다른 일부는 병렬로 수행할 수 있다. 예를 들어 빵이 구워지는 동안 지루하게 기다릴 필요 없이 그 시간 동안 야채를 썰 수 있다.

14장의 코드는 이 책의 깃허브 리포지토리[8]에 있는 14장 폴더에서 찾을 수 있다. 폴더 안에는 .playground 파일이 있다. 스위프트 플레이그라운드(Swift Playground) 앱에서 이 파일을 열고[9] 프로젝트 탐색기(CMD + 1)와 디버그 콘솔(CMD + Shift + Y)을 확장하면 예제 사이를 쉽게 탐색할 수 있다.

---

8. https://github.com/peterfriese/SwiftUI-Combine-Book
9. 이 플레이그라운드에서 사용되는 일부 기능을 사용하려면 맥OS 벤추라에서 최신 버전의 스위프트 플레이그라운드 앱이 필요하다. 맥OS 벤추라에서 스위프트 플레이그라운드 앱 버전 4.2를 실행할 수 없는 경우 Xcode에서 플레이그라운드를 열 수도 있다.

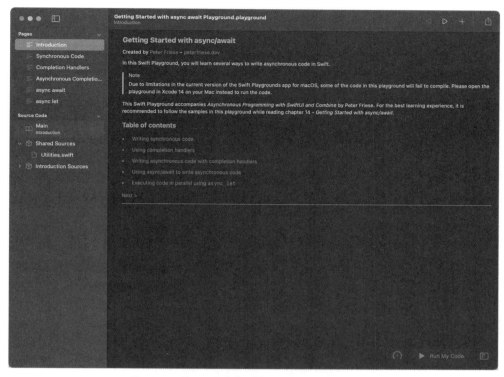

그림 14-1 스위프트 플레이그라운드 앱에서의 플레이그라운드

함수를 사용한 동기식 프로그래밍

먼저 샌드위치 만들기 알고리듬의 동기식 구현을 살펴보자.

```
public func customerSays(_ message: String) {
  print("[Customer] \(message)")
}

public func sandwichMakerSays(_ message: String, waitFor time:
UInt32 = 0) {
  print("[Sandwich maker] \(message)")
```

```
    if time > 0 {
      print("               ... this will take \(time)s")
      sleep(time)
    }
  }

  func makeSandwich(bread: String, ingredients: [String],
  condiments: [String]) -> String {
    sandwichMakerSays("Preparing your sandwich...")

    let toasted = toastBread(bread)
    let sliced = slice(ingredients)

    sandwichMakerSays("Spreading \(condiments.joined(separator:
    ", and ")) on \(toasted)")
    sandwichMakerSays("Layering \(sliced.joined(separator: ", "))")
    sandwichMakerSays("Putting lettuce on top")
    sandwichMakerSays("Putting another slice of bread on top")

    return "\(ingredients.joined(separator: ", ")), \(condiments.
    joined(separator: ", ")) on \(toasted)"
  }

  func toastBread(_ bread: String) -> String {
    sandwichMakerSays("Toasting the bread... Standing by...", waitFor: 5)
    return "Crispy \(bread)"
  }

  func slice(_ ingredients: [String]) -> [String] {
    let result = ingredients.map { ingredient in
      sandwichMakerSays("Slicing \(ingredient)", waitFor: 1)
      return "sliced \(ingredient)"
    }
    return result
  }

  //: The main program follows
```

```
sandwichMakerSays("Hello to Cafe Synchronous, where we execute your order
serially.")
sandwichMakerSays("Please place your order.")

// We're using a `ContinuousClock` to determine how long it took to make the
sandwich.
let clock = ContinuousClock()
let time = clock.measure {
   let sandwich = makeSandwich(bread: "Rye", ingredients: ["Cucumbers",
"Tomatoes"], condiments: ["Mayo", "Mustard"])
   customerSays("Hmmm.... this looks like a delicious \(sandwich) sandwich!")
}

// This should be roughly 7 seconds (5 for toasting, and 1 for each ingredient we
sliced)
print("Making this sandwich took \(time)")
```

주요 작업[10]은 고객이 사용할 빵, 재료, 양념의 종류를 알려주는 몇 가지 매개변수를 입력하는 makeSandwich에서 이뤄진다.

모든 단계는 순차적으로 실행되며, 빵 굽기처럼 다소 시간이 걸리는 단계도 순차적으로 실행된다. 빵 굽기는 몇 초 동안 잠자기 상태로 시뮬레이션된다. 이렇게 하면 스레드가 효과적으로 차단되고 5초가 경과한 이후에만 toastBread 함수 결과를 받을 수 있다.

이 프로그램의 결과는 다음과 같다.

```
[Sandwich maker] Hello to Cafe Synchronous, where we execute
your order serially.
[Sandwich maker] Please place your order.
[Sandwich maker] Preparing your sandwich...
[Sandwich maker] Toasting the bread... Standing by...
```

---

10. 이 샌드위치 만들기 시뮬레이션 알고리듬에 '작업'이라는 단어가 거창하게 느껴지겠지만, 실제 작업을 수행하든 print
구문을 사용해 작업을 시뮬레이션하든 관계없이 원칙은 동일하게 적용된다는 점을 이해해주기 바란다.

```
                 ... this will take 5s
[Sandwich maker] Slicing Cucumbers
                 ... this will take 1s
[Sandwich maker] Slicing Tomatoes
                 ... this will take 1s
[Sandwich maker] Spreading Mayo, and Mustard on Crispy Rye
[Sandwich maker] Layering sliced Cucumbers, sliced Tomatoes
[Sandwich maker] Putting lettuce on top
[Sandwich maker] Putting another slice of bread on top
[Customer] Hmmm.... this looks like a delicious Cucumbers,
Tomatoes, Mayo, Mustard on Crispy Rye sandwich!
Making this sandwich took 7.00992275 seconds
```

모든 단계를 연속적으로 실행했기 때문에 전체 프로그램은 약 7초(빵 굽기에 5초, 토마토와 오이를 자르는 데 각각 1초)가 걸렸다.

이 버전의 알고리듬은 하나의 명령문이 다른 명령문을 따르는 선형적인 흐름을 따르기 때문에 작성하고 이해하기 쉽다. 함수를 실행할 때 함수의 반환이 있을 때만 이후에 주요 흐름을 계속 진행할 수 있다는 것을 알 수 있다.

이는 개발자가 작성할 많은 코드에 유용할 테지만, 앞서 언급했듯 비동기 API를 처리해야 하는 순간 블러킹 호출을 사용하면 이 방식은 더 이상 작동하지 않는다.

클로저를 사용한 비동기 프로그래밍

스위프트의 초기 버전에는 언어 수준의 일급^{first-class} 동시성 기능이 포함돼 있지 않았다. 이는 사실 코어 개발 팀이 의식적으로 내린 결정이었기 때문에(스위프트 동시성 선언문[11] 참고) 개발자는 비동기 코드를 처리하기 위한 다른 방법을 고안해야만 했다.

---

11. https://bit.ly/3PF61k3

비동기적으로 실행해야 하는 코드를 구현하는 일반적인 방법은 클로저와 함께 그랜드 센트럴 디스패치^{GCD, Grand Central Dispatch}를 사용하는 것이다. 클로저는 코드에서 전달해 사용할 수 있는 독립적인 기능 블록이다.[12] 클로저는 일반적으로 콜백 및 완료 핸들러를 구현하는 데 사용되므로 비동기 코드를 처리하는 데 매우 적합하다. 장기간 실행되는 프로세스가 완료되면 클로저를 사용해 호출자에게 결과를 다시 전달할 수 있다.

클로저를 사용할 때 앞 절의 toastBread 함수는 다음과 같다.

```
func toastBread(_ bread: String,
               completion: (String) -> Void) {
  sandwichMakerSays("빵 굽기... 기다림...", waitFor: 5)
  completion("바싹한 \(bread) 빵")
}
```

이 메소드를 호출하기 위해 다음과 같이 호출부를 업데이트하자.

```
toastBread(bread, completion: { toasted in
  print("\(bread)는 이제 \(toasted)이 됐습니다.")
  // 결과: Rye는 이제 바싹한 Rye 빵이 됐습니다.
})
```

이 기능을 원래 버전의 기능과 비교하면 다음과 같은 몇 가지 사항을 알 수 있다.

1. toastBread 함수에는 더 이상 반환값이 없다.
2. 대신 이제 다소 복잡해 보이는 시그니처를 가진 추가 매개변수 completion이 보인다.
3. completion: (String) -> Void)는 completion 매개변수가 함수를 입력값으로 받는다는 것을 의미한다. 이 함수는 String 타입의 매개변수 하나를 기

---

12. 스위프트 언어 가이드. 클로저(https://docs.swift.org/swift-book/LanguageGuide/Closures.html) 참고

대하며 어떤 값도 반환하지 않는다^(즉, Void).

4. toastBread 함수가 호출자에게 연산 결과를 반환할 준비가 되면 completion 을 호출하고 문자열을 전달해 클로저를 호출한다.

5. 호출부에서 completion 매개변수에 맞는 함수 시그니처를 가진 클로저를 전달한다.

후행 클로저는 비동기 코드에서 가장 널리 사용된다. 이는 스위프트 언어 기능인데, 호출부를 단순하게 만들어준다.

```
toastBread(bread) { toasted in
  print("\(bread) 는 이제 \(toasted) 가 됐다.")
})
```

지금까지의 코드는 아직 비동기적이지 않으며, 호출자에게 결과를 반환하는 방법만 변경해봤다.

이제 toastBread와 slice 함수가 글로벌 디스패치 큐에서 비동기적으로 실행되도록 업데이트해보자. DispatchQueue.global().async { } 호출 안에 본문을 래핑해보자.

```
func toastBread(_ bread: String,
                completion: @escaping (String) -> Void)
{
  DispatchQueue.global().async {
    sandwichMakerSays("빵 굽기... 기다림...", waitFor: 5)
    completion("바싹한 \(bread) 빵")
  }
}

func slice(_ ingredients: [String],
           completion: @escaping ([String]) -> Void)
{
  DispatchQueue.global().async {
```

```
        let result = ingredients.map { ingredient in
            sandwichMakerSays("\(ingredient)를 자릅니다", waitFor: 1)
            return "\(ingredient) 슬라이스"
        }
        completion(result)
    }
}
```

이제 호출부에서 완료 핸들러 문법을 사용할 수 있다. toastBread에 대한 호출이 완료된 후에만 slice를 호출하고 싶으므로 다음처럼 중첩의 형태를 갖는다.

```
toastBread(bread) { toasted in
    slice(ingredients) { sliced in
        sandwichMakerSays("\(toasted) 위에 \(condiments.joined(separator:
        " 와 ")) 바르기")
        // ...
    }
}
print("이 코드는 빵이 구워지고 재료가
슬라이스되기 *이전에* 실행된다.")
```

글로벌 스레드에서 비동기적으로 toastBread와 slice를 실행하려는 이유 중 하나는 이러한 작업을 수행하기 위해 앱에서 별도의 하위 시스템을 호출하거나 이 기능을 수행하기 위해 원격 서버에 접근해야 하기 때문일 수 있다.

비동기 코드를 처리하기 위해 클로저를 사용하는 것은 잘 정립된 방식이며, 애플 자체 API 및 파이어베이스와 같은 많은 타사 SDK 모두 이 접근 방식을 사용한다.

그렇다고 이 방식이 완벽하다는 의미는 아니다. 실제 앱에서 비동기 동작을 처리하기 위해 클로저를 사용하는 데는 많은 문제가 있다.

파멸의 피라미드^{pyramid of doom}에 빠지기 쉽다. 이는 클로저 내부의 호출 결과에 의존하는 모든 코드를 중첩해서 감싸야 한다는 사실이다. 이 예제에서는 두 단계 정도만 중첩했지만, 스위프트 동시성 매니페스토[13]에서 이 예제를 살펴보자.

```swift
func processImageData1(completionBlock: (result: Image)
-> Void) {
  loadWebResource("dataprofile.txt") { dataResource in
    loadWebResource("imagedata.dat") { imageResource in
      decodeImage(dataResource, imageResource) { imageTmp in
        dewarpAndCleanupImage(imageTmp) { imageResult in
          completionBlock(imageResult)
        }
      }
    }
  }
}
```

이 함수는 여러 비동기 API를 호출해 하나의 호출 결과를 다음으로 넘기는 전형적인 예제 코드다.

코드를 옆으로 돌려보면 왜 이게 파멸의 피라미드인지 납득이 갈 것이다. 첫 예제의 선형 코드와 비교할 때 왜 이런 코드가 훨씬 이해하기 어려운지 이해할 수 있을 것이다.

오류 처리 코드가 들어가면 더욱 읽기가 어려워진다. 다음은 스위프트 동시성 매니페스토Concurrency Manifesto에 오류 처리 루틴을 추가한 코드 조각이다.

```swift
func processImageData2(completionBlock: (result: Image?, error:
Error?) -> Void) {
  loadWebResource("dataprofile.txt") { dataResource, error in
    guard let dataResource = dataResource else {
      completionBlock(nil, error)
      return
    }
```

---

13. https://bit.ly/3WtFOSQ 참고

```
loadWebResource("imagedata.dat") { imageResource, error in
  guard let imageResource = imageResource else {
    completionBlock(nil, error)
    return
  }
  decodeImage(dataResource, imageResource) { imageTmp, error in
    guard let imageTmp = imageTmp else {
      completionBlock(nil, error)
      return
    }
    dewarpAndCleanupImage(imageTmp) { imageResult in
      guard let imageResult = imageResult else {
        completionBlock(nil, error)
        return
      }
      completionBlock(imageResult)
    }
  }
}
```

이 코드는 더 길고 장황할 뿐만 아니라 호출자 입장에서 콜백이 결과나 오류를 반환했는지 확인해야 한다. 이 점을 잊어버리기 쉬운데, 안타깝게도 컴파일러는 호출 로직에서 이러한 종류의 오류 처리를 강제할 수 없다.

콜백이 어느 스레드에 있는지 항상 명확하지 않다. 소스코드에 액세스할 수 있거나 함수 문서에 사용 중인 스레딩 모델이 구체적으로 언급돼 있지 않는 한 toastBread와 slice의 호출자는 자신이 어떤 스레드에서 다시 호출될지 알 수 없다. 호출자는 해당 호출을 DispatchQueue.main.async { } 호출 안에 래핑해 이 문제를 해결할 수 있지만, 다른 스레드에서 실행되는 여러 함수를 호출하는 경우 스레드 호핑 ^hopping 이 발생할 수 있다.

완료 핸들러를 강제로 실행되게 할 수 있는 방법은 없다. 특히 이는 호출부에서 문제가 된다. 호출부 코드에서 완료 핸들러가 전혀 호출되지 않는지 예상할 수 있는가? 한 번 이상 호출되지는 않을까? 오류는 어떻게 처리될까? 콜백은 오류 처리를 받을 수 있을까? 애플 문서에는 이에 대한 몇 가지 가이드라인[14]을 제공하지만, 컴파일러가 이러한 동작을 보장하게 만드는 것은 불가능하다. 따라서 좋은 API를 만드는 것은 생각보다 어렵다.

전반적으로 클로저를 사용하면서 코드가 복잡해지고 읽기 어렵고 오류에 취약하게 되는 것은 피할 수 없다.

async/await 함수를 사용한 비동기 프로그래밍

스위프트 5.5에 도입된 스위프트의 새로운 동시성 모델을 이용하면 비동기 프로그래밍이 꽤나 쉬워진다. 코드의 비동기적 특성을 명시할 수 있는 여러 언어 수준의 개념(가장 눈에 띄는 것은 async/await 키워드)이 도입됐다. 컴파일러는 새 동시성 모델을 통해 컴파일 시점에 체크를 수행할 수 있어 개발자가 오류에 자유로울 수 있고 더 나은 코드를 작성하는 데 도움을 준다.

14장의 나머지 부분에서는 새로운 개념 몇 가지를 살펴보고 클로저 기반 코드를 async/await 기반 구현으로 변경해 읽기 쉽고 유지 관리하기 쉽도록 리팩터링해 본다.

비동기 함수 정의 및 호출

스위프트에서의 비동기 함수(비동기 메서드)는 실행 도중 일시 중단될 수 있다. 이는 특히 함수가 네트워크처럼 느린 리소스를 기다릴 때 유용하다. 네트워크 결과의 반환을 기다리는 동안 스레드를 블러킹하는 대신 함수는 실행을 멈추고 앱의 다른

---

14. See https://bit.ly/3W9vQeH

부분에 스레드를 양보할 수 있다. 이를 통해 시스템 리소스를 더 잘 활용할 수 있으며 끊김 없는 UI를 만들 수 있다.

함수가 일시 중단될 수 있는 위치를 서스펜션 포인트^{suspension point} 또는 중단 지점이라고 하며, 비동기 함수나 메서드를 호출할 때 await 키워드를 사용해 이를 표시한다.

```
let result = await someAsyncFunction()
```

비동기 함수나 메서드를 정의할 때는 async 키워드를 사용한다.

```
func someAsyncFunction() async -> String {
    let result = // ... 비동기 코드
    return result
}
```

async/await를 사용하면 샌드위치 메이커 코드가 어떻게 바뀌는지 살펴보자. 먼저 빵 굽는 코드를 변경해보자.

기억하겠지만 빵을 굽기 위해 일부 하위 시스템(예: 토스터)을 사용할 것이며 이 절차에 다소 시간이 걸릴 것으로 가정한다. 이번 코드에서는 5초간 sleep하는 것으로 대체한다.

```
func toastBread(_ bread: String) async -> String {
    sandwichMakerSays("빵 굽기... 기다림...")
    await Task.sleep(5_000_000_000) // 해당 시간을 빵 굽는 동작을 하는
                                    // 별도 시스템 동작으로 가정함
    return "바싹한 \(bread) 빵"
}
```

이 코드를 완료 핸들러 기반 버전 코드와 비교하면 몇 가지 사실을 알 수 있다.

1. 더 이상 후행 클로저에 매개변수를 제공할 필요가 없다. 대신 비동기 함수라는 것을 알리기 위해 async 키워드를 사용한다. 이렇게 하면 함수 시그니처 읽기가 훨씬 쉬워진다.

2. 이제 이 함수의 반환값을 지정할 수 있다. 완료 핸들러를 사용했을 때는 반환값이 완료 핸들러 시그니처의 일부였다는 점을 기억해보자. 이렇게 하면 메서드 시그니처를 훨씬 더 쉽게 읽을 수 있고, 잠시 후에 보게 될 호출부 코드도 더 깔끔해진다.

3. DispatchQueue.global().async { }를 사용할 필요가 없다(SwiftUI의 새로운 동시성 모델은 스레드 풀을 사용하며 자동으로 스레드를 관리한다).

개선된 slice 함수 코드는 상당히 비슷해 보인다.

```
func slice(_ ingredients: [String]) async -> [String] {
  var result = [String]()
  for ingredient in ingredients {
    sandwichMakerSays("\(ingredient)를 자릅니다")
    await Task.sleep(1_000_000_000)
    result.append("\(ingredient) 슬라이스")
  }
  return result
}
```

이제 개선된 두 함수를 호출해보자. 호출부의 toastBread() 및 slice() 호출이 잠재적 서스펜션 포인트임을 나타내고자 await 키워드를 사용한다.

```
func makeSandwich(bread: String, ingredients: [String],
condiments: [String]) async -> String {
  sandwichMakerSays("샌드위치 준비중...")

  let toasted = await toastBread(bread)
  let sliced = await slice(ingredients)
```

```
    sandwichMakerSays("\(toasted) 위에 \(condiments.joined(separator:
      " 와 ")) 바르기")
    sandwichMakerSays("\(sliced.joined(separator: ", ")) 올리기")
    sandwichMakerSays("양상추를 제일 위에 올림")
    sandwichMakerSays("가장 위에 자른 빵을 올림")

    return "\(ingredients.joined(separator: ", ")), \(condiments.
    joined(separator: ", "))가 들어간 \(toasted)"
}
```

중첩 클로저를 사용하지 않으면서도 toastBread와 slice 함수를 어떻게 호출하는 지 살펴보자. 이렇게 하면 샌드위치 만들기 알고리듬(앞서 다뤘던 동기 방식 알고리듬)의 나머지 부분과 같은 일반적인 선형 코드처럼 읽히는 직선 코드가 된다.

이제 makeSandwich는 비동기 함수가 됐으므로 toastBread 및 slice와 마찬가지로 비동기 함수로 표시해야 한다. 하지만 동기 콘텍스트에서 어떻게 비동기 코드를 호출할 수 있을까? 스위프트는 비동기 작업의 단위를 나타내는 Task API를 제공한다. 비동기 함수에 대한 호출을 Task { }로 감싸면 UI의 액션 핸들러나 스위프트 플레이그라운드와 같은 동기 콘텍스트에서 호출할 수 있다. makeSandwich 호출은 다음과 같다.

```
Task {
    let sandwich = await makeSandwich(bread: "Rye", ingredients:
    ["오이", "토마토"], condiments: ["마요", "머스터드"])
    customerSays("음... 아주 맛있어 보이는 \(sandwich)이 나왔네요!")
    print("끝.")
}
```

makeSandwich가 이제 비동기 함수가 됐다. 이를 호출하려면 await 키워드를 사용 해야 한다. await를 생략하면 컴파일러 오류가 발생한다.

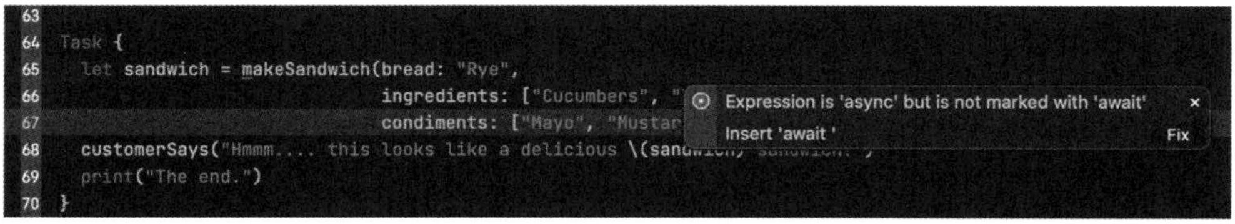

```
63
64  Task {
65    let sandwich = makeSandwich(bread: "Rye",
66                      ingredients: ["Cucumbers", "
67                      condiments: ["Mayo", "Mustar      ⊙ Expression is 'async' but is not marked with 'await'     ✕
68    customerSays("Hmmm.... this looks like a delicious \(san        Insert 'await'                                      Fix
69    print("The end.")
70  }
```

그림 14-2 await 키워드 없이 비동기 함수를 호출하면 컴파일러 오류가 발생한다.

비동기 함수를 병렬로 호출

샌드위치 만드는 과정을 좀 더 최적화할 필요가 있다는 것을 눈치 챘을 것이다.

지금은 먼저 toastBread를 호출하고 완료될 때까지 기다린다. 그런 다음 slice를 호출해 재료를 자르고 완료될 때까지 기다린 다음 샌드위치 조립으로 넘어간다. 빵이 구워지는 동안 재료를 썰기 시작할 수 있으므로 고객의 전체 대기 시간을 줄일 수 있는 최적화의 여지가 분명히 있다.

스위프트의 새로운 동시성 모델에서 async let 구문을 사용하면 여러 개의 비동기 함수를 동시에 실행할 수 있다. 병렬로 코드를 실행하려면 여러 비동기 함수 앞부분에 async let 접두사를 붙이면 된다.

```
async let x = someAsyncFunction()
async let y = someAsyncFunction()
async let z = someAsyncFunction()
print("이 코드는 즉시 실행됨")
```

사용 가능 리소스가 충분하다면 시스템은 이러한 호출을 동시에 병렬로 실행한다. 이러한 호출 중 어느 것도 서스펜션 포인트를 생성하지 않으므로 코드 조각의 print 문과 같이 그 뒤에 오는 모든 코드가 즉시 실행된다.

서스펜션 포인트를 생성하려면 상수(이 경우 x, y, z)에 대해 await를 사용한다.

```
let result = await [x, y, z]
```

```
print("결괏값은 \(result)"
```

샌드위치 만들기 과정을 최적화하는 방법을 살펴보자.

```
func makeSandwich(bread: String, ingredients: [String],
condiments: [String]) async -> String {
  sandwichMakerSays("샌드위치 준비중...")

  async let toasted = toastBread(bread)
  async let sliced = slice(ingredients)

  sandwichMakerSays("\(await toasted) 위에 \(condiments.joined(separator:
  " 와 ")) 바르기")
  sandwichMakerSays("\(await sliced.joined(separator: ", ")) 올리기")
  sandwichMakerSays("양상추를 제일 위에 올림")
  sandwichMakerSays("가장 위에 자른 빵을 올림")

  return "\(ingredients.joined(separator: ", ")), \(condiments.
  joined(separator: ", "))가 들어간 \(await toasted)"
}
```

보다시피 코드의 어느 위치에서나, 심지어 문자열 보간 내부에서도 await <상수>를 사용할 수 있다. 이 접근 방식을 사용하면 이제 toastBread와 slice가 병렬로 실행된다. 인스트루먼트를 실행해보면 실제 고객의 대기 시간이 줄어든다는 것을 알 수 있다.

```
let clock = ContinuousClock()
Task {
  let time = await clock.measure {
    let sandwich = await makeSandwich(bread: "Rye",
    ingredients: ["오이", "토마토"], condiments: ["마요", "머스터드"])
    customerSays("음... 아주 맛있어 보이는 \(sandwich)이 나왔네요!")
    print("끝.")
```

```
    }
    print("샌드위치 만드는데 총 \(time) 소요됨")
    // 결과: 샌드위치 만드는데 총 5.331755208 seconds 소요됨
}
```

이제 고객 대기 시간이 7초에서 5초로 줄어들었다(멋지게 개선됐다).

정리

14장에서는 동시성에 대해 알아봤으며 스위프트의 새 동시성 모델이 비동기 코드를 작성하고 소비하는 방식을 어떻게 개선하는지 알아봤다.

14장에서는 완료 핸들러를 사용한 비동기 API 개발 방법 및 호출법을 살펴봤다. 완료 핸들러와 클로저는 비동기 동작 구현을 위한 가장 일반적인 방법이었다. 오늘날까지 애플 자체 API는 물론 수많은 서드파티 라이브러리에서 사용하고 있다. 커뮤니티에 많은 도움을 줬지만 파멸의 피라미드 구조에 빠질 가능성이 있고 어떤 스레드로 다시 호출될지 불확실하다는 등의 단점을 갖고 있다. 그러나 비동기 코드에 완료 핸들러를 사용할 때 가장 큰 단점으로는 직선 코드보다 읽기 어렵다는 것이다. 이는 특히나 비동기 코드의 개념을 처음 접하는 개발자에 해당한다.

스위프트의 새로운 동시성 모델(async/await으로 가장 잘 알려져 있음)은 비동기 API 구현과 사용 모두 쉽게 해준다. 14장에서는 async 키워드를 이용한 비동기 함수와 메서드를 선언하는 방법을 봤고 await 키워드를 사용한 비동기 함수를 호출하는 방법을 살펴봤다. 또한 서스펜션 포인트의 정의와 스위프트가 비동기 코드 실행 관리에 대해 스레드 풀을 사용한다는 것을 알아봤다. 다수의 비동기 함수나 메서드를 병렬로 실행할 수 있게 async let로 다뤄봤으며, 서스펜션 포인트를 만드는 방법도 살펴봤다(호출 결과를 기다리기 위해 await <상수>를 사용함).

이로써 스위프트의 새 동시성 모델에 대한 짧은 소개를 마치겠다. 더 많이 알아보려면 스위프트 프로그래밍 언어 가이드[15]의 동시성 챕터를 읽거나 나의 동영상 시리즈[16]를 시청하기 바란다. 15장에서는 스위프트의 새 동시성 모델을 SwiftUI와 함께 사용하는 방법을 살펴본다.

---

15. 온라인 https://bit.ly/3BMEJCO에서 이용 가능
16. bit.ly/swift-concurrency-video-series 참고

URLSession을 사용해 비동기적으로 데이터 가져오기

이제 스위프트의 새로운 동시성 모델이 어떻게 작동하는지 기본적으로 이해했으니 SwiftUI 애플리케이션에서 동시성을 사용하는 방법을 살펴보자.

15장에서 만들어 볼 샘플 앱은 WordsAPI를 사용한다.[1] WordsAPI는 단어에 대한 수많은 흥미로운 정보를 제공하는 재미있는 작은 API다. 'Swift'와 같은 단어를 보내면 '매우 빠르게 움직임', '제비를 닮은 작은 새', '아일랜드에서 태어난 영국 풍자 작가' 등 이 단어에 대한 다양한 정보를 보여준다.

샘플 앱에는 사용자가 탭해 자세한 정보를 얻을 수 있는 추천 단어 목록을 보여준다. 그리고 나서 앱은 WordAPI.com에서 단어의 여러 가지 의미를 가져온 후 세부 정보 화면에 표시한다.

15장에서는 사용자가 버튼을 탭할 때, 당겨서 새로 고침pull-to-refresh 동작을 할 때 등 앱의 다양한 상황에서 비동기 코드를 호출하는 방법을 살펴본다.

---

1. www.wordsapi.com 참고

URLSession를 사용한 비동기 데이터 가져오기

애플은 다른 많은 함수처럼 URLSession에도 async/await 기능을 지원하도록 업그레이드했다. 이제 URLSession 코드 한 줄이면 데이터를 바로 가져올 수 있다.

```
let (data, response) =
  try await URLSession.shared.data(for: urlRequest)
```

단어에 대한 세부 정보를 WordsAPI.com에서 가져오는 코드는 다음과 같은데, 오류 처리와 Codable을 사용해 JSON 파싱을 최소화했다.

```
private func search(for searchTerm: String) async -> Word {
  // 요청 만들기
  let request = buildURLRequest(for: searchTerm)

  do {
    let (data, response) =
      try await URLSession.shared.data(for: request)
    guard let httpResponse = response as? HTTPURLResponse,
          httpResponse.statusCode == 200 else
    {
      throw WordsAPIError.invalidServerResponse
    }
    let word = try JSONDecoder().decode(Word.self, from: data)
    return word
  }
  catch {
    return Word.empty
  }
}
```

메서드 시그니처에 async 키워드를 추가하면 메서드가 비동기임을 선언한 것이다. 컴파일러는 이 정보를 사용해 이 메서드가 비동기 콘텍스트에서 호출됐는지 확인하고, 메서드 호출 시 await 키워드를 잊으면 컴파일 타임 오류가 발생한다.

await로 비동기 메서드를 호출하면 서스펜션 포인트가 생성된다. 함수가 일시 중단되는 동안 런타임은 실행 중이던 스레드를 재사용해 애플리케이션의 다른 코드를 수행할 수 있다.

콜센터 상담원과 통화 중에 "잠깐 기다려주세요"라는 안내를 받았을 때를 상상해보자. 즐거운 엘리베이터 음악을 들으면서 차를 마시거나 다음 휴가에 대한 공상을 하거나 같은 방에 있는 다른 사람들과 채팅을 하는 등 다른 업무를 계속할 수 있다. 콜센터 상담원이 중요한 정보 조회를 마친 후 모든 주의를 집중해 잠시 멈췄던 중단된 대화 흐름을 다시 시작할 수 있다.

비동기 코드 호출

비동기 코드를 호출하려면 비동기 콘텍스트상에 있어야 한다. 14장에서 살펴본 것처럼 비동기 콘텍스트를 설정하는 방법에는 여러 가지가 있다. 새로운 Task를 만드는 것도 그중 하나다.

```
Task {
    let result = search(for: "Swift")
}
```

충분히 간단한 코드지만 그렇다고 UI 작업 코드에서 이런 작업을 매번 반복 코딩한다면 지루할 것이다. 다행히도 애플은 UI 콘텍스트 내부에서 비동기 코드를 최대한 쉽게 호출할 수 있도록 SwiftUI를 업데이트했다. 특히 비동기 코드를 호출할 수 있는 몇 가지 API를 추가했다.

- View가 나타날 때(.task 뷰 수정자 사용)
- List 뷰에서 사용자가 아래로 당겨 고침pull-to-refresh 동작을 할 때

다른 상황에서는 여전히 비동기 콘텍스트를 직접 만들어야 한다. 예를 들면 다음과 같다.

- 사용자가 버튼을 탭할 때
- 사용자가 뷰의 검색 창에 검색어를 입력하는 경우

다음 절에서 비동기 코드를 호출하는 이러한 각각의 방법이 실제로 어떻게 작동하는지 몇 가지 시나리오를 통해 살펴본다..

Task 뷰 수정자

데이터를 가져오는 가장 일반적인 상황 중 하나는 뷰가 화면에 표시되는 경우다. 이전에는 뷰가 표시될 때 .onAppear 뷰 수정자를 사용해 코드를 실행했을 수 있다. .onAppear 내에서 비동기 코드를 호출하려고 하면 컴파일러에서는 동기 코드 콘텍스트 내에서 비동기 코드를 호출하는 것이 허용되지 않는다는 오류가 발생한다.

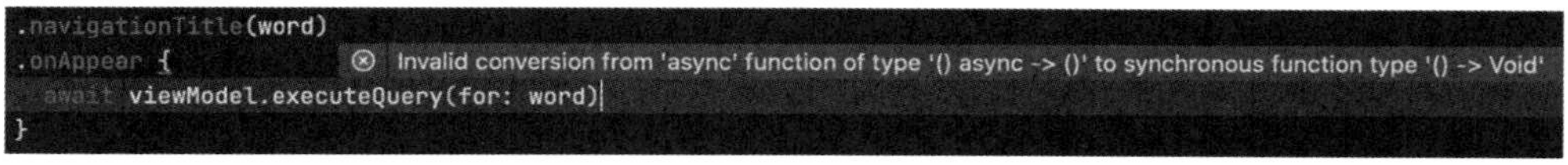

```
.navigationTitle(word)
.onAppear {                        ⊗ Invalid conversion from 'async' function of type '() async -> ()' to synchronous function type '() -> Void'
    await viewModel.executeQuery(for: word)
}
```

그림 15-1 비동기 콘텍스트에서 비동기 함수를 호출하려고 시도하는 경우

이 컴파일 타임 오류를 수정하려면 다음과 같이 코드 바깥에 새 Task로 감쌀 수 있다.

```
struct WordDetailsView: View {
    ...

    var body: some View {
        List {
            ...
        }
```

```
        .navigationTitle(word)
        .onAppear {
          Task {
            await viewModel.executeQuery(for: word)
          }
        }
      }
    }
```

이 방법은 잘 작동하지만 코드가 깔끔하지는 않다. 좀 더 나은 해결책을 보자. 뷰가 나타날 때 데이터를 가져오는 것은 매우 일반적인 시나리오다. 따라서 SwiftUI에서는 새로운 뷰 수정자를 소개하고 있는데, 뷰 수정자가 하는 일은 새로운 Task를 자동으로 생성하고 뷰가 사라질 때 취소해주는 것이다.

```
struct WordDetailsView: View {
  ...
  var body: some View {
    List {
      ...
    }
    .navigationTitle(word)
    .task {
      await viewModel.executeQuery(for: word)
    }
  }
}
```

코드가 훨씬 더 간결하고 읽기 쉬워졌다.

사용자가 버튼을 탭할 때 비동기 코드 호출

사용자가 버튼을 탭할 때 코드를 비동기적으로 실행해야 하는 경우가 종종 있다. 예를 들어 List 뷰에서 데이터를 새로 고침 하고 싶을 수 있다.

Xcode 13의 일부 베타 버전에서는 버튼의 이니셜라이저 중 일부가 비동기 이벤트 핸들러 등록을 지원했다. Xcode 13.1의 공개 릴리스에는 더 이상 이러한 이니셜라이저가 없다. 따라서 이는 실험에 불과했던 것 같다. 즉, 비동기 코드를 실행하려면 Task를 사용해 버튼의 이벤트 핸들러 내부에 비동기 코드를 만들어야 한다. 현재 표시된 데이터의 새로 고침을 시작하는 툴바 버튼 예제는 다음과 같다.

```
.toolbar {
  ToolbarItem(placement: .primaryAction) {
    Button("Refresh") {
      async {
        await viewModel.refresh()
      }
    }
  }
}
```

당겨서 새로 고침을 사용해 뷰를 비동기적으로 업데이트

버튼을 탭해 UI를 새로 고치는 것도 좋지만, 당겨서 새로 고침 또한 하나의 방법이다. 이 제스처는 몇 년 동안 사용돼 왔으며, SwiftUI를 사용하면 이전보다 더 쉽게 구현할 수 있다. 뷰에 .refreshable 뷰 수정자를 추가하기만 하면 된다. 이 뷰 수정자는 코드를 비동기적으로 실행할 수 있는 클로저를 사용한다. 다음은 List 뷰에 표시되는 데이터의 새로 고침을 트리거하는 간단한 예제다.

```
struct LibraryView: View {
  ...
  var body: some View {
    List {
      ...
    }
    .refreshable {
      await viewModel.refresh()
    }
  }
}
```

Searchable 뷰 및 async/await

.searchable 뷰 수정자를 적용해 SwiftUI 뷰에 플랫폼별 검색 UI를 추가할 수 있다. 이 뷰 수정자는 최대 3개의 매개변수를 사용한다. 첫 번째 매개변수는 사용자가 입력하는 검색어를 포함하는 문자열에 대한 바인딩이다. 다른 매개변수를 사용하면 검색 창의 위치를 제어하고 추천 검색어 목록을 제공할 수 있다. 첫 번째 매개변수는 바인딩이므로 컴바인을 사용해 검색을 실행할 수 있다. 다음 코드 조각은 컴바인 파이프라인을 사용해 List 뷰에 표시되는 요소를 필터링하는 방법을 보여준다.

```
class LibraryViewModel: ObservableObject {
  @Published var searchText = ""
  @Published var tips: [String] =
    ["Swift", "authentication", "authorization"]
  @Published var favourites: [String] =
    ["stunning", "brilliant", "marvelous"]
  @Published var filteredTips = [String]()
  @Published var filteredFavourites = [String]()
```

```
init() {
    Publishers.CombineLatest($searchText, $tips)
        .map { filter, items in
            items.filter { item in
                filter.isEmpty ? true : item.contains(filter)
            }
        }
        .assign(to: &$filteredTips)

    Publishers.CombineLatest($searchText, $favourites)
        .map { filter, items in
            items.filter { item in
                filter.isEmpty ? true : item.contains(filter)
            }
        }
        .assign(to: &$filteredFavourites)
}
...
}

struct LibraryView: View {
    @StateObject var viewModel = LibraryViewModel()

    var body: some View {
        List {
            ...
            SectionView("Peter's Tips", words:
            viewModel.filteredTips)
            SectionView("My favourites", words:
            viewModel.filteredFavourites)
        }
        .searchable(text: $viewModel.searchText)
        .autocapitalization(.none)
        ...
    }
}
```

이 코드는 즉각적인 피드백이 필요한 UI에 유용하다. 이전 예제처럼 로컬에서 리스트 결과를 필터링하는 것 등을 말한다.

그러나 사용자가 검색 버튼이나 Enter 키를 탭할 때만 검색을 시작하길 원한다면 .onSubmit(of:) 뷰 수정자를 사용해야 한다.

```swift
struct WordSearchView: View {
  @StateObject var viewModel = WordsAPIViewModel()
  var body: some View {
    List {
      ...
    }
    .searchable(text: $viewModel.searchTerm)
    .autocapitalization(.none)
    .onSubmit(of: .search) {
      Task {
        await viewModel.executeQuery()
      }
    }
    .navigationTitle("Search")
  }
}
```

이 코드 조각은 사용자가 검색어를 입력하는 동안 viewModel의 searchTerm 프로퍼티를 계속해서 업데이트한다. 사용자가 키보드의 Enter 키나 검색 버튼을 탭할 때만 onSubmit 수정자 클로저가 실행된다. 다시 말하지만 클로저가 async로 표시되지 않았으므로 뷰 모델에서 비동기 executeQuery 메서드를 호출하기 전에 필요한 비동기 콘텍스트를 직접 만들어야 한다.

메인 스레드에서 UI 업데이트

지금까지 개발한 코드를 실행하면 다음 코드 조각과 같이 코드의 일부에 대해 런타임 경고가 발생하는 것을 볼 수 있다.

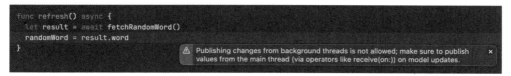

```
func refresh() async {
  let result = await fetchRandomWord()
  randomWord = result.word
}
```
⚠ Publishing changes from background threads is not allowed; make sure to publish values from the main thread (via operators like receive(on:)) on model updates.   ✕

그림 15-2 백그라운드 스레드에서 UI 업데이트하기

이 코드는 WordsAPI에서 임의의 단어를 비동기로 불러온 후 @Published 프로퍼티에 할당하고 있다.

```
class LibraryViewModel: ObservableObject {
  @Published var randomWord = "partially"
  ...

  private func fetchRandomWord() async -> Word {
    let request = buildURLRequest()
      do {
        let (data, response) =
          try await URLSession.shared.data(for: request)
        guard let httpResponse = response as? HTTPURLResponse,
              httpResponse.statusCode == 200 else
        {
          throw WordsAPIError.invalidServerResponse
        }
        let word = try JSONDecoder().decode(Word.self, from: data)
        return word
      }
      catch {
        return Word.empty
    }
  }
```

```
    func refresh() async {
        let result = await fetchRandomWord()
        randomWord = result.word
    }
}
```

그런데 이것이 왜 문제라는 것일까?

질문에 답하기 위해 코드가 실행되는 스레드를 먼저 살펴보자. 이를 수행하는 방법에는 여러 가지가 있으며, 여기서는 다음과 같은 2가지를 살펴보자.

1. 디버그 인스펙터 사용
2. Thread.isMainThread를 사용해 현재 스레드에 대한 정보를 로깅

먼저 현재 코드가 실행 중인 스레드를 로깅해 코드를 분석해보자.

```
struct LibraryView: View {
    @StateObject var viewModel = LibraryViewModel()
    // ...

    var body: some View {
        List {
            // ...
        }
        // ...
        .refreshable {
            print("\(#function) is on main thread BEFORE await:
\(Thread.isMainThread)")
            await viewModel.refresh()
            print("\(#function) is on main thread AFTER await:
\(Thread.isMainThread)")
        }
        // ...
    }
```

```
  }

class LibraryViewModel: ObservableObject {
  // ...
  private func fetchRandomWord() async -> Word {
    print("\(#function) is on main thread:
\(Thread.isMainThread)")

    ...
  }
  func refresh() async {
    print("\(#function) is on main thread BEFORE await:
\(Thread.isMainThread)")

    let result = await fetchRandomWord()
    randomWord = result.word
    print("\(#function) is on main thread AFTER await:
\(Thread.isMainThread)")
  }
  // ...
}
```

앱을 재실행하면 콘솔에서 다음과 같은 출력을 볼 수 있다.

```
body is on main thread BEFORE await: true
refresh() is on main thread BEFORE await: false
fetchRandomWord() is on main thread: false
2022-10-01 16:43:10.043735+0200 WordBrowser[44309:2075098]
[SwiftUI] Publishing changes from background threads is not
allowed; make sure to publish values from the main thread (via
operators like receive(on:)) on model updates.
refresh() is on main thread AFTER await: false
body is on main thread AFTER await: true
```

보아하니 사용자가 뷰를 아래로 당겨 새로 고칠 때 메인 스레드에서 코드가 시작되
는 것처럼 보인다(결국 이는 user-initiated 상호작용이다). 그러나 refresh()가 호출되는 즉시

더 이상 메인 스레드에 있지 않다. 모든 비UI 코드는 백그라운드 스레드에서 실행되며, 실행 흐름이 뷰로 돌아오면 메인 스레드에서 코드 실행이 다시 시작된다(출력된 로그의 마지막 줄 참고).

이제 디버그 인스펙터를 사용해 자세히 살펴보자.

5개의 print 문에 중단점을 설정하고 앱을 다시 실행하자. 디버거가 refreshable 뷰 수정자 클로저의 첫 번째 중단점을 만나면 코드가 실제로 메인 스레드에서 실행되는 것을 볼 수 있다.

그림 15-3 refreshable 뷰 수정자 클로저는 메인 스레드에서 실행된다.

앱을 재실행하면 두 번째 중단점(LibraryViewModel의 refresh() 메서드 내부)에 도달하고, 이제 코드가 백그라운드 스레드에서 실행된다.

그림 15-4 refresh 메서드는 백그라운드 스레드에서 실행된다.[2]

다시 Resume을 누르고 디버거가 `fetchRandomWord` 내부의 첫 번째 중단점에 도달할 때까지 실행을 계속하면 실행 코드가 여전히 백그라운드 스레드에 있다는 것을 알 수 있다.

---

2. 부연 설명: 백그라운드 스레드: Thread2라고 표시돼 있음. 메인 스레드라면 Thread1로 표시돼야 함 – 옮긴이

그림 15-5 여전히 백그라운드 스레드에서 실행 중: `fetchRandomWord`

다시 Resume을 누르면 잠시 후 세 번째 중단점인 `refresh()`로 복귀한 후 멈춘다. `refresh()` 함수는 좀 전에 `fetchRandomWord`를 비동기 호출했던 곳이다. 코드는 여전히 백그라운드에서 돌고 있다.

그림 15-6 `refresh()`로 돌아왔지만 여전히 백그라운드 스레드에 있다.

다시 한 번 재실행하자. 디버거가 refreshable { } 뷰 수정자 클로저의 두 번째
중단점에 도달할 것이다. 여기서 메인 스레드를 다시 만날 것이다.

그림 15-7 refreshable 뷰 수정자 클로저로 복귀하면 코드는 메인 스레드에서 이어 실행된다.

그림 15-3과 15-7의 호출 스택을 비교해보면 둘 다 동일한 스레드(스레드 1)에서 실행
되지만 다른 모든 메서드는 임의의 스레드에서 실행되는 것을 알 수 있다.

14장에서 언급했듯이 스위프트의 새로운 동시성 모델은 컴퓨터/휴대폰의 코어 수
만큼의 스레드를 사용하며, 해당 풀의 특정 스레드에서 코드를 실행한다. 특히 메
인 스레드에서 await를 호출하면 스위프트는 현재 함수를 일시 중단하고 다른 UI
관련 코드 실행을 계속할 것이다(이는 끊김 없는 사용자 UX 경험을 보장해주려는 목적이다). await 작업을
마치고 이전 코드로 돌아와 이후 코드가 재계될 때 메인 스레드가 아닌 다른 곳에
서 실행될 것이다.

코드가 다시 메인 스레드에서 실행되기 위한 몇 가지 전략이 있다.

- UI를 업데이트하는 모든 코드를 MainActor.run { } 호출로 감쌀 수 있다.
- UI를 갱신하는 함수를 @MainActor 프로퍼티 래퍼로 표시할 수 있다.

- UI 갱신 코드를 포함하는 클래스 전체를 @MainActor 프로퍼티 래퍼로 표시할 수 있다.

이 각각의 전략은 이전보다 좀 더 큰 시각에서 바라본 방식이다. 메인 스레드 작업에 대한 제어를 좀 더 세밀하게 다루고 싶다면 MainActor.run { }을 사용하자. 반면 전체 뷰 모델(일반적으로 @ObservableObject를 준수하는 클래스)을 @MainActor로 표시함으로써 내부의 모든 코드가 메인 스레드에서 실행됨을 보장할 수 있다. await를 사용해 호출하는 것이 아니라면 동시 스레드 풀에서 실행된다.

따라서 코드에서 이 문제를 해결하기 위해 refresh 함수에 @MainActor를 표시해보자.

```
@MainActor
func refresh() async {
  print("\(#function) is on main thread BEFORE await:
  \(Thread.isMainThread)")
  let result = await fetchRandomWord()
  randomWord = result.word
  print("\(#function) is on main thread AFTER await:
  \(Thread.isMainThread)")
}
```

이로써 백그라운드 스레드에서 UI에 접근할 때 발생하는 모든 문제가 해결됐다. UI에 접근하는 더 많은 함수가 뷰 모델에 추가된다면 전체 클래스 대상으로 @MainActor 표기를 하는 것이 더 효율적일 수 있다.

```
@MainActor
class LibraryViewModel: ObservableObject {
  ...
}
```

정리

15장에서는 스위프트 5.5의 새로운 구조화된 동시성 모델을 SwiftUI에서 사용하는 방법을 살펴봤다. SwiftUI에서는 UI에서 비동기 코드를 최대한 자연스럽게 호출할 수 있도록 잘 설계된 메커니즘을 제공한다.

예를 들어 .task 뷰 수정자를 사용해 뷰가 표시될 때 비동기 코드를 실행할 수 있다. .onAppear 대신 .task를 사용하면 뷰가 사라지는 시점에 SwiftUI가 자동으로 작업을 취소한다.

데이터 검색과 갱신은 흔히 볼 수 있는 비동기 코드를 실행해야 하는 상황이다. .refreshable 및 .searchable 뷰 수정자는 해당 클로저 내에 비동기 콘텍스트를 생성하므로 비동기 코드를 쉽게 호출할 수 있다.

그리고 비동기 콘텍스트(예: 버튼의 액션 핸들러)에서 비동기 코드를 호출해야 하는 경우 코드를 Task { } 블록으로 감싸서 비동기 콘텍스트를 직접 쉽게 만들 수 있다.

또한 async/await 대신 컴바인을 사용해 일부 UI를 구동하는 것이 더 적절할 수 있음을 확인했다. .searchable() 뷰 수정자는 컴바인과 함께 사용할 때 더욱 좋은 API의 예다. 많은 예제에서 List 뷰를 사용했다.

5장에서 간단한 List 뷰와 고급 List 뷰를 만드는 방법을 자세히 설명했다.

모든 코드 종합: SwiftUI, async/await, 컴바인

모바일 애플리케이션은 사용자 입력, 네트워크 트래픽, 운영체제의 콜백 등 끊임없는 이벤트 흐름을 처리해야 한다. 이런 모든 이벤트를 효율적으로 처리하면서 반응 속도가 빠른 앱을 만드는 것은 쉽지 않다.

컴바인과 async/await는 이런 작업을 더 쉽게 하기 위해 언어 차원에서 추가된 프레임워크 모음이라 볼 수 있다.

16장에서는 컴바인과 async/await의 공통점과 차이점을 살펴보고, 이 둘을 사용해 SwiftUI 앱에서 비동기 API를 효율적으로 호출하는 방법을 알아본다.

각각의 특성을 더 잘 이해하기 위해 사용자가 책 이름으로 검색하는 기능을 가진 SwiftUI 화면에서 가져온 코드 조각에서 몇 가지를 살펴보자. 이 책의 깃허브 저장소[1]에서 샘플 소스코드를 찾을 수 있을 것이다.

컴바인을 사용해 데이터 가져오기

애플의 많은 API가 컴바인을 지원하며 URLSession도 그중 하나다. 특정 URL에서 데이터를 가져오려면 dataTaskPublisher를 호출한 다음 컴바인의 연산자 중 일부

---

1. https://github.com/peterfriese/SwiftUI-Combine-Book

를 사용해 응답을 처리한 후 애플리케이션에서 다룰 수 있도록 적절한 데이터 모델로 변환하면 끝이다. 다음 코드 조각은 원격 API에서 데이터를 가져온 후 결과 매핑, 필요 정보 추출, 오류 처리를 하는 일반적인 컴바인 파이프라인을 보여준다.

이 코드에서는 기본적인 오류 처리만 다룬다. 컴바인에서 좀 더 깊은 오류 처리를 위해서 그리고 사용자에게 좀 더 의미 있는 오류 메시지를 노출하는 방법을 자세히 알아보려면 10장을 다시 살펴보기 바란다. 10장에서는 이러한 부분을 주요 토픽으로 다뤘다.

```swift
private func searchBooks(matching searchTerm: String) ->
    AnyPublisher<[Book], Never>
{
  let escapedSearchTerm =
    searchTerm
      .addingPercentEncoding(withAllowedCharacters:
        .urlHostAllowed) ?? ""
  let url =
    URL(string: "https://openlibrary.org/search.json?q=
      \(escapedSearchTerm)")!

  return URLSession.shared.dataTaskPublisher(for: url)
    .map(\.data)
    .decode(type: OpenLibrarySearchResult.self,
          decoder: JSONDecoder())
    .map(\.books)
    .compactMap { openLibraryBooks in
      openLibraryBooks?.map { Book(from: $0) }
    }
    .replaceError(with: [Book]())
    .eraseToAnyPublisher()
}
```

컴바인에 익숙하지 않은 개발자는 이런 코드가 어떻게 작동하는지, 또 이와 같은 파이프라인을 함께 묶는 경우 바로 알기 어려울 것이다. 컴바인을 익힐 때 가장 큰 난관 중 하나는 아마도 함수형 반응 사고방식에 익숙해지는 것이다.

async/await를 사용해 데이터 가져오기

이제 async/await를 사용해 똑같은 메서드를 구현해보자. 애플은 가장 중요한 비동기 API를 async/await를 사용해 호출할 수 있게 해뒀다. URL에서 데이터를 가져오려면 await URLSession.shared.data(from: url)을 비동기로 호출하면 된다. try catch 블록 안에 호출을 감싸면 이전 코드 조각에서 구현했던 것과 동일한 방식의 오류 처리를 추가할 수 있고, 오류 발생 시 빈 배열을 반환할 수 있다.

애플은 자사 및 파이어베이스와 같은 SDK 업체가 동시성 기능을 좀 더 쉽게 이용할 수 있도록 오브젝티브C^{Objective-C}와 상호 운영성을 구현했다.[2] 간단히 말하자면 스위프트 컴파일러가 컴플리션 블록을 가진 모든 오브젝티브C 메서드의 비동기 버전을 방출하도록 보장한다. 작동 방식에 대해 자세히 알아보려면 <Firebase에서 async/await 사용하기> 동영상[3]을 참고하자.

```
private func searchBooks(matching searchTerm: String) async
  -> [Book]
{
  let escapedSearchTerm =
    searchTerm
      .addingPercentEncoding(withAllowedCharacters:
        .urlHostAllowed) ?? ""
  let url =
    URL(string: "https://openlibrary.org/search.json?q=
      \(escapedSearchTerm)")!

  do {
    let (data, _) = try await URLSession.shared.data(from: url)

    let searchResult =
      try OpenLibrarySearchResult.init(data: data)
    guard let libraryBooks = searchResult.books else {
```

---

2. 스위프트 에볼루션 프로포절 SE-0297 참고: https://bit.ly/3HJIBbg
3. https://youtu.be/sEKw2BMcQtQ

```
            return []
    }
    return libraryBooks.compactMap { Book(from: $0) }
    }
    catch {
        return []
    }
}
```

스위프트 코드 개발 경험이 있다면 async/await 관련 경험이 전혀 없더라도 무슨 동작을 하는 코드인지 이해할 수 있을 것이다. async/await 관련 키워드가 나머지 코드와 자연스럽게 섞여 있기 때문에 읽고 이해하는 것이 자연스럽다. 이는 스위프트 언어 팀에서 스위프트의 동시성 기능을 모델링할 때 try/catch를 사용해 오류 처리를 다루는 방식과 유사하게 만들었기 때문이다.

물론 이런 코드를 작성하려면 스위프트 동시성 기능에 대한 기본적인 이해가 필요하므로 학습 곡선이 분명히 존재한다.

이제 컴바인의 시대는 저무는가?

두 코드 조각을 보면 async/await를 사용하는 코드의 경우 위에서 아래로 선형 방식으로 읽을 수 있기 때문에 컴바인이나 async/await에 익숙하지 않은 개발자가 이해하기 더 쉽다고 생각할 수 있다.

이에 반해 컴바인으로 된 코드를 이해하려면 퍼블리셔가 무엇인지, 일부 연산이 중첩된 이유(예: compactMap/map 구조 안에 book을 매핑하는 코드)를 알아야 하고, 도대체 왜 eraseToAnyPublisher를 호출해야 하는지 알아야 한다. 컴바인을 처음 접한 사용자의 경우 매우 혼란스럽다고 느낄 것이다.

더군다나 WWDC 2021에서 컴바인에 대한 세션이 없었다는 점을 생각해보면 애플은 함수형 반응형 프로그래밍에 대한 열정을 잃은 것처럼 보인다.

두 코드 조각 모두 동일한 기능을 하는 것으로 보이는데, 이를 보아 이제 컴바인의 종말이 다가온 것일까?

음 글쎄, 나는 그렇게 생각하지 않는데, 이는 SwiftUI가 컴바인과 긴밀하게 통합돼 있다는 사실에 바탕을 둔다. 사실 컴바인은 놀랍게 적은 코드로 SwiftUI의 많은 작업을 훨씬 쉽게 만들어준다.

UI 연결...

이해를 돕기 위해 SwiftUI에서 이전 코드 조각을 호출하는 방법을 살펴보자. 다음 코드는 검색 화면을 구현하는 일반적인 방법이다. 결과를 표시하는 List 뷰와 검색 필드를 설정하고 뷰 모델의 searchTerm 게시된 프로퍼티에 연결하는 .searchable 뷰 수정자가 있다.

```
struct BookSearchCombineView: View {
  @StateObject var viewModel = ViewModel()

  var body: some View {
    List(viewModel.result) { book in
      BookSearchRowView(book: book)
    }
    .searchable(text: $viewModel.searchTerm)
  }
}
```

...컴바인 파이프라인까지

searchTerm을 뷰 모델에서 게시된 프로퍼티로 만들면 이 프로퍼티가 컴바인 퍼블리셔가 되고, 이를 컴바인 파이프라인의 시작점으로 사용할 수 있다. 뷰 모델의 이니셜라이저는 이 파이프라인을 설정하기에 좋은 위치다.

```swift
fileprivate class ViewModel: ObservableObject {
  @Published var searchTerm: String = ""

  @Published private(set) var result: [Book] = []
  @Published var isSearching = false

  private var cancellables = Set<AnyCancellable>()

  init() {
    $searchTerm
      .debounce(for: 0.8, scheduler: DispatchQueue.main) // (1)
      .map { searchTerm -> AnyPublisher<[Book], Never> in // (2)
        self.isSearching = true
        return self.searchBooks(matching: searchTerm)
      }
      .switchToLatest() // (3)
      .receive(on: DispatchQueue.main) // (4)
      .sink(receiveValue: { books in // (5)
        self.result = books
        self.isSearching = false
      })
      .store(in: &cancellables) // (6)
  }

  private func searchBooks(matching searchTerm: String)
    -> AnyPublisher<[Book], Never>
  {
    // ...
  }
}
```

여기서는 searchTerm 퍼블리셔를 구독한 다음 몇 가지 컴바인 연산자를 사용해 사용자의 입력을 받고, 원격 API를 호출하고, 결과를 수신한 다음 UI에 연결된 게시된 프로퍼티에 할당한다.

1. debounce 연산자는 이벤트 사이에 0.8초의 일시 정지가 발생한 후에만 이벤트를 전달한다. 이렇게 하면 사용자가 입력을 마치거나 잠시 멈췄을 때만 원격 API를 호출할 수 있다.

2. map 연산자를 사용해 searchBooks 파이프라인(그 자체가 퍼블리셔다)을 호출하고 그 결과를 또 다른 파이프라인으로 반환한다.

3. debounce 연산자를 사용해 이벤트 수를 줄이더라도 여전히 여러 네트워크 요청이 동시에 전송되는 상황이 발생할 수 있다. 결과적으로 네트워크 응답이 순서대로 도착하지 않을 수 있다. 이를 방지하려 switchToLatest()를 사용한다(이 연산자는 업스트림 퍼블리셔에서 최신 출력으로 전환시켜주고 그 밖의 다른 모든 이전 이벤트는 취소한다).

4. 메인 스레드에서만 UI를 허용하기 위해 receive(on: DispatchQueue.main)를 호출한다.

5. 파이프라인의 결과(searchBooks에서 받은 Book 인스턴스 배열)를 게시된 프로퍼티 결과에 할당할 땐 일반적으로 assign(to:) 서브스크라이버를 사용할 것이지만, isSearching 프로퍼티를 false로 설정(UI에서 진행률 보기를 끄기 위해)하고 싶기 때문에 여러 가지 명령을 함께 수행할 수 있는 sink 서브스크라이버를 사용해야 한다.

6. sink 서브스크라이버를 사용하면 일반적으로 구독을 Cancellable 또는 Set에 저장해야 한다.

순서가 맞지 않는 이벤트를 제거하거나 또는 사용자가 타이핑을 멈출 때만 전송을 요청하도록 요청수를 줄이는 힘든 일을 다루는 것이 얼마나 쉬운지 보자. 잠시 후 알게 되겠지만 async/await를 사용하면 다소 복잡해진다.

...async/await 메서드로 변경

앞의 코드를 async/await로 바꾸면 어떻게 될까?

async/await 기반 버전의 searchBooks를 호출하려면 조금 다르게 접근해야 한다.

searchTerm 퍼블리셔를 구독하는 대신 executeQuery라는 이름의 비동기 메서드를
만들고 searchBooks를 호출하는 Task를 만들자.

```swift
fileprivate class ViewModel: ObservableObject {
  @Published var searchTerm: String = ""

  @Published private(set) var result: [Book] = []
  @Published private(set) var isSearching = false

  private var searchTask: Task<Void, Never>? // (1)

  @MainActor // (7)
  func executeQuery() async {
    searchTask?.cancel() // (2)
    let currentSearchTerm =
      searchTerm.trimmingCharacters(in: .whitespaces)
    if currentSearchTerm.isEmpty {
      result = []
      isSearching = false
    }
    else {
      searchTask = Task { // (3)
        isSearching = true // (4)
        result = await searchBooks(matching: searchTerm) // (5)
        if !Task.isCancelled {
          isSearching = false // (6)
        }
      }
    }
  }

  private func searchBooks(matching searchTerm: String)
  async -> [Book] {
    // ...
  }
}
```

Task 내부를 보자. 프로세스의 현재 상태에 따른 뷰 모델의 게시된 프로퍼티인 isSearching을 업데이트함으로써 프로그레스 뷰 상태를 처리하고 있다.

이전 컴바인 기반 버전에서는 가장 최근의 사용자 입력에 대한 결과만 받게 하기 위해 map과 switchToLatest를 조합했다. 네트워크 요청 순서와 응답 순서는 다르므로 특히 중요한 부분이다.

async/await를 사용해 동일한 결과를 얻으려면 협력 작업 취소법[cooperative task cancellation]을 사용해야 한다.[4] searchTask 변수(1)에 task에 대한 참조를 유지하고 새 작업(3)이 시작되기 전에 잠재적으로 실행 중일 수 있는 task(2)를 취소해야 한다.

searchBooks는 async로 표시되므로 스위프트 런타임은 이를 메인 스레드가 아닌 다른 스레드에서 실행하게 결정할 수 있다. 그러나 executeQuery에서는 게시된 프로퍼티인 result(5)와 isSearching(4, 6) 값을 변경해 UI를 업데이트하고 싶다. 메인 스레드에서 실행되게 하려면 @MainActor 속성(7)으로 마킹해야 한다.

마지막으로 작지만 중요한 부분 하나를 수정하자. 게시된 프로퍼티에 비동기 메서드를 구독할 수 없기 때문에 사용자가 검색 필드에 특정 문자를 입력할 때마다 executeQuery를 호출하는 다른 방법을 찾아야 한다.

이런 상황에 적절하게 쓸 수 있도록 애플은 가장 최신 SwiftUI 버전에 onReceive(_ publisher:) 뷰 수정자를 추가했다. 이 뷰 수정자를 사용해 특정 퍼블리셔가 이벤트를 방출할 때마다 호출되는 클로저를 등록할 수 있다.

```
List(viewModel.result) { book in
  BookSearchRowView(book: book)
}
.searchable(text: $viewModel.searchTerm)
.onReceive(viewModel.$searchTerm) { searchTerm in
  Task {
```

---

4. 협력 작업 취소에 대해 자세히 알아보려면 이 주제에 대한 나의 블로그 게시물(https://peterfriese.dev/posts/swiftui-concurrency-essentials-part2/)을 참고하자.

```
        await viewModel.executeQuery()
    }
  }
```

전반적으로 async/await로 구현할 때 더 많은 작업이 필요하며, 협력 작업 취소와 같은 작업을 잘못하거나 여전히 실행 중인 작업을 취소하는 것과 같은 중요한 단계를 놓치기 쉽다. 개발자 경험 측면에서 보면 컴바인이 async/await보다 훨씬 더 선언적인 접근 방식이다. 프레임워크에 어떻게 할지가 아닌 무엇을 할지를 알려준다.

컴바인에서 비동기 코드 호출

앞 절에서 async/await를 사용해 컴바인 퍼블리셔를 구독할 수 없다고 언급했다. 그런데 이게 사실일까? 이번에는 async/await와 컴바인을 깔끔하게 조합할 수 있는 방법을 구현해보려 한다.

다음의 뷰 모델 코드는 컴바인 파이프라인인데, 비동기 버전의 **searchBooks** 메서드를 호출한다.

```
fileprivate class ViewModel: ObservableObject {
  // MARK: - Input
  @Published var searchTerm: String = ""

  // MARK: - Output
  @Published private(set) var result: [Book] = []
  @Published var isSearching = false

  init() {
    $searchTerm
      .debounce(for: 0.8, scheduler: DispatchQueue.main)        // (1)
      .removeDuplicates()                                        // (2)
```

```
        .handleEvents(receiveOutput:{ output in              // (3)
          self?.isSearching = true
        }
        .flatMap { value in
          Future { promise in
            Task {
              let result = await self.searchBooks(matching: value)
              promise(.success(result))
            }
          }
        }
        .receive(on: DispatchQueue.main)
        .eraseToAnyPublisher()
        .handleEvents(receiveOutput:{ output in              // (4)
        self?.isSearching = false
      }
    .assign(to: &$result)                                    // (5)
}

private func searchBooks(matching searchTerm: String) async ->
[Book] {
  let escapedSearchTerm = searchTerm
    .addingPercentEncoding(withAllowedCharacters:
      .urlHostAllowed) ?? ""
  let url =
    URL(string: "https://openlibrary.org/search.json?q=
    \(escapedSearchTerm)")!

  do {
    let (data, _) =
      try await URLSession.shared.data(from: url)

    let searchResult =
      try OpenLibrarySearchResult.init(data: data)
    guard let libraryBooks = searchResult.books else {
      return []
```

```
    }
    return libraryBooks.compactMap { Book(from: $0) }
  }
  catch {
    return []
  }
 }
}
```

이 코드는 단 몇 줄의 코드로 컴바인의 강력한 기능을 활용해 사용자 경험을 개선하는 접근 방식을 보여준다.

- debounce 연산자(1)를 사용하면 사용자가 잠시 입력을 멈출 때까지 네트워크를 통한 검색 요청 전송을 보류할 수 있다. 이 말은 더 적은 대역폭 사용(사용자에게 유리함)과 더 적은 API 호출(특별히 요금이 청구될 수 있는 API를 호출할 때 유리함)을 의미한다.
- 더 나아가 removeDuplicates 연산자(2)를 사용해 중복 API 호출을 제거함으로써 요청 수를 줄일 수 있다.

코드 수준에서의 몇 가지 이점을 살펴보자.

- handleEvents 연산자(3, 4)를 사용하면 map 및 sink 연산자에서 ProgressView를 처리하기 위한 코드를 추출할 수 있다. 이를 통해 sink/store 형태보다 훨씬 더 간단하고 사용하기 쉬운 assign 서브스크라이버로 대체할 수 있다.
- 파이프라인의 결과를 result 프로퍼티에 할당하는 위치가 한 곳(5)에 불과하므로 미묘한 프로그래밍 오류가 발생할 가능성이 줄어든다.

동시에 네트워크 접근 코드를 작성할 때 async/await의 장점을 활용할 수 있다. 위에서 아래로 선형 방식 코드를 읽을 수 있기 때문에 콜백이나 중첩 클로저를 사용한 코드보다 훨씬 이해하기 쉽다.

컴바인 파이프라인에서 비동기 메서드를 호출할 수 있는 코드를 자세히 살펴보자.

```
somePublisher
  .flatMap { value in
    Future { promise in
      Task {
        let result = await self.searchBooks(matching: value)
        promise(.success(result))
      }
    }
  }
```

비동기 버전의 searchBooks를 호출하려면 비동기 콘텍스트를 설정해야 한다. 이것이 바로 호출을 Task로 감싸는 이유다. searchBook이 반환되면 result를 .success 케이스 값을 사용해 promise를 호출한다.

관련 부분을 Publisher 익스텐션으로 빼서 코드를 간결하게 만들어보자.

```
extension Publisher {
    /// 비동기 호출을 실행하고 결과를 다운스트림 서브스크라이버에게 반환한다.
    /// - Parameter transform: element를 파라미터로 취하는 클로저이며
    해당 타입의 요소를 생성하는 퍼블리셔를 반환한다.
    /// - Returns: 업스트림 퍼블리셔로부터의 요소를
    해당 요소 타입의 퍼블리셔로 변환하는 퍼블리셔다.

    func `await`<T>(_ transform: @escaping (Output) async -> T)
    -> AnyPublisher<T, Failure> {
      flatMap { value -> Future<T, Failure> in
        Future { promise in
          Task {
            let result = await transform(value)
            promise(.success(result))
          }
        }
```

```
        }
        .eraseToAnyPublisher()
    }
}
```

이런 await 함수 사용해 다음과 같이 비동기 메서드를 호출할 수 있다.

```
somePublisher
    .await { searchTerm in
        await self.searchBooks(matching: searchTerm)
    }
```

정리

WWDC 2021에서 애플은 컴바인에 대한 관심이 부족해 보였고, 이는 커뮤니티의 혼란과 불확실성을 가져왔다. async/await에 관심을 쏟고 있는 애플을 볼 때 컴바인에 투자를 해야 하는 것일까?

이 질문에 답하려면 한 걸음 물러나 컴바인과 async/await가 제안하는 가치를 이해해야 한다.

언뜻 보기에는 비동기적으로 API를 호출하는 동일한 사용 사례를 다루는 것처럼 보인다. 하지만 좀 더 자세히 보면 이 둘은 실제 매우 다른 것을 알 수 있다.

컴바인은 이벤트 스트림이라는 개념을 가진 반응형 프레임워크다. 서브스크라이버가 사용하기 전에 연산자를 이용해 변환한 이벤트 스트림을 말한다. 부수 효과로부터 자유로운 이 프로그래밍 방식은 앱이 항상 일관된 상태를 갖기 쉽게 보장해준다. 실제 SwiftUI의 상태 관리 시스템은 컴바인을 많이 활용하는데, 이름에서 알수 있듯 모든 @Published 프로퍼티는 퍼블리셔이므로 컴바인 파이프라인을 쉽게 연결할 수 있다.

반면 async/await의 목표는 비동기 프로그래밍과 동시성 처리를 더 쉽게 구현하고 추론하는 것이다. 선형적인 제어 흐름을 만들기 더 쉽게 만들 수는 있지만, 컴바인이 제공하는 것과 같은 동일한 상태를 보장하지는 않는다.

나는 주어진 상황에 가장 적합한 것 하나를 사용하는 것을 권장한다. 개인적으로 UI 관련 작업에서는 컴바인을 선호하는데, 이전에 볼 수 없었던 강력한 성능과 유연함을 제공한다. 이러한 기능에는 사용자 입력에 대한 디바운싱, 여러 입력 스트림을 하나로 조합하는 작업, 순서가 틀어진 네트워크 요청을 효과적으로 다루는 것들이 있으며, 컴바인이 없었다면 구현하기 어려운 것들이다.

컴바인과 async/await 기능은 서로 다른 종류의 도구다. 의도한 목적에 맞게 현명히 사용하는 것은 개발자의 책임이다.

여러분의 앱에서 여러 개의 소스에 대한 입력 처리가 필요한 UI 관련 기능이 있다면 컴바인을 사용하라는 것이 나의 추천이다. 예를 들면 다음과 같다.

- **입력 검증**input validation: 여러 입력 필드를 검증해 사용자가 모든 필수 필드를 채웠는지 확인하고, 필드 간 종속성을 처리한다(예: 신용카드 결제의 경우 카드 번호를 전부 채워야 하지만 송장 결재를 위해선 송장에 대한 추가 주소를 제공해야 함).
- **검색과 필터링**searching and filtering: 사용자가 검색 창을 통해 가장 최근 입력한 값 또는 선택된 특정 필터를 기반으로 한 검색 및 필터링을 수행한다.
- **데이터 계층에 도달하기 전 사용자 입력을 정리**: 예를 들어 사용자가 입력하는 모든 문자에 대해 API 엔드포인트에 접근하지 않게 하거나 중복된 쿼리를 제거해 네트워크 계층의 효율성을 높인다(대역폭 소모를 줄임).

반면 네트워크 요청이나 파이어베이스와 같은 서비스형 백엔드BaaS, Backend as a Service 플랫폼 인터페이스 같은 비동기 API 호출을 할 때는 async/await보다 컴바인이 더욱 쉽다고 느낄 수도 있다.

마지막으로 13장에서 봤듯 async/await와 컴바인을 조합하는 것도 가능하므로 두 접근법 중 최선의 측면을 혼합해 사용할 수 있다.

찾아보기

SwiftUI와 **컴바인**을 활용한 **비동기 프로그래밍**

발행 · 2025년 5월 29일

지은이 · 피터 프리제
옮긴이 · Eddie Kwon

발행인 · 옥경석
펴낸곳 · 에이콘출판 주식회사

주소 · 서울시 양천구 국회대로 287 (목동)
전화 · 02)2653-7600 | **팩스** · 02)2653-0433
홈페이지 · www.acornpub.co.kr | **독자문의** · www.acornpub.co.kr/contact/errata

부사장 · 황영주 | **편집장** · 임채성 | **책임편집** · 임지원 | **편집** · 강승훈, 임승경 | **디자인** · 윤서빈
마케팅 · 노선희 | **홍보** · 박혜경, 백경화 | **관리** · 최하늘, 김희지

함께 만든 사람들
교정 · 교열 · 박창기 | **전산편집** · 박창기

깊이 있는 콘텐츠로 미래를 준비하는 지식 플랫폼, 에이콘출판사

인스타그램 · instagram.com/acorn_pub
페이스북 · facebook.com/acornpub
유튜브 · youtube.com/@acornpub_official